바람과 함께 사라지다

2부

바람과 함께 사라지다[2부]

초판 1쇄 발행 2023년 11월 20일

지은이 Khans Kim
펴낸이 장현수
펴낸곳 메이킹북스
출판등록 제 2019-000010호

디자인 최미영
편집 최미영
교정 안지은
마케팅 김소형

주소 서울특별시 구로구 경인로 661, 핀포인트타워 912-914호
전화 02-2135-5086
팩스 02-2135-5087
이메일 making_books@naver.com
홈페이지 www.makingbooks.co.kr

ISBN 979-11-6791-457-6(03740)
값 28,000원

ⓒ Khans Kim 2023 Printed in Korea

잘못된 책은 구입하신 곳에서 바꾸어 드립니다.
이 책의 전부 또는 일부 내용을 재사용하려면 사전에 저작권자와 펴낸곳의 동의를 받아야 합니다.

메이킹북스는 저자님의 소중한 투고 원고를 기다립니다.
출간에 대한 관심이 있으신 분은 making_books@naver.com로 보내 주세요.

Khans Kim 지음

바람과 함께 사라지다
2부

메이킹북스

K리딩

특허 제10-2038283호
다수의 상이한 표시객체로 표시하는 영어문장 의미파악 훈련 제어방법
Method for controlling training to understanding mean of English sentence to display by many different display object

영어 문장은 품사로 구성 되어 있습니다
K리딩은 영어학습자들이 영어문장을 보다 쉽게 파악할 수 있도록
문장을 구성하는 품사들을 알아보기 쉽게 시각적으로 밑줄, 괄호, 색깔로 표시합니다

동사는 밑줄 긋고 빨간색, (명사)는 괄호치고 녹색, (형용사)는 피란색, (부사)는 보라색

영어=동사+(한)(두)마디

영어문장 속의 모든 동사는 연결되는 (단어/구/절)이 없거나, 1개 또는 2개 뿐
(연결된 특수구문, 절 속의 동사에도 똑같이 적용)
동사에는 조동사, 부정형, 시제, 태 까지 포함해서 밑줄 쫙 (중간에 끼는 부사는 Skip)

동사가 없는 문장은 명사+(형용사구(절))

QR코드를 스캔하면 YouTube 해설 동영상 시청

동사에 연결되는 (단어/구/절)이 없음

I get so bored
    동사 (연결마디) 없음 : 동사 단독
    동사변화 : get + 과거분사 bored ; (be동사보다 역동적) 수동태

You know.
    동사 (연결마디) 없음 : 동사 단독

동사에 연결되는 (단어/구/절)이 1개

It can't be (true).
    동사 (연결마디) 1개 : 동사 + (형용사)
    동사변화 : 조동사 can(능력, 추측, 허가) + 부사 not + 동사원형 be ; 부정문

One Southerner can lick (20 Yankees).
    동사 (연결마디) 1개 : 동사 + (명사구)
    동사변화 : 조동사 can(능력, 추측, 허가) + 동사원형 lick

He just refused (to take advantage of you).
   동사 (연결마디) 1개 : 동사 + (to부정사구 : 명사적용법)
   동사변화 : refuse 과거형 refused ; 과거지사
   (to부정사구) to take (advantage) (of you)
             동사 (연결마디) 2개 : 동사 + (명사) + (형용사성분 : 전치사구)

I suppose (you weren't meant for sick men, Scarlett.)
   동사 (연결마디) 1개 : 동사 + (명사절)
   (명사절) you weren't meant (for sick men), Scarlett
        동사 (연결마디) 1개 : 동사 + (명사성분 : 전치사구)
        동사변화 : was/were + 부사 not + 과거분사 meant ; 과거수동태부정

동사에 연결되는 (단어/구/절)이 2개

I'm (a Confederate) (like everybody else),
   동사 (연결마디) 2개 : 동사 + (명사) + (형용사구)

Let (me) (see that handkerchief).
   동사 (연결마디) 2개 : 동사 + (대명사) + (원형부정사구 : 형용사적용법)
   (원형부정사구) see (that handkerchief)
         동사 (연결마디) 1개 : 동사 + (명사구)

My money wasn't (good enough) (for them), either.
   동사 (연결마디) 2개 : 동사 + (형용사구) + (부사성분 : 전치사구)
   동사변화 : be동사 was/were + 부사 not ; be동사 과거 부정문

I know (a gentleman) (who says you're a human being).
   동사 (연결마디) 2개 : 동사 + (명사) + (형용사성분 : who-절)
   (who-절) who says (you're a human being)
        동사 (연결마디) 1개 : 동사 + (명사절)
        동사변화 : say 3인칭단수현재 says
        (명사절) you're (a human being)
            동사 (연결마디) 1개 : 동사 + (명사구)

동사가 없는 문장 : 명사+(형용사구(정))

Nothing (to even ease their pain)!
   명사 nothing + (to부정사구 : 형용사적 용법)
   (to부정사구) to even ease (their pain)
        동사 (연결마디) 1개 : 동사 + (명사구)
        수식어구[부사성분] : even

줄거리 [2부]

　북군으로 인해 남부의 점령지는 수난을 다한다. 스칼렛은 세금 300달러를 내지 못해 곤경에 빠지게 되고, 정신이 온전치 못한 아버지는 말을 타다 떨어져 죽는다. 이때 전쟁 때문에 큰 돈을 번 레트가 감옥에 있다는 사실을 안 스칼렛은 그를 찾아가지만 그의 도움은 받지 못한다. 이에 스칼렛은 동생의 약혼자인 프랭크 케네디와 결혼하여 세금을 해결한다.

　전쟁이 끝나고 그녀는 제재소를 운영하는데, 여자가 하는 사업에 대한 주위의 시선은 개의치 않고 그저 돈을 버는 일에 열중 한다. 프랭크와 애슐리는 스칼렛을 위기에 빠뜨렸던 부랑자들을 응징하러 갔다가 프랭크가 총에 맞아 죽고, 애슐리는 다행히 레트의 도움으로 목숨을 구한다.

　스칼렛은 결국 레트의 구애를 받아들여 결혼을 하게 된다. 레트는 그녀가 자신을 좋아하지 않음을 알지만 결혼 생활에서 점차 자신을 사랑하게 되기를 기다리며 그녀를 위해 많은 돈을 쓴다. 그러나 애슐리를 잊지 못하는 스칼렛과 레트는 자주 다투게 되고, 레트는 오직 딸 보니가 커가는 것을 위안으로 삼고 살아간다.

　스칼렛은 애슐리와 함께 있던 모습을 주위 사람들이 알게 되어 곤경에 처하게 되는데, 자신을 질타하는 레트에게 점차 이끌리기 시작한다. 그러나 그녀의 진심을 미처 깨닫지 못한 레트는 보니를 데리고 런던으로 떠나 버려 스칼렛을 실망시킨다.

　스칼렛은 그가 돌아왔을 때, 싫어하던 그의 아이를 임신하고 있었지만, 레트는 이마저 의심한다. 이때 스칼렛이 계단에서 떨어져 유산하게 되고, 레트는 자신의 잘못을 슬퍼한다. 하지만 이후에도 자존심 때문에 두 사람의 다툼은 계속된다.

여기에 그토록 아끼던 보니가 말을 타다 떨어져 죽자, 레트는 더없는 실의에 빠진다. 게다가 두 사람을 항상 위로해 주던 멜라니도 쓰러진 후 결국 숨을 거두자, 스칼렛은 커다란 슬픔을 겪게 된다. 그리고 애슐리가 정말로 사랑했던 사람은 자신이 아닌 멜라니임을 안 스칼렛은 그제서야 자신이 사랑하는 사람이 바로 레트임을 깨닫고 그에게로 달려오지만, 레트는 냉정하게 그녀 곁을 떠나가 버린다.

스칼렛은 렛트가 다시 돌아오게 할 방법을 생각하며, 고향 타라로 돌아간다.

YouTube  해설 동영상

[타라는 살아남았다]

My back's near broken.
    동사 (연결마디) 없음 : 동사 단독
    동사변화 : be동사 am/are/is + 과거분사 broken ; 수동태
    수식어구[부사성분] : near
허리가 끊어지겠어

Look (at my hands).
    동사 (연결마디) 1개 : 동사 + (명사성분 : 전치사구)
손 좀 봐,

Mother said (you could always tell a lady by her hands).
    동사 (연결마디) 1개 : 동사 + (명사절)
    동사변화 : say 과거형 said ; 과거지사
    (명사절) you could always tell (a lady) (by her hands)
        동사 (연결마디) 2개 : 동사 + (명사) + (형용사성분 : 전치사구)
        동사변화 : 조동사 could(능력, 추측, 허가) + 동사원형 tell
        수식어구[부사성분] : always
어머니가 숙녀는 손을 잘 관리해야 한댔는데

I guess (things like hands and ladies don't matter so much anymore).
    동사 (연결마디) 1개 : 동사 + (명사절)
    (명사절) things like hands and ladies don't matter (so much) anymore
        [동사 앞 주어] things (like hands and ladies)
            명사 things + (형용사성분 : 전치사구)
        동사 (연결마디) 1개 : 동사 + (형용사구)
        동사변화 : 조동사 do(does) + 부사 not + 동사원형 matter ; 일반동사 부정문
        수식어구[부사성분] : anymore
이제 숙녀나 손 따위는 의미가 없는 거 같아

You rest, Sue,
좀 쉬어, 수엘렌 언니,

you're not (well) yet,
    동사 (연결마디) 1개 : 동사 + (형용사)
    동사변화 : be동사 am/are/is + 부사 not ; be동사 부정문
    수식어구[부사성분] : yet
아직 서툴잖아

and I can pick (cotton) (for both of us).
    동사 (연결마디) 2개 : 동사 + (명사) + (형용사성분 : 전치사구)
    동사변화 : 조동사 can(능력, 추측, 허가) + 동사원형 pick
내가 목화를 다 딸 테니까

YouTube  해설 동영상

Scarlett's (hateful),
   동사 (연결마디) 1개 : 동사 + (형용사)
언니가 미워!

making (us) (work in the fields like)—
   동사 (연결마디) 2개 : 동사 + (대명사) + (원형부정사구 : 형용사적용법)
   동사변화 : make 현재분사 making ; 진행
   (원형부정사구) work (in the fields) (like)
        동사 (연결마디) 2개 : 동사 + (형용사성분 : 전치사구) + (부사성분 : 전치사구)
우리에게 이런 일이나 시키고

Too bad about that.
못 들어주겠군

Now get (back) (to work).
   수식어구[부사성분] : now
   동사 (연결마디) 2개 : 동사 + (부사 : 관용 동사구) + (명사성분 : 전치사구)
이제 일들이나 해.

I can't do (everything) at Tara all (by myself).
   동사 (연결마디) 2개 : 동사 + (명사) + (형용사성분 : 전치사구)
   동사변화 : 조동사 can(능력, 추측, 허가) + 부사 not + 동사원형 do ; 부정문
   수식어구[부사성분] : at Tara, all
나 혼자 다 할 순 없잖아

What do I care (about Tara)?
   의문사 What + 일반동사 의문문
   일반동사 의문문(조동사 Do/Does 사용) : I care → Do I care
   동사 (연결마디) 1개 : 동사 + (명사성분 : 전치사구)
타라를 어떻해?

I hate (Tara)!
난 타라가 싫어

Don't you ever dare say (you hate Tara) again!
   일반동사 부정의문문(조동사 Do + not사용) : You dare say → Don't you dare say
   동사 (연결마디) 1개 : 동사 + (명사절)
   동사변화 : 조동사 dare(감히 ~하다) + 동사원형 say
   (명사절) you hate (Tara)
        동사 (연결마디) 1개 : 동사 + (고유명사)
   수식어구[부사성분] : ever, again
감히 타라가 싫다고 말하다니!

YouTube  해설 동영상

The same (as hating Pa and Ma).
    명사 The same + (형용사성분 : 전치사구)
       (전치사구) as + (-ing구 : 명사적용법)
            (-ing구) hating (Pa and Ma)
그건 부모님을 미워하는 것과 같아

Katie Scarlett, there's (something) (I must speak to you about).
    동사 (연결마디) 2개 : 동사 + (명사) + (형용사절)
    (형용사절) I must speak (to you) (about)
         동사 (연결마디) 2개 : 동사 + (명사성분 : 전치사구) + (부사 : 관용 동사구)
         동사변화 : 조동사 must(의무, 강한 추측) + 동사원형 speak
네게 할 얘기가 있다

Yes, Pa, what is it?
    의문사 What + be동사 의문문
    be동사 의문문(주어, 동사 위치변경) : It is... → Is it...?
무슨 일이에요?

I've been talking (to Prissy and Mammy).
    동사 (연결마디) 1개 : 동사 + (명사성분 : 전치사구)
    동사변화 : have(has) + been + 현재분사 talking ; (be동사 현재완료) 진행
프리시와 유모하고 얘길 했는데,

I don't like (the way) (you're treating them).
    동사 (연결마디) 2개 : 동사 + (명사) + (형용사절)
    동사변화 : 조동사 do(does) + 부사 not + 동사원형 like ; 일반동사 부정문
    (형용사절) you're treating (them)
         동사 (연결마디) 1개 : 동사 + (대명사)
         동사변화 : be동사 am/are/is + 현재분사 treating ; 현재진행
그들을 대하는 네 태도는 옳지 않아

You must be (firm) (with inferiors)
    동사 (연결마디) 2개 : 동사 + (형용사) + (부사성분 : 전치사구)
    동사변화 : 조동사 must(의무, 강한 추측) + be ; 예정
하인들에게 엄한 건 좋지만

but you must be (gentle) (with them)...
    접속사 : but
    동사 (연결마디) 2개 : 동사 + (형용사) + (부사성분 : 전치사구)
    동사변화 : 조동사 must(의무, 강한 추측) + be ; 예정
부드럽게 대해야지

YouTube  해설 동영상

...especially darkies.
특히, 검둥이들은

Yes, Pa, I know.
알아요

But I'm not asking (them) (to do anything I'm not doing myself).
   동사 (연결마디) 2개 : 동사 + (대명사) + (to부정사구 : 명사적용법)
   동사변화 : am/are/is + 부사 not + 현재분사 asking ; 현재진행부정
  (to부정사구) to do (anything) (I'm not doing myself)
         동사 (연결마디) 2개 : 동사 + (명사) + (형용사절)
      (형용사절) I'm not doing (myself)
           동사 (연결마디) 1개 : 동사 + (재귀대명사)
           동사변화 : am/are/is + 부사 not + 현재분사 doing ; 현재진행부정
하지만 저도 똑같이 일하는 걸요

Nevertheless, Katie Scarlett, I don't like (it).
   동사 (연결마디) 1개 : 동사 + (대명사)
   동사변화 : 조동사 do(does) + 부사 not + 동사원형 like ; 일반동사 부정문
그래도 맘에 들지 않아.

I shall speak (to Mrs. O'Hara) (about it).
   동사 (연결마디) 2개 : 동사 + (명사성분 : 전치사구) + (형용사성분 : 전치사구)
   동사변화 : 조동사 shall(단순미래, 의지 등) + 동사원형 speak
네 엄마에게 이르겠다

What are you doing (out of bed), Melly?
   의문사 What + be동사 의문문
   be동사 의문문(주어, 동사 위치변경) : You are doing ... → Are you doing...?
   동사 (연결마디) 1개 : 동사 + (형용사성분 : 전치사구)
왜 일어났어요?

Scarlett, darling, I must talk (to you).
   동사 (연결마디) 1개 : 동사 + (명사성분 : 전치사구)
   동사변화 : 조동사 must(의무, 강한 추측) + 동사원형 talk
할 말이 있어요

You are all working so (hard).
   동사 (연결마디) 1개 : 동사 + (형용사)
   동사변화 : be동사 am/are/is + 현재분사 working ; 현재진행
   수식어구[부사성분] : all, so
당신은 이렇게 고생하는데

I can't lie (in bed) (doing nothing).
   동사 (연결마디) 2개 : 동사 + (명사성분 : 전치사구) + (-ing구 : 형용사적 용법)
   동사변화 : 조동사 can(능력, 추측, 허가) + 부사 not + 동사원형 lie ; 부정문
  (-ing구) doing (nothing)
         동사 (연결마디) 1개 : 동사 + (명사)
아무것도 안하고 누워만 있을 순 없어요

YouTube  해설 동영상

Go (on) (back upstairs).
   동사 (연결마디) 2개 : 동사 + (부사 : 관용 동사구) + (명사구)
올라가요,

You're (as weak) (as a newborn colt).
   동사 (연결마디) 2개 : 동사 + (형용사성분 : 전치사구) + (부사성분 : 전치사구)
몸도 허약하면서

Please, Scarlett, **let** (me).
   동사 (연결마디) 1개 : 동사 + (대명사)
나도 도울게요

Stop (being noble), Melly.
   동사 (연결마디) 1개 : 동사 + (-ing구 : 명사적용법)
  (-ing구) **being** (noble)
       동사 (연결마디) 1개 : 동사 + (형용사)
고상한 척 말아요.

I've **got** (enough) (on my hands)...
   동사 (연결마디) 2개 : 동사 + (형용사) + (부사성분 : 전치사구)
   동사변화 : have/has + 과거분사 got ; 일반동사 현재완료
바쁘기만 한데

...without you **making** (yourself) (sick)
   동사 (연결마디) 2개 : 동사 + (재귀대명사) + (형용사)
   동사변화 : make 현재분사 making ; 진행형
몸도 추스리지 못하는 당신 없어도

so you'll never **be** (any use).
   동사 (연결마디) 1개 : 동사 + (명사구)
   동사변화 : 조동사 will(의지, 습성, 요청) + be ; 예정
   수식어구[부사성분] : never
안 나오는 게 도와주는 거 에요

Oh, I **didn't think** (of it) (that way).
   동사 (연결마디) 2개 : 동사 + (명사성분 : 전치사구) + (명사구)
   동사변화 : 조동사과거 did + 부사 not + 동사원형 think ; 과거부정
미처 그 생각을 못 했군요

[집에 다가오는 도망병]

YouTube  해설 동영상

Who's there?
   의문사 Who + be동사 의문문
   be동사 의문문(주어, 동사 위치변경) : There is... → Is there...?
누구냐,

Halt or I'll shoot!
   동사변화 : 조동사 will(의지, 습성, 요청) + 동사원형 shoot
서지 않으면 쏜다

You all alone, little lady?
혼자 있소, 아가씨?

You ain't very (friendly), are you?
   동사 (연결마디) 1개 : 동사 + (형용사)
   동사변화 : be동사 am/are/is + 부사 not ; be동사 부정문
   수식어구[부사성분] : very
   are you? : 부가의문문
별로 친절하지 않구먼

You got (anything else) (besides these ear bobs)?
   동사 (연결마디) 2개 : 동사 + (명사구) + (형용사성분 : 전치사구)
   동사변화 : get 과거형 got ; 과거지사
귀고리 말고는 없나?

You Yankees have been (here) before.
   동사 (연결마디) 1개 : 동사 + (부사)
   동사변화 : have/has + 과거분사 been ; be동사 현재완료
   수식어구[부사성분] : before
양키가 벌써 다녀갔어요

YouTube  해설 동영상

Regular little spitfire, ain't you?
   ain't you? : 부가의문문

성깔 있는 아가씨군

What have you got hidden (in your hand)?
   의문사 what + 현재완료 의문문
   현재완료 의문문(have동사 위치변경) : You have got hidden... → Have you got hidden...?
   동사 (연결마디) 1개 : 동사 + (명사성분 : 전치사구)
   동사변화 : have/has + 과거분사 got ; 일반동사 현재완료
   동사변화 : got + 과거분사 hidden ; (be동사보다 역동적) 과거수동태

뭘 숨기고 있지?

Scarlett, you killed (him)!
   동사 (연결마디) 1개 : 동사 + (대명사)
   동사변화 : kill 과거형 killed ; 과거지사

스칼렛이 쐈군요

I'm (glad) (you killed him)!
   동사 (연결마디) 2개 : 동사 + (형용사) + (부사절)
   (부사절) you killed (him)!
         동사 (연결마디) 1개 : 동사 + (대명사)
         동사변화 : kill 과거형 killed ; 과거지사

정말 잘 했어요

YouTube  해설 동영상

Scarlett! Scarlett, what **happened**?
스칼렛 언니, 무슨 일이야?

What **is** it, Scarlett? What **is** it?
   의문사 What + be동사 의문문
   be동사 의문문(주어, 동사 위치변경) : It is... → Is it...?
무슨 소리야?

Don't be (scared), chickens.
   동사 (연결마디) 1개 : 동사 + (형용사)
   동사변화 : 조동사 Do + 부사 not + 동사원형 be ; ~하지마라(명령문)
겁낼 것 없어요.

Your sister **was cleaning** (a revolver) and...
   동사 (연결마디) 1개 : 동사 + (명사)
   동사변화 : be동사과거 was/were + 현재분사 cleaning ; 과거진행
언니가 권총을 소제하다가

...it **went** (off).
   동사 (연결마디) 1개 : 동사 + (부사 : 관용 동사구)
   동사변화 : go 과거형 went ; 과거지사
발사되어

and nearly **scared** (her) (to death).
   동사 (연결마디) 2개 : 동사 + (대명사) + (형용사성분 : 전치사구)
   동사변화 : scare 과거형 scared ; 과거지사
큰일 날 뻔 했어요

Oh, thank goodness.
깜짝이야,

Haven't we **got** (enough) (to frighten us)?
   현재완료 부정의문문(have동사 위치변경) : we haven't got... → Haven't we got...?
   동사 (연결마디) 2개 : 동사 + (형용사) + (to부정사구 : 부사적용법)
   (to부정사구) to frighten (us)
        동사 (연결마디) 1개 : 동사 + (대명사)
그만 좀 놀래키라고 해요

Tell (Katie Scarlett) (she must be more careful).
   동사 (연결마디) 2개 : 동사 + (고유명사) + (명사절)
   (명사절) she must be more (careful)
       동사 (연결마디) 1개 : 동사 + (형용사)
          동사변화 : 조동사 must(의무, 강한 추측) + be ; 예정
주의 좀 시켜요

What (a cool liar) you **are**, Melly.
   감탄문 = What + (명사구)
거짓말 잘도 하는군요

YouTube  해설 동영상

We'**ve got** **(to get him out of here)**, Scarlett
  동사 (연결마디) 1개 : 동사 + (to부정사구 : 명사적용법)
  동사변화 : have/has + 과거분사 got ; 일반동사 현재완료
  (to부정사구) to get (him) (out of here)
            동사 (연결마디) 2개 : 동사 + (대명사) + (형용사성분 : 전치사구)
끌어내서
and **bury** (him).
  동사 (연결마디) 1개 : 동사 + (대명사)
묻어야 해요
If the Yankees **find** (him) here, they**'ll**....
  접속사 : if (if조건절)
  동사 (연결마디) 1개 : 동사 + (대명사)
다른 양키가 보면...
I **didn't see** (anyone else).
  동사 (연결마디) 1개 : 동사 + (명사구)
  동사변화 : 조동사과거 did + 부사 not + 동사원형 see ; 과거부정
다른 사람은 없었어요
I **think** (he must be a deserter).
  동사 (연결마디) 1개 : 동사 + (명사절)
  (명사절) he must be (a deserter)
      동사 (연결마디) 1개 : 동사 + (명사)
      동사변화 : 조동사 must(의무, 강한 추측) + be ; 예정
도망병일 거예요
But, even so, we**'ve got** (to hide him).
  동사 (연결마디) 1개 : 동사 + (to부정사구 : 명사적용법)
  동사변화 : have/has + 과거분사 got ; 일반동사 현재완료
  (to부정사구) to hide (him)
            동사 (연결마디) 1개 : 동사 + (대명사)
그래도 숨겨야 해요
They **might hear** (about it),
  동사 (연결마디) 1개 : 동사 + (명사성분 : 전치사구)
  동사변화 : 조동사 might(능력, 추측, 허가) + 동사원형 hear
소문이라도 나면
and then they**'d come and get** (you).
  동사 (연결마디) 1개 : 동사 + (대명사)
  동사변화 : 조동사 would(과거시점미래, 습관, 의지) + 동사원형 come and get
당신을 잡으러 올 거예요
I **could bury** (him) (in the arbor where the ground is soft)...
  동사 (연결마디) 2개 : 동사 + (대명사) + (형용사성분 : 전치사구)
  동사변화 : 조동사 could(능력, 추측, 허가) + 동사원형 bury
  (전치사구) in + 명사 the arbor + (형용사성분 : where-절)
         (where-절) where the ground is (soft)
            접속사 : where
            동사 (연결마디) 1개 : 동사 + (형용사)
흙이 부드러운 정자에 묻을 수 있을 거 에요

YouTube  해설 동영상

...but how will I get (him) (out of here)?
   의문사 how + 조동사 의문문
   조동사 의문문(주어, 조동사 위치변경) : I will get → Will I get
   동사 (연결마디) 2개 : 동사 + (대명사) + (형용사성분 : 전치사구)
하지만 어떻게 끌어내죠?

We'll both take (a leg)
   동사 (연결마디) 1개 : 동사 + (명사)
   동사변화 : 조동사 will(의지, 습성, 요청) + 동사원형 take
   수식어구[부사성분] : both
같이 다리를 들고

and drag (him).
   동사 (연결마디) 1개 : 동사 + (대명사)
끌어요

You couldn't drag (a cat).
   동사 (연결마디) 1개 : 동사 + (명사)
   동사변화 : 조동사 could(능력, 추측, 허가) + not + 동사원형 drag ; 부정문
고양이도 못 들 사람이...

Do you think (it would be dishonest if we went through his haversack)?
   일반동사 의문문(조동사 Do/Does 사용) : You think → Do you think
   동사 (연결마디) 1개 : 동사 + (명사절)
   (명사절) it would be (dishonest)
      동사 (연결마디) 1개 : 동사 + (형용사)
      동사변화 : 조동사 would(과거시점미래, 습관, 의지) + be ; 예정

      if we went (through) (his haversack)
      접속사 : if (if조건절)
      동사 (연결마디) 2개 : 동사 + (부사 : 관용 동사구) + (명사구)
      동사변화 : go 과거형 went ; 과거지사
저자의 배낭을 뒤지면 죄가 될까요?

I'm (ashamed) (I didn't think of that myself).
   동사 (연결마디) 2개 : 동사 + (형용사) + (부사절)
   (부사절) I didn't think (of that) myself
      동사 (연결마디) 1개 : 동사 + (명사성분 : 전치사구)
      동사변화 : 조동사과거 did + 부사 not + 동사원형 think ; 과거부정
그 생각을 못 했군요

You take (the haversack),
   동사 (연결마디) 1개 : 동사 + (명사구)
배낭을 맡아요.

I'll search (his pockets).
   동사 (연결마디) 1개 : 동사 + (명사구)
   동사변화 : 조동사 will(의지, 습성, 요청) + 동사원형 search
난 주머니를 뒤질게요

YouTube  해설 동영상

You look.
스칼렛이 봐요

I'm feeling (a little weak).
    동사 (연결마디) 1개 : 동사 + (명사구)
      동사변화 : be동사 am/are/is + 현재분사 feeing ; 현재진행
난 어지러워요

Melly, I think (it's full of money)!
    동사 (연결마디) 1개 : 동사 + (명사절)
   (명사절) it's (a full of money)
        동사 (연결마디) 1개 : 동사 + (명사구)
멜라니, 돈이 잔뜩 있을 거 같아요

Oh, Melly, look!
이것 좀 봐요

Look!
자

Ten, $20, $30, $40....
열... 스물... 마흔...

YouTube  해설 동영상

Don't stop (to count it) now.
    동사 (연결마디) 1개 : 동사 + (to부정사구 : 명사적용법)
    동사변화 : 조동사 Do + 부사 not + 동사원형 stop ; ~하지마라(명령문)
    (to부정사구) to count (it)
            동사 (연결마디) 1개 : 동사 + (대명사)
    수식어구[부사성분] : now
돈 셀 때가 아니에요

We haven't got (time).
    동사 (연결마디) 1개 : 동사 + (명사)
    동사변화 : have/has + 부사 not + 과거분사 got ; 현재완료부정
시간이 없어요

Do you realize (this means we'll have something to eat)?
    일반동사 의문문(조동사 Do/Does 사용) : You realize → Do you realize
    동사 (연결마디) 1개 : 동사 + (명사절)
    (명사절) this means (we'll have something to eat)
          동사 (연결마디) 1개 : 동사 + (명사절)
          동사변화 : mean 3인칭단수현재 means
          (명사절) we'll have (something) (to eat)
               동사 (연결마디) 2개 : 동사 + (명사) + (to부정사구 : 형용사적 용법)
               동사변화 : 조동사 will(의지, 습성, 요청) + 동사원형 have
               (to부정사구) to eat
이거면 먹을 걸 살 수 있어요

Look (in his other pockets).
    동사 (연결마디) 1개 : 동사 + (명사성분 : 전치사구)
다른 주머니도 찾아봐요

Hurry, hurry!
서둘러요

We've got (to get him out of here). -Here.
    동사 (연결마디) 1개 : 동사 + (to부정사구 : 명사적용법)
    동사변화 : have/has + 과거분사 got ; 일반동사 현재완료
    (to부정사구) to get (him) (out of here)
            동사 (연결마디) 2개 : 동사 + (대명사) + (형용사성분 : 전치사구)
빨리 끌어내야 해요

If he bleeds (across the yard),
    접속사 : if (if조건절)
    동사 (연결마디) 1개 : 동사 + (형용사성분 : 전치사구)
    동사변화 : bleed 3인칭단수현재 bleeds
마당까지 피를 흘리면

we can't hide (it).
    동사 (연결마디) 1개 : 동사 + (대명사)
    동사변화 : 조동사 can(능력, 추측, 허가) + 부사 not + 동사원형 hide ; 부정문
들킬 거예요

YouTube  해설 동영상

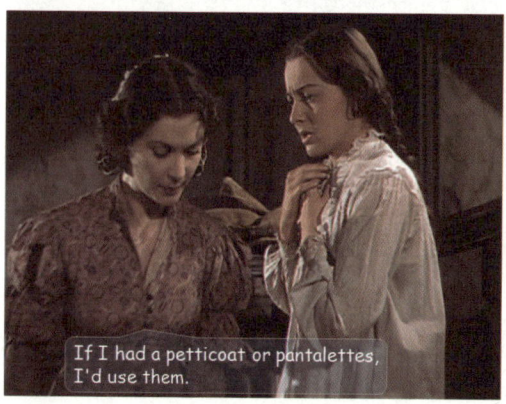

Give (me) (your nightgown), Melly.
　　동사 (연결마디) 2개 : 동사 + (대명사) + (명사구)
잠옷 좀 벗어줘요

I'll wad (it) (around his head).
　　동사 (연결마디) 2개 : 동사 + (대명사) + (형용사성분 : 전치사구)
　　동사변화 : 조동사 will(의지, 습성, 요청) + 동사원형 wad
머리를 싸게

Don't be (silly).
　　동사 (연결마디) 1개 : 동사 + (형용사)
　　동사변화 : 조동사 Do + 부사 not + 동사원형 be ; ~하지마라(명령문)
걱정 마요

I won't look (at you).
　　동사 (연결마디) 1개 : 동사 + (명사성분 : 전치사구)
　　동사변화 : 조동사 would(과거시점미래, 습관, 의지) + not + 동사원형 look ; 부정
안 볼 테니

If I had (a petticoat or pantalettes),
　　접속사 : if (if조건절)
　　동사 (연결마디) 1개 : 동사 + (명사구)
　　동사변화 : have/has 과거형 had ; 과거지사
내가 속치마를 입었다면

I'd use (them).
　　동사 (연결마디) 1개 : 동사 + (대명사)
　　동사변화 : 조동사 would(과거시점미래, 습관, 의지) + 동사원형 use
내걸 썼을 거예요

Thank heavens I'm not (that modest).
　　동사 (연결마디) 1개 : 동사 + (명사구)
　　동사변화 : be동사 am/are/is + 부사 not ; be동사 부정문
난 부끄럼 안타서 다행이야

Now go (back) (to bed).
　　동사 (연결마디) 2개 : 동사 + (부사 : 관용 동사구) + (명사성분 : 전치사구)
가서 누워요

You'll be (dead)
　　동사 (연결마디) 1개 : 동사 + (형용사)
　　동사변화 : 조동사 will(의지, 습성, 요청) + be ; 예정
곧 쓰러질 것 같으니

if you don't.
　　접속사 : if (if조건절)
　　동사변화 : 조동사 do(does) + 부사 not ; 부정문
안 그러면

YouTube  해설 동영상

I'll clean (up) (my mess)
   동사 (연결마디) 2개 : 동사 + (부사 : 관용 동사구) + (명사구)
   동사변화 : 조동사 will(의지, 습성, 요청) + 동사원형 clean
마루를 닦아야지

when I've buried (him).
   접속사 : when
   동사 (연결마디) 1개 : 동사 + (대명사)
   동사변화 : have/has + 과거분사 buried ; 일반동사 현재완료
시체를 묻고

No, I'll clean (it) (up).
   동사 (연결마디) 2개 : 동사 + (대명사) + (부사 : 관용 동사구)
   동사변화 : 조동사 will(의지, 습성, 요청) + 동사원형 clean
닦는 건 내가 할 게요

Well, I guess (I've done murder).
   동사 (연결마디) 1개 : 동사 + (명사절)
   (명사절) I've done (murder)
        동사 (연결마디) 1개 : 동사 + (명사)
        동사변화 : have/has + 과거분사 done ; 일반동사 현재완료
내가 살인을 했어

I won't think (about that) now.
   동사 (연결마디) 1개 : 동사 + (명사성분 : 전치사구)
   동사변화 : 조동사 would(과거시점미래, 습관, 의지) + not + 동사원형 think ; 부정
   수식어구[부사성분] : now
지금은 생각 말아야지

I'll think (about that) tomorrow.
   동사 (연결마디) 1개 : 동사 + (명사성분 : 전치사구)
   동사변화 : 조동사 will(의지, 습성, 요청) + 동사원형 think
   수식어구[부사성분] : tomorrow
내일 생각할 테야

YouTube  해설 동영상

Katie Scarlett!
케이티 스칼렛!

Katie Scarlett!
스칼렛!

It's (over)! It's (over)!
    동사 (연결마디) 1개 : 동사 + (형용사)
끝났어, 다 끝났어

It's all (over)! The war!
    동사 (연결마디) 1개 : 동사 + (형용사)
    수식어구[부사성분] : all
전쟁이 끝났다

Lee surrendered!
    동사 (연결마디) 없음 : 동사 단독
    동사변화 : surrender 과거형 surrendered ; 과거지사
리 장군이 항복했어

It's not (possible).
    동사 (연결마디) 1개 : 동사 + (형용사)
    동사변화 : be동사 am/are/is + 부사 not ; be동사 부정문
말도 안 돼요.

YouTube  해설 동영상

Oh, why did we ever fight?
   의문사 Why + 일반동사 과거의문문
   일반동사 과거의문문(조동사 Do/Does과거 Did 사용) : we fought → Did we fight
   수식어구[부사성분] : ever
우린 왜 싸운 거죠?

Ashley will be coming (home).
   동사 (연결마디) 1개 : 동사 + (부사)
   동사변화 : 조동사 will(의지, 습성, 요청) + be + 현재분사 coming ; 진행예정
애슐리가 돌아올 거예요

Yes, Ashley'll be coming (home).
   동사 (연결마디) 1개 : 동사 + (부사)
   동사변화 : 조동사 will(의지, 습성, 요청) + be + 현재분사 coming ; 진행예정
그래, 애슐리가 돌아와

We'll plant (more cotton).
   동사 (연결마디) 1개 : 동사 + (명사구)
   동사변화 : 조동사 will(의지, 습성, 요청) + 동사원형 plant
목화를 더 심어야 해.

Cotton ought (to go sky-high next year)!
   동사 (연결마디) 1개 : 동사 + (to부정사구 : 명사적용법)
   (to부정사구) to go (sky-high) next year
           동사 (연결마디) 1개 : 동사 + (형용사구)
           수식어구[부사성분] : next year
내년엔 목화 값이 오를 거야

지칠 대로 지친 기사들은 집으로 돌아왔다
한때 풍요롭고 우아했던 땅으로…

YouTube  해설 동영상

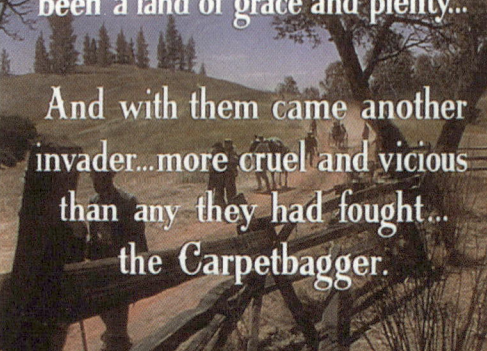

하지만 그들과 함께 또 다른 침입자가 있었으니
적군보다 더 잔인하고 악랄한 북부 뜨내기들이었다

"So we sing (the chorus) (from Atlanta to the sea).
   접속사 : so
   동사 (연결마디) 2개 : 동사 + (명사) + (형용사성분 : 전치사구)
애틀랜타에서 대서양까지 노래를 부르자

"While we were marching (through Georgia)."
   접속사 : while
   동사 (연결마디) 1개 : 동사 + (형용사성분 : 전치사구)
   동사변화 : be동사과거 was/were + 현재분사 marching ; 과거진행
우린 조지아를 행진 한다네!

Get (out) (of the road), rebel! Get (out) (of the way)!
   동사 (연결마디) 2개 : 동사 + (부사 : 관용 동사구) + (명사성분 : 전치사구)
반란군은 저리 비켜라!

Have you (room) (in your carriage) for a dying man?
   조동사 의문문(주어, 조동사 위치변경) : you have → Have you
   동사 (연결마디) 2개 : 동사 + (명사) + (형용사성분 : 전치사구)
   수식어구[부사성분] : for a dying man
죽어가는 사람 마차에 좀 태워주시오

I got (no room) (for any Southern scum), alive or dead.
   동사 (연결마디) 2개 : 동사 + (명사) + (형용사성분 : 전치사구)
   동사변화 : get 과거형 got ; 과거지사
   수식어구[부사성분] : alive or dead
살든 죽든 남부 녀석을 태울 자리는 없어

YouTube  해설 동영상

Get (out) (of the way)!
    동사 (연결마디) 2개 : 동사 + (부사 : 관용 동사구) + (명사성분 : 전치사구)
저리 비켜!

I **reckon** (he'd rather try and walk it at that).
    동사 (연결마디) 1개 : 동사 + (명사절)
   (명사절) he'd rather try and walk (it) (at that)
        동사 (연결마디) 2개 : 동사 + (대명사) + (형용사성분 : 전치사구)
        동사변화 : 조동사구 would rather(차라리 ~하고 싶다) + 동사원형 try and walk
차라리 걷는 게 낫겠소

Giddap! **Jump**, you gray-backed beggars!
비켜, 이 회색 거지들아

Now you **come on and give** (me) (them pants), Mister Kennedy.
    접속사 : Now
    동사 (연결마디) 2개 : 동사 + (대명사) + (명사구)
어서 바지를 내 놓으세요

Come (on).
    동사 (연결마디) 1개 : 동사 + (부사 : 관용 동사구)
어서요!

You **scrub** (yourself) (with that strong lye soap)
    동사 (연결마디) 2개 : 동사 + (재귀대명사) + (형용사성분 : 전치사구)
저 비누로 박박 닦아요

before I **scrub** (you) myself.
    접속사 : before
    동사 (연결마디) 1개 : 동사 + (대명사)
내가 닦기 전에

YouTube  해설 동영상

I'm going (to put these britches in the boiling pot).
  동사 (연결마디) 1개 : 동사 + (to부정사구 : 명사적용법)
  동사변화 : be동사 am/are/is + 현재분사 going ; 현재진행
  (to부정사구) to put (these britches) (in the boiling pot)
            동사 (연결마디) 2개 : 동사 + (명사구) + (형용사성분 : 전치사구)
옷들은 모두 삶아야 겠어요

The whole Confederate Army have got (the same trouble)...
  동사 (연결마디) 1개 : 동사 + (명사구)
  동사변화 : have/has + 과거분사 got ; 일반동사 현재완료
군인들은 모두 똑같아

...crawling (clothes) and dysentery.
  동사 (연결마디) 1개 : 동사 + (명사)
  동사변화 : crawl 현재분사 crawling ; 진행
온몸에 이가 기어 다니고 이질도

It's humiliating (how you treat Mr. Kennedy).
  동사 (연결마디) 1개 : 동사 + (how-절)
  동사변화 : be동사 am/are/is + 현재분사 humiliating ; 현재진행
  (how-절) 의문사 how + (명사절)
            (명사절) you treat (Mr. Kennedy)
                    동사 (연결마디) 1개 : 동사 + (명사구)
케네디 씨한테 너무 심하잖아

You'd be (a sight) (more humiliated)
  동사 (연결마디) 2개 : 동사 + (명사) + (형용사구)
  동사변화 : 조동사 would(과거시점미래, 습관, 의지) + be ; 예정
더 심할걸요

if Mist' Kennedy's lice gets (on you)!
  접속사 : if (if조건절)
  동사 (연결마디) 1개 : 동사 + (명사성분 : 전치사구)
  동사변화 : get 3인칭단수현재 gets
그 분에게서 빈대를 옮는다면

Come on, Beau.
이리 오렴,

YouTube  해설 동영상

We must leave (this gentleman) (alone)
    동사 (연결마디) 2개 : 동사 + (명사구) + (형용사)
    동사변화 : 조동사 must(의무, 강한 추측) + 동사원형 leave
귀찮게 해드리지 마라

because he's (tired) and he's (hungry).
    접속사 : because
    동사 (연결마디) 1개 : 동사 + (형용사)
허기지고 지쳐 있으신데

I don't mind, ma'am.
    동사 (연결마디) 없음 : 동사 단독
    동사변화 : 조동사 do(does) + 부사 not + 동사원형 mind ; 일반동사 부정문
괜찮습니다

Good (to see a youngster again).
    형용사 good + (to부정사구 : 부사적용법)
   (to부정사구) to see (a youngster) again
         동사 (연결마디) 1개 : 동사 + (명사)
         수식어구[부사성분] : again
아이 바라보는게 좋습니다

Nice little fellow.
꼬마가 귀여운 걸요

Another two years of war
전쟁이 2년 더 지속됐으면

and we could have had (him) with us (in Cobb's Legion).
    동사 (연결마디) 2개 : 동사 + (대명사) + (형용사성분 : 전치사구)
    동사변화 : could(능력, 추측, 허가) + have + 과거분사 had ; 현재완료
    수식어구[부사성분] : with us
콥스 부대에서 볼 수도 있었겠네요

Were you (in Cobb's Legion)?
    be동사과거 의문문(주어, 동사 위치변경) : You were → Were you...?
    동사 (연결마디) 1개 : 동사 + (명사성분 : 전치사구)
콥스 부대에 계셨어요?

Yes, ma'am.
그래요

YouTube  해설 동영상

Why, then, you must know (my husband, Major Wilkes).
   동사 (연결마디) 1개 : 동사 + (명사구)
   동사변화 : 조동사 must(의무, 강한 추측) + 동사원형 know
그럼 제 남편을 아시겠군요? 윌크스 소령이요

Oh, yes, ma'am.
압니다,

He was captured (at Spottsylvania), I think.
   동사 (연결마디) 1개 : 동사 + (형용사성분 : 전치사구)
   동사변화 : be동사과거 was/were + 과거분사 captured ; 과거수동태
스포실바니아에서 포로가 됐죠

Captured!
포로요?

Oh, thank heavens, then he isn't....
그럼 살아있는 건...

Oh, my poor Ashley! In a Yankee prison!
이런, 애슐리가 양키 감옥에 가다니

YouTube  해설 동영상

Melanie!
멜라니!

Yes, Scarlett, I'm coming.
    동사변화 : be동사 am/are/is + 현재분사 coming ; 현재진행
스칼렛, 가요!

Come (along), Beau.
    동사 (연결마디) 1개 : 동사 + (부사 : 관용 동사구)
이리 와라

I'll watch (out) (for him), ma'am.
    동사 (연결마디) 2개 : 동사 + (부사 : 관용 동사구) + (명사성분 : 전치사구)
    동사변화 : 조동사 will(의지, 습성, 요청) + 동사원형 watch
아기는 제가 봐드리죠

We're (good friends).
    동사 (연결마디) 1개 : 동사 + (명사구)
우리 친해졌어요

Oh, thank (you).
    동사 (연결마디) 1개 : 동사 + (대명사)
고마워요

I slave (day and night)
    동사 (연결마디) 1개 : 동사 + (부사구)
난 노예처럼 밤낮 일하는데

so we can have (food) (to keep body and soul together).
    동사 (연결마디) 2개 : 동사 + (명사) + (to부정사구 : 형용사적 용법)
    동사변화 : 조동사 can(능력, 추측, 허가) + 동사원형 have
    (to부정사구) to keep (body and soul) together
              동사 (연결마디) 1개 : 동사 + (명사구)
              수식어구[부사성분] : together
먹고 살려고

And you give (it) all away (to these starving scarecrows).
    동사 (연결마디) 2개 : 동사 + (대명사) + (형용사성분 : 전치사구)
    수식어구[부사성분] : all away
당신은 거지한테 동정이라니!

YouTube  해설 동영상

I'd rather (a plague of locusts) (around here).
   동사 (연결마디) 2개 : 동사 + (명사구) + (형용사성분 : 전치사구)
   동사변화 : 조동사구 would rather(차라리 ~하고 싶다)
차라리 메뚜기 떼가 낫겠어요

Don't scold (me), Scarlett, please.
   동사 (연결마디) 1개 : 동사 + (대명사)
   동사변화 : 조동사 Do + 부사 not + 동사원형 scold ; ~하지마라(명령문)
스칼렛, 나무라지 말아요

I've just heard (that Ashley was taken prisoner).
   동사 (연결마디) 1개 : 동사 + (that-절)
   동사변화 : have/has + 과거분사 heard ; 일반동사 현재완료
   (that-절) that Ashley was taken (prisoner)
       접속사 : that
       동사 (연결마디) 1개 : 동사 + (명사)
       동사변화 : be동사과거 was/were + 과거분사 taken ; 과거수동태
애슐리가 포로로 잡혔다는 소식을 들었어요

Ashley, a prisoner! -Yes.
포로요? -네,

And maybe if he's (alive and well) (he's on some Northern road right now).
   접속사구 : maybe if
   동사 (연결마디) 2개 : 동사 + (형용사구) + (부사절)
   (부사절) he's (on some Northern road right now)
       동사 (연결마디) 1개 : 동사 + (명사성분 : 전치사구)
그이도 지금 북부 어딘 가에 살아서

And maybe some Northern woman is giving (him) (a share of her dinner)...
   동사 (연결마디) 2개 : 동사 + (대명사) + (명사구)
   동사변화 : be동사 am/are/is + 현재분사 giving ; 현재진행
북부여인의 도움을 받고 있을 수도 있죠

YouTube  해설 동영상

...and **helping** (my beloved) (to come back home to me).
   동사 (연결마디) 2개 : 동사 + (명사구) + (to부정사구 : 형용사적 용법)
   동사변화 : help 현재분사 helping ; 진행
   (to부정사구) to come (back) home (to me)
        동사 (연결마디) 2개 : 동사 + (부사 : 관용 동사구) + (명사성분 : 전치사구)
그 힘으로 그이는 집에 올 수 있겠죠

I **hope** (so), Melly.
   동사 (연결마디) 1개 : 동사 + (대명사)
그러길 바래요

Miss Scarlett.
스칼렛

Miss Scarlett, I **wanted** (to take up something with your pa) but...
   동사 (연결마디) 1개 : 동사 + (to부정사구 : 명사적용법)
   동사변화 : want 과거형 wanted ; 과거지사
   (to부정사구) to take (up) (something with your pa)
        동사 (연결마디) 2개 : 동사 + (부사 : 관용 동사구) + (명사구)
아버님께 드릴 말씀이 있는데

...he **doesn't seem** (to....
   동사변화 : 조동사 do(does) + 부사 not + 동사원형 seem ; 일반동사 부정문
도무지...

Perhaps I **can help** (you).
   수식어구[부사성분] : perhaps
   동사 (연결마디) 1개 : 동사 + (대명사)
   동사변화 : 조동사 can(능력, 추측, 허가) + 동사원형 help
내가 도와 드리죠

I'**m** (head of the house) now.
   동사 (연결마디) 1개 : 동사 + (명사구)
   수식어구[부사성분] : now
이 집의 가장이니까

YouTube  해설 동영상

Well, I, I....
제가

Miss Scarlett, I was aiming (to ask for Suellen).
    동사 (연결마디) 1개 : 동사 + (to부정사구 : 명사적용법)
    동사변화 : be동사과거 was/were + 현재분사 aiming ; 과거진행
    (to부정사구) to ask (for Suellen)
            동사 (연결마디) 1개 : 동사 + (명사성분 : 전치사구)
수엘렌에게 청혼을 하려고...

Do you mean (to tell me you haven't asked for her)...
    일반동사 의문문(조동사 Do/Does 사용) : You mean → Do you mean
    동사 (연결마디) 1개 : 동사 + (to부정사구 : 명사적용법)
    (to부정사구) to tell (me) (you haven't asked for her)
            동사 (연결마디) 2개 : 동사 + (대명사) + (명사절)
        (명사절) you haven't asked (for her)
            동사 (연결마디) 1개 : 동사 + (명사성분 : 전치사구)
            동사변화 : have/has + 부사 not + 과거분사 asked ; 현재완료부정
아직 청혼도 안 했단 말인가요?

..after all these years (she's been counting on you)?
    (전치사구) after + 명사구 all these years + (형용사절)
        (형용사절) she's been counting (on you)
            동사 (연결마디) 1개 : 동사 + (명사성분 : 전치사구)
            동사변화 : (have)has + been + 현재분사 counting ; (be동사 현재완료) 진행
그 동안 당신만 바라보고 있었는데

Well, I, the truth is, (I'm so much older than she is), and....
    동사 (연결마디) 1개 : 동사 + (명사절)
    (명사절) I'm so (much older) (than she is)
        동사 (연결마디) 2개 : 동사 + (형용사구) + (부사성분 : 전치사구)
        (전치사구) than + (명사절)
            (명사절) she is
사실 내가 나이도 많고

Well, now I haven't (a cent) (to my name).
    동사 (연결마디) 2개 : 동사 + (명사) + (형용사성분 : 전치사구)
    동사변화 : have + 부사 not ; have동사 부정문
가진 게 없어서요

YouTube  해설 동영상

Who has nowadays?
지금은 모두 마찬가지죠

Miss Scarlett, if true love carries (any weight) (with you)...
    접속사 : if (if조건절)
    동사 (연결마디) 2개 : 동사 + (명사구) + (형용사성분 : 전치사구)
    동사변화 : carry 3인칭단수현재 carries
진실한 사랑을 당신은 모르겠지만

...you can be (sure) (your sister will be rich in that).
    동사 (연결마디) 2개 : 동사 + (형용사) + (부사절)
    동사변화 : 조동사 can(능력, 추측, 허가) + be ; 예정
    (부사절) your sister will be (rich) (in that)
        동사 (연결마디) 2개 : 동사 + (형용사) + (부사성분 : 전치사구)
        동사변화 : 조동사 will(의지, 습성, 요청) + be ; 예정
수엘렌은 만끽할 수 있다고 자신합니다

I'll go (out) (somewhere)
    동사 (연결마디) 2개 : 동사 + (부사 : 관용 동사구) + (명사)
    동사변화 : 조동사 will(의지, 습성, 요청) + 동사원형 go
자리를 잡고

and get (myself) (a little business)
    동사 (연결마디) 2개 : 동사 + (재귀대명사) + (명사구)
사업을 하겠어요

if we're engaged.
    접속사 : if (if조건절)
    동사변화 : be동사 am/are/is + 과거분사 engaged ; 수동태
약혼을 하면

As soon as I get (on) (my feet) again—
    접속사구 : as soon as
    동사 (연결마디) 2개 : 동사 + (부사 : 관용 동사구) + (명사구)
자립하는 대로...

All right, Frank. I'm (sure) (I can speak for Pa).
    동사 (연결마디) 2개 : 동사 + (형용사) + (부사절)
    (부사절) I can speak (for Pa)
        동사 (연결마디) 1개 : 동사 + (명사성분 : 전치사구)
        동사변화 : 조동사 can(능력, 추측, 허가) + 동사원형 speak
좋아요, 아버지한테 말씀드리죠

YouTube  해설 동영상

You go ask (her) now.
    동사 (연결마디) 1개 : 동사 + (대명사)
    동사변화 : (help / go / come 등) + 동사원형 ask
    수식어구[부사성분] : now
수엘렌에게 가보세요

Oh, thank (you), Miss Scarlett.
    동사 (연결마디) 1개 : 동사 + (대명사)
고맙습니다, 스칼렛

Excuse (me), excuse (me).
    동사 (연결마디) 1개 : 동사 + (대명사)
실례합니다

Scarlett, what seems (to be the trouble with Mr. Kennedy)?
    동사 (연결마디) 1개 : 동사 + (to부정사구 : 명사적용법)
    동사변화 : seem 3인칭단수현재 seems
    (to부정사구) to be (the trouble) (with Mr. Kennedy)
            동사 (연결마디) 2개 : 동사 + (명사) + (형용사성분 : 전치사구)
케네디 씨가 왜 저러죠?

More trouble (than he guesses).
    명사구 more trouble + (형용사성분 : 전치사구)
    (전치사구) than + (명사절)
          (명사절) he guesses
진짜 골치야

He has finally asked (for Suellen's hand).
    동사 (연결마디) 1개 : 동사 + (명사성분 : 전치사구)
    동사변화 : have/has + 과거분사 asked ; 일반동사 현재완료
    수식어구[부사성분] : finally
이제야 수엘렌에게 청혼한대요

YouTube  해설 동영상

Oh, I'm so (glad).
   동사 (연결마디) 1개 : 동사 + (형용사)
   수식어구[부사성분] : so
참 잘 됐네요

It's (a pity) (he can't marry her now).
   동사 (연결마디) 2개 : 동사 + (명사) + (형용사절)
  (형용사절) he can't marry (her) now
        동사 (연결마디) 1개 : 동사 + (대명사)
        동사변화 : 조동사 can(능력, 추측, 허가) + 부사 not + 동사원형 marry ; 부정문
        수식어구[부사성분] : now
당장은 결혼 못할 테니 안됐어요

At least, there'd be (one less mouth) (to feed).
   수식어구[부사성분] : At least
   동사 (연결마디) 2개 : 동사 + (명사구) + (to부정사구 : 형용사적 용법)
   동사변화 : 조동사 would(과거시점미래, 습관, 의지) + be ; 예정
  (to부정사구) to feed
그럼 입 하나 덜 수 있었는데

Oh, another one.
또 한 사람 오네요

I hope (this one isn't hungry).
   동사 (연결마디) 1개 : 동사 + (명사절)
  (명사절) this one isn't (hungry)
        동사 (연결마디) 1개 : 동사 + (형용사)
        동사변화 : be동사 am/are/is + 부사 not ; be동사 부정문
굶주린 거지가 아니었으면

He'll be (hungry).
   동사 (연결마디) 1개 : 동사 + (형용사)
   동사변화 : 조동사 will(의지, 습성, 요청) + be ; 예정
왜 아니겠어요

I'll tell (Prissy) (to get an extra plate)....
   동사 (연결마디) 2개 : 동사 + (고유명사) + (to부정사구 : 명사적용법)
   동사변화 : 조동사 will(의지, 습성, 요청) + 동사원형 tell
  (to부정사구) to get (an extra plate)
        동사 (연결마디) 1개 : 동사 + (명사구)
프리시에게 식사 준비를...

YouTube  해설 동영상

Ashley!
애슐리!

Ashley!
애슐리!

Darling!
여보!

Miss Scarlett! <u>Don't spoil</u> (it), Miss Scarlett.
  동사 (연결마디) 1개 : 동사 + (대명사)
  동사변화 : 조동사 Do + 부사 not + 동사원형 spoil ; ~하지마라(명령문)
아씨, 제발 이러지 마세요

YouTube  해설 동영상

Turn (me) (loose), you fool!
    동사 (연결마디) 2개 : 동사 + (대명사) + (형용사)
이거 놔,

Turn me loose, it**'s** (Ashley)!
    동사 (연결마디) 1개 : 동사 + (고유명사)
애슐리가 왔어!

He**'s** (her husband), **ain't** he?
    동사 (연결마디) 1개 : 동사 + (명사구)
    ain't he? : 부가의문문
멜라니의 남편이에요

Miss Scarlett, ma'am.
스칼렛 아씨.

High time (you got back).
    명사구 high time + (형용사절)
   (형용사절) you got (back)
        동사 (연결마디) 1개 : 동사 + (부사 : 관용 동사구)
        동사변화 : get 과거형 got ; 과거지사
마침 잘 왔어!

Did you **get** (the horse) (shod)?
    일반동사 과거의문문(조동사 Do/Does과거 Did 사용) : You got → Did you get
    동사 (연결마디) 2개 : 동사 + (명사) + (형용사)
말편자는 했나?

Yes, sir. He **shod** (all right).
    동사 (연결마디) 1개 : 동사 + (형용사구)
    동사변화 : shoe 과거형 shod ; 과거지사
네, 잘 됐어요, 아씨...

YouTube  해설 동영상

Fine thing (when a horse can get shoes and humans can't).
　　명사구 Fine thing + (형용사성분 : when-절)
　　(when-절) when a horse can get (shoes)
　　　　　　접속사 : when
　　　　　　동사 (연결마디) 1개 : 동사 + (명사)
　　　　　　동사변화 : 조동사 can(능력, 추측, 허가) + 동사원형 get

　　　　　and humans can't
　　　　　　접속사 : and
　　　　　　동사변화 : 조동사 can(능력, 추측, 허가) + 부사 not ; 부정문
말은 구두를 신는데 사람은 맨발이군,

Here, stir (this soap).
　　동사 (연결마디) 1개 : 동사 + (명사구)
비누 좀 저어

Yes, ma'am. Miss Scarlett, ma'am.
네,

I'm going (to know how much money have you got left, in gold).
　　동사 (연결마디) 1개 : 동사 + (to부정사구 : 명사적용법)
　　동사변화 : be동사 am/are/is + 현재분사 going ; 현재진행
　　(to부정사구) to know (how much money) (have you got left, in gold)
　　　　　　동사 (연결마디) 2개 : 동사 + (명사구) + (형용사절)
　　　　　　(형용사절) have you got left, (in gold)
　　　　　　　　　　현재완료 의문문(have동사 위치변경) : You have got... → Have you got...?
　　　　　　　　　　동사 (연결마디) 1개 : 동사 + (형용사성분 : 전치사구)
　　　　　　　　　　동사변화 : got + 과거분사 left ; (be동사보다 역동적) 과거수동태
금화가 얼마나 있죠?

Ten dollars. Why?
10달러, 왜?

That won't be (enough).
　　동사 (연결마디) 1개 : 동사 + (형용사)
　　동사변화 : 조동사 would(과거시점미래, 습관, 의지) + not + be ; 예정(부정)
그 걸로는 어림도 없는데요

YouTube  해설 동영상

What in heaven's name (are you talking about)?
   명사구 What in heaven's name + (형용사절)
   (형용사절) are you talking (about)
          be동사 의문문(주어, 동사 위치변경) : You are talking ... → Are you talking...?
          동사 (연결마디) 1개 : 동사 + (명사성분 : 전치사구)
          동사변화 : be동사 am/are/is + 현재분사 talking ; 현재진행
무슨 얘기야?

Well, Miss Scarlett, I have seen (that old, no-count white-trash Wilkerson)...
   동사 (연결마디) 1개 : 동사 + (명사구)
   동사변화 : have/has + 과거분사 seen ; 일반동사 현재완료
달갑지 않은 윌커슨을 만났는데요

...that used (to be Mr. Gerald's overseer here).
   동사 (연결마디) 1개 : 동사 + (to부정사구 : 명사적용법)
   동사변화 : use 과거형 used ; 과거지사
   (to부정사구) to be (Mr. Gerald's overseer) here
        동사 (연결마디) 1개 : 동사 + (명사구)
        수식어구[부사성분] : here
주인님 밑에서 감독관으로 있던

He's (a regular Yankee) now,
   동사 (연결마디) 1개 : 동사 + (명사구)
   수식어구[부사성분] : now
이제 양키가 다 됐어요.

and he was making (a brag)...
   동사 (연결마디) 1개 : 동사 + (명사)
   동사변화 : be동사과거 was/were + 현재분사 making ; 과거진행
어찌나 으스대던지

...that his carpetbagger friends have run (the taxes way up sky-high on Tara).
   동사 (연결마디) 1개 : 동사 + (명사절)
   동사변화 : have/has + 과거분사 run ; 일반동사 현재완료
   (명사절) the taxes way (up) (sky-high on Tara)
        동사 (연결마디) 2개 : 동사 + (부사 : 관용 동사구) + (명사구)
그 자의 뜨내기 친구들이 타라에 세금을 엄청나게 매겼대요

But how much more (have we got to pay)?
   형용사구 how much more + (부사절)
   (부사절) have we got (to pay)
        현재완료 의문문(have동사 위치변경) : we have got... → Have we got...?
        동사 (연결마디) 1개 : 동사 + (to부정사구 : 명사적용법)
        (to부정사구) to pay
얼마나 더 내래?

YouTube  해설 동영상

I **heard** (the tax man say $300).
　　동사 (연결마디) 1개 : 동사 + (명사절)
　　동사변화 : hear 과거형 heard ; 과거지사
　　(명사절) the tax man say ($300)
　　　　　　동사 (연결마디) 1개 : 동사 + (명사)
3백 달러요

Three hundred!
3백...

Might just as well **be** ($3 million).
　　동사 (연결마디) 1개 : 동사 + (명사구)
　　동사변화 : 조동사 might(능력, 추측, 허가) + be ; 예정
　　수식어구[부사성분] : just, as well
우리한텐 3백만 달러나 같아

But we **going** (to raise it),
　　동사 (연결마디) 1개 : 동사 + (to부정사구 : 명사적용법)
　　동사변화 : go 현재분사 going ; 진행
　　(to부정사구) to raise (it)
　　　　　　동사 (연결마디) 1개 : 동사 + (대명사)
그래도 구해야지

that'**s** (all).
　　동사 (연결마디) 1개 : 동사 + (형용사)
아무렴

Yes, ma'am.
그럼요

How?
어떻게요?

YouTube  해설 동영상

I'll go ask (Mr. Ashley).
    동사 (연결마디) 1개 : 동사 + (명사구)
    동사변화 : 조동사 will(의지, 습성, 요청) + 동사원형 go ask
    동사변화 : (help / go / come 등) + 동사원형 ask
애슐리한테 물어봐야지

Oh, he doesn't get (no $300), Miss Scarlett.
    동사 (연결마디) 1개 : 동사 + (명사구)
    동사변화 : 조동사 do(does) + 부사 not + 동사원형 get ; 일반동사 부정문
그 분이라고 돈이 있겠어요?

Well, I can ask (him)
    동사 (연결마디) 1개 : 동사 + (대명사)
    동사변화 : 조동사 can(능력, 추측, 허가) + 동사원형 ask
그래도 묻는 건

if I want (to), can't I?
    접속사 : if (if조건절)
    동사 (연결마디) 1개 : 동사 + (to부정사구 : 명사적용법)
    can't I? : 부가의문문
내 마음이야

Asking ain't getting.
    동사 (연결마디) 없음 : 동사 단독
    동사변화 : am/are/is + 부사 not + 현재분사 getting ; 현재진행부정
물어보면 뭐한담!

Ashley!
애슐리...

They say (Abe Lincoln got his start splitting rails).
    동사 (연결마디) 1개 : 동사 + (명사절)
    (명사절) Abe Lincoln got (his start) (splitting rails)
        동사 (연결마디) 2개 : 동사 + (명사구) + (-ing구 : 형용사적 용법)
        동사변화 : get 과거형 got ; 과거지사
        (-ing구) splitting (rails)
            동사 (연결마디) 1개 : 동사 + (명사)
링컨도 통나무 자르는 일부터 했다는데

YouTube  해설 동영상

Just think (what I may do once I get the knack).
   동사 (연결마디) 1개 : 동사 + (what-절)
  (what-절) what I may do once (I get the knack)
        접속사 : what
        동사 (연결마디) 1개 : 동사 + (명사절)
        동사변화 : 조동사 may(능력, 추측, 허가) + 동사원형 do
        수식어구[부사성분] : once
        (명사절) I get (the knack)
            동사 (연결마디) 1개 : 동사 + (명사)
나는 언제나 요령이 생길지...

The Yankees want ($300 more) (in taxes).
   동사 (연결마디) 2개 : 동사 + (명사구) + (형용사성분 : 전치사구)
양키가 세금을 3백 달러나 더 내래요

What shall we do?
   의문사 What + 조동사 의문문
   조동사 의문문(주어, 조동사 위치변경) : we shall do → Shall we do
어쩌면 좋죠?

Ashley, what's (to become of us)?
   동사 (연결마디) 1개 : 동사 + (to부정사구 : 명사적용법)
  (to부정사구) to become (of us)
        동사 (연결마디) 1개 : 동사 + (명사성분 : 전치사구)
우린 어떻게 되는 거죠?

What do you think (becomes of people when their civilization breaks up)?
   의문사 What + 일반동사 의문문
   일반동사 의문문(조동사 Do/Does 사용) : You think → Do you think
   동사 (연결마디) 1개 : 동사 + (명사절)
  (명사절) becomes (of people)
        동사 (연결마디) 1개 : 동사 + (명사성분 : 전치사구)
        when their civilization breaks (up)
        접속사 : when
        동사 (연결마디) 1개 : 동사 + (부사 : 관용 동사구)
문명이 무너지면 사람들은 어떻게 될까요?

Those who have brains and courage come (through) (all right).
  [동사 앞 주어] Those (who have brains and courage)
        대명사 Those + (형용사성분 : who-절)
           (who-절) who have (brains and courage)
                동사 (연결마디) 1개 : 동사 + (명사구)
  동사 (연결마디) 2개 : 동사 + (부사 : 관용 동사구) + (명사구)
머리와 용기 있는 자는 살아 남고

YouTube  해설 동영상

Those that haven't are winnowed out.

For heaven's sake, Ashley, don't stand there talking nonsense at me...

...when it's us who are being winnowed out.

You're right, Scarlett.

Here I am talking tommy-rot about civilization...

...when your Tara's in danger.

Those that haven't are winnowed (out).
  [동사 앞 주어] Those (that haven't)
              대명사 Those + (형용사절)
                  (형용사절) that haven't
                      동사변화 : have + 부사 not ; have동사 부정문
  동사 (연결마디) 1개 : 동사 + (부사 : 관용 동사구)
  동사변화 : be동사 am/are/is + 과거분사 winnowed ; 수동태
그렇지 못하면 사라지는 거요

For heaven's sake, Ashley, don't stand (there talking nonsense at me)...
  동사 (연결마디) 1개 : 동사 + (명사절)
  동사변화 : 조동사 Do + 부사 not + 동사원형 stand ; ~하지마라(명령문)
  (명사절) there talking (nonsense) (at me)
          동사 (연결마디) 2개 : 동사 + (명사) + (형용사성분 : 전치사구)
제발, 애슐리, 나 한테 그런 뜻 모를 소리 말아요

...when it's (us) (who are being winnowed out).
  접속사 : when
  동사 (연결마디) 2개 : 동사 + (대명사) + (형용사성분 : who-절)
  (who-절) who are being winnowed (out)
          동사 (연결마디) 1개 : 동사 + (부사 : 관용 동사구)
          동사변화 : be동사 am/are/is + being + 과거분사 winnowed ; 수동태현재진행
우리가 사라질 판에

You're (right), Scarlett.
  동사 (연결마디) 1개 : 동사 + (형용사)
당신 말이 옳소

Here I am talking (tommy-rot about civilization)...
  동사 (연결마디) 1개 : 동사 + (명사구)
  동사변화 : be동사 am/are/is + 현재분사 talking ; 현재진행
난 문명 얘기 따위나 하고

...when your Tara's (in danger).
  접속사 : when
  동사 (연결마디) 1개 : 동사 + (형용사성분 : 전치사구)
타라가 위기에 처한 이 때에

YouTube  해설 동영상

You've come (to me) (for help),
    동사 (연결마디) 2개 : 동사 + (명사성분 : 전치사구) + (형용사성분 : 전치사구)
    동사변화 : have/has + 과거분사 come ; 일반동사 현재완료
당신은 날 도왔지만

and I've (no help) (to give you).
    접속사 : and
    동사 (연결마디) 2개 : 동사 + (명사구) + (to부정사구 : 형용사적 용법)
    (to부정사구) to give (you)
           동사 (연결마디) 1개 : 동사 + (대명사)
난 보답할 길이 없구려

Oh, Scarlett, I...
스칼렛,

...I'm (a coward).
    동사 (연결마디) 1개 : 동사 + (명사)
난 겁쟁이오

You, Ashley, a coward?
당신이 겁쟁이라고요?

What are you (afraid of)?
    의문사 What + be동사 의문문
    be동사 의문문(주어, 동사 위치변경) : You are... → Are you...?
    동사 (연결마디) 1개 : 동사 + (형용사구)
뭐가 겁나세요?

Oh, mostly of life becoming (too real) (for me), I suppose.
    동사 (연결마디) 2개 : 동사 + (형용사구) + (부사성분 : 전치사구)
    동사변화 : become 현재분사 becoming ; 진행
삶이 내게 너무 현실로 다가오고 있소

YouTube  해설 동영상

Not (that I mind splitting rails)...
   동사 (연결마디) 1개 : 동사 + (that-절)
   동사변화 : be동사 am/are/is + 부사 not ; be동사 부정문
   (that-절) that I mind (splitting rails)
         접속사 : that
         동사 (연결마디) 1개 : 동사 + (-ing구 : 명사적용법)
         (-ing구) splitting (rails)
              동사 (연결마디) 1개 : 동사 + (명사)
통나무 패기가 싫은 게 아니라

...but I do mind very much (losing the beauty of that life I loved).
   접속사 : but
   동사 (연결마디) 1개 : 동사 + (-ing구 : 명사적용법)
   (-ing구) losing (the beauty of that life) (I loved)
         동사 (연결마디) 2개 : 동사 + (명사구) + (형용사절)
         (형용사절) I loved
내가 사랑한 세계를 잃는 게 겁이 나오

If the war hadn't come,
   접속사 : if (if조건절)
   동사 (연결마디) 없음 : 동사 단독
   동사변화 : had + 부사 not + 과거분사 come ; 일반동사 과거완료부정
전쟁이 없었다면

I'd have spent (my life) (happily buried at Twelve Oaks).
   동사 (연결마디) 2개 : 동사 + (명사구) + (과거분사구 : 형용사적 용법)
   동사변화 : 조동사 would(과거시점미래, 습관, 의지) + have + 과거분사 spent ; 현재완료
   (과거분사구) happily buried (at Twelve Oaks)
         수식어구[부사성분] : happily
         동사 (연결마디) 1개 : 동사 + (명사성분 : 전치사구)
열두 참나무에 묻히는 행복한 삶을 살았겠지만

But the war did come.
   동사변화 : 조동사 do/does/did + 일반동사 come ; 강조
전쟁은 일어났소

I saw (my boyhood friends) (blown to bits).
   동사 (연결마디) 2개 : 동사 + (명사구) + (과거분사구 : 형용사적 용법)
   동사변화 : see 과거형 saw ; 과거지사
   (과거분사구) blown (to bits)
         동사 (연결마디) 1개 : 동사 + (명사성분 : 전치사구)
난 어릴 적 친구들을 잃었고

I saw (men crumple up in agony when I shot them).
   동사 (연결마디) 1개 : 동사 + (명사절)
   (명사절) men crumple (up) (in agony)
         동사 (연결마디) 2개 : 동사 + (부사 : 관용 동사구) + (형용사성분 : 전치사구)
         when I shot (them)
         동사 (연결마디) 1개 : 동사 + (대명사)
         동사변화 : shoot 과거형 shot ; 과거지사
내가 쏜 적은 고통 속에 고꾸라졌죠

YouTube  해설 동영상

And now I find myself in a world which for me is (worse) (than death).
　[동사 앞 주어] I find (myself) (in a world which for me)
　　　　　　　동사 (연결마디) 2개 : 동사 + (재귀대명사) + (형용사성분 : 전치사구)
　　　　　　　(전치사구) in + 명사 a world + (형용사성분 : which-구)
　　　　　　　　　　　(which-구) which (for me)
　동사 (연결마디) 2개 : 동사 + (형용사) + (부사구)
이런 세상은 내게 죽음보다 고통스럽소

A world (in which there's no place for me).
　명사 a world + (형용사성분 : 전치사구)
　(전치사구) in + (which-절)
　　　　　　(which-절) which there's (no place) (for me)
　　　　　　　접속사 : which
　　　　　　　동사 (연결마디) 2개 : 동사 + (명사구) + (형용사성분 : 전치사구)
내가 설자리가 없는 세상이오

I can never make (you) (understand)
　동사 (연결마디) 2개 : 동사 + (대명사) + (원형부정사구 : 형용사적용법)
　동사변화 : 조동사 can(능력, 추측, 허가) + 동사원형 make
　수식어구[부사성분] : never
　(원형부정사구) understand
당신을 이해시킬 수가 없구려

because you don't know (the meaning of fear).
　접속사 : because
　동사 (연결마디) 1개 : 동사 + (명사구)
　동사변화 : 조동사 do(does) + 부사 not + 동사원형 know ; 일반동사 부정문
당신은 두려움을 모르니

You never mind (facing realities)...
　동사 (연결마디) 1개 : 동사 + (-ing구 : 명사적용법)
　(-ing구) facing (realities)
　　　　　동사 (연결마디) 1개 : 동사 + (명사)
당신은 현실을 직시하지

...and you never want (to escape from them as I do).
　동사 (연결마디) 1개 : 동사 + (to부정사구 : 명사적용법)
　(to부정사구) to escape (from them) (as I do)
　　　　　동사 (연결마디) 2개 : 동사 + (명사성분 : 전치사구) + (형용사성분 : 전치사구)
　　　　　(전치사구) as + (명사절)
　　　　　　　　(명사절) I do
나처럼 도망치지 않아

Escape?
도망요

YouTube  해설 동영상

Oh, Ashley, you're (wrong).
　　동사 (연결마디) 1개 : 동사 + (형용사)
애슐리, 그렇지 않아요

I do want (to escape) too.
　　동사 (연결마디) 1개 : 동사 + (to부정사구 : 명사적용법)
　　동사변화 : 조동사 do/does/did + 일반동사 want ; 강조
　　(to부정사구) to escape
　　수식어구[부사성분] : too
나도 도망치고 싶어요

I'm so very (tired) (of it all).
　　동사 (연결마디) 2개 : 동사 + (형용사) + (부사성분 : 전치사구)
　　수식어구[부사성분] : so very
지쳤다고요.

I've struggled (for food and for money).
　　동사 (연결마디) 1개 : 동사 + (명사성분 : 전치사구)
　　동사변화 : have/has + 과거분사 struggled ; 일반동사 현재완료
먹을 것과 돈을 위해 싸워왔죠

I've weeded and hoed and picked (cotton)
　　동사 (연결마디) 1개 : 동사 + (명사)
　　동사변화 : have/has + 과거분사 weeded and hoed and picked ; 일반동사 현재완료
풀 뽑고, 괭이질하고 목화를 땄죠

until I can't stand (it) (another minute).
　　접속사 : until
　　동사 (연결마디) 2개 : 동사 + (대명사) + (부사구)
　　동사변화 : 조동사 can(능력, 추측, 허가) + 부사 not + 동사원형 stand ; 부정문
잠시도 쉴 틈 없이

I tell (you), Ashley,
　　동사 (연결마디) 1개 : 동사 + (명사구)
제가 보기엔

the South is (dead). It's (dead).
　　동사 (연결마디) 1개 : 동사 + (형용사)
남부는 죽었어요,

The Yankees and the carpetbaggers have got (it)
　　동사 (연결마디) 1개 : 동사 + (대명사)
　　동사변화 : have/has + 과거분사 got ; 일반동사 현재완료
양키와 북부 뜨내기들이 다 가져가고

and there's (nothing) (left for us).
　　동사 (연결마디) 2개 : 동사 + (명사) + (과거분사구 : 형용사적 용법)
　　(과거분사구) left (for us)
　　　　　　동사 (연결마디) 1개 : 동사 + (명사성분 : 전치사구)
남은 건 없어요

YouTube  해설 동영상

Oh, Ashley...
애슐리,

...let (us) (run away).
    동사 (연결마디) 2개 : 동사 + (대명사) + (원형부정사구 : 형용사적용법)
    (원형부정사구) run (away)
            동사 (연결마디) 1개 : 동사 + (부사 : 관용 동사구)
우리 도망쳐요

We'd go (to Mexico).
    동사 (연결마디) 1개 : 동사 + (명사성분 : 전치사구)
    동사변화 : 조동사 would(과거시점미래, 습관, 의지) + 동사원형 go
멕시코로 가요,

They want (officers) (in the Mexican Army).
    동사 (연결마디) 2개 : 동사 + (명사) + (형용사성분 : 전치사구)
멕시코 군대에서 장교를 모집한대요

We could be so (happy) there.
    동사 (연결마디) 1개 : 동사 + (형용사)
    동사변화 : 조동사 could(능력, 추측, 허가) + be ; 예정
    수식어구[부사성분] : so, there
그곳에서 우린 행복할 수 있어요

I'd work (for you),
    동사 (연결마디) 1개 : 동사 + (명사성분 : 전치사구)
    동사변화 : 조동사 would(과거시점미래, 습관, 의지) + 동사원형 work
당신을 위해

I'd do (anything) (for you).
    동사 (연결마디) 2개 : 동사 + (명사) + (형용사성분 : 전치사구)
    동사변화 : 조동사 would(과거시점미래, 습관, 의지) + 동사원형 do
뭐든 할 게요.

You know (you don't love Melanie).
    동사 (연결마디) 1개 : 동사 + (명사절)
    (명사절) you don't love (Melanie)
            동사 (연결마디) 1개 : 동사 + (고유명사)
            동사변화 : 조동사 do(does) + 부사 not + 동사원형 love ; 일반동사 부정문
멜라니를 사랑 안 하시죠?

You told (me) (you loved me that day at Twelve Oaks).
    동사 (연결마디) 2개 : 동사 + (대명사) + (명사절)
    동사변화 : tell 과거형 told ; 과거지사
    (명사절) you loved (me) that day (at Twelve Oaks)
            동사 (연결마디) 2개 : 동사 + (대명사) + (형용사성분 : 전치사구)
            동사변화 : love 과거형 loved ; 과거지사
            수식어구[부사성분] : that day
그때 날 사랑한다고 했으니까

YouTube  해설 동영상

And anyway, Melanie **can't**....
게다가 멜라니는 이제...

Dr. Meade told (me) (she couldn't have any more children)
   동사 (연결마디) 2개 : 동사 + (대명사) + (명사절)
   동사변화 : tell 과거형 told ; 과거지사
   (명사절) she couldn't have (any more children)
        동사 (연결마디) 1개 : 동사 + (명사구)
        동사변화 : 조동사 could(능력, 추측, 허가) + not + 동사원형 have ; 부정문
미드 박사님이 멜라니는 아이를 못 낳는 댔어요

and I could give (you)—
   동사 (연결마디) 1개 : 동사 + (대명사)
   동사변화 : 조동사 could(능력, 추측, 허가) + 동사원형 give
하지만 난 낳을 수 있죠.

Can't we ever forget (that day) (at Twelve Oaks)?
   조동사 부정의문문(주어, 조동사 위치변경) : we can't forget → Can't we forget...
   동사 (연결마디) 2개 : 동사 + (명사구) + (형용사성분 : 전치사구)
   수식어구[부사성분] : ever
열두 참나무 집에서의 일은 잊어야 하오

Do you think (I could ever forget it)?
   일반동사 의문문(조동사 Do/Does 사용) : You think → Do you think
   동사 (연결마디) 1개 : 동사 + (명사절)
   (명사절) I could ever forget (it)
        동사 (연결마디) 1개 : 동사 + (대명사)
        동사변화 : 조동사 could(능력, 추측, 허가) + 동사원형 forget
        수식어구[부사성분] : ever
내가 잊을 수 있을 거라 생각해요?

Have you forgotten (it)?
   현재완료 의문문(have동사 위치변경) : You have forgotten... → Have you forgotten...?
   동사 (연결마디) 1개 : 동사 + (대명사)
당신은 잊었나요?

Can you honestly say (you don't love me)?
   조동사 의문문(주어, 조동사 위치변경) : you can say → Can you say
   동사 (연결마디) 1개 : 동사 + (명사절)
   수식어구[부사성분] : honestly
   (명사절) you don't love (me)
        동사 (연결마디) 1개 : 동사 + (대명사)
        동사변화 : 조동사 do(does) + 부사 not + 동사원형 love ; 일반동사 부정문
날 사랑하지 않는다고 말할 수 있어요?

No. I don't love (you).
   동사 (연결마디) 1개 : 동사 + (대명사)
   동사변화 : 조동사 do(does) + 부사 not + 동사원형 love ; 일반동사 부정문
당신을 사랑하지 않아요.

YouTube  해설 동영상

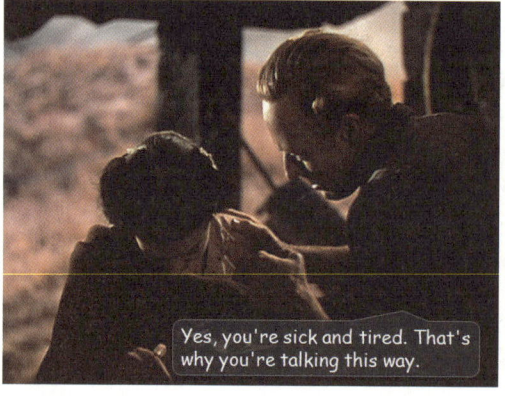

It's (a lie)!
  동사 (연결마디) 1개 : 동사 + (명사)
거짓말이에요!

Even if it is,
  접속사구 : even if (~일지라도)
그렇다 해도

do you think (I'd leave Melanie and the baby),
  일반동사 의문문(조동사 Do/Does 사용) : You think → Do you think
  동사 (연결마디) 1개 : 동사 + (명사절)
  (명사절) I'd leave (Melanie and the baby)
    동사 (연결마디) 1개 : 동사 + (명사구)
    동사변화 : 조동사 would(과거시점미래, 습관, 의지) + 동사원형 leave
내가 아내와 아기를 버릴 것 같소?

break (Melanie's heart)?
  동사 (연결마디) 1개 : 동사 + (명사구)
멜라니의 가슴을 찢으며?

You couldn't leave (your father and the girls).
  동사 (연결마디) 1개 : 동사 + (명사구)
  동사변화 : 조동사 could(능력, 추측, 허가) + not + 동사원형 leave ; 부정문
당신도 아버지와 동생들을 버릴 순 없을 거요

I could leave (them).
  동사 (연결마디) 1개 : 동사 + (대명사)
  동사변화 : 조동사 could(능력, 추측, 허가) + 동사원형 leave
버릴 거예요

I'm (sick) (of them).
  동사 (연결마디) 2개 : 동사 + (형용사) + (부사성분 : 전치사구)
이젠 지겹고

I'm (tired) (of them).
  동사 (연결마디) 2개 : 동사 + (형용사) + (부사성분 : 전치사구)
신물나요

Yes, you're (sick and tired).
  동사 (연결마디) 1개 : 동사 + (형용사절)
당신이 지치고 힘들어서

That's (why you're talking this way).
  동사 (연결마디) 1개 : 동사 + (why-절)
  (why-절) why you're talking (this way)
    접속사 : why
    동사 (연결마디) 1개 : 동사 + (명사구)
    동사변화 : be동사 am/are/is + 현재분사 talking ; 현재진행
그렇게 말할 수 있어요

You've carried (the load) (for all of us)...
  동사 (연결마디) 2개 : 동사 + (명사) + (형용사성분 : 전치사구)
  동사변화 : have/has + 과거분사 carried ; 일반동사 현재완료
모든 짐을 당신이 지고 있으니

YouTube  해설 동영상

...but from now on I'm going (to be more help to you),
　수식어구[부사성분] : from now on
　동사 (연결마디) 1개 : 동사 + (to부정사구 : 명사적용법)
　동사변화 : be동사 am/are/is + 현재분사 going ; 현재진행
　(to부정사구) to be (more help) (to you)
　　　　　동사 (연결마디) 2개 : 동사 + (명사구) + (형용사성분 : 전치사구)
앞으론 더 많이 돕겠소

I promise.
약속하리라

There's (only one way) (you can help me).
　동사 (연결마디) 2개 : 동사 + (명사구) + (형용사절)
　(형용사절) you can help (me)
　　　　동사 (연결마디) 1개 : 동사 + (대명사)
　　　　동사변화 : 조동사 can(능력, 추측, 허가) + 동사원형 help
도울 길은 하나뿐이에요

Take (me) (away).
　동사 (연결마디) 2개 : 동사 + (대명사) + (부사 : 관용 동사구)
날 먼 곳으로 데려가 줘요

There's (nothing) (to keep us here).
　동사 (연결마디) 2개 : 동사 + (명사) + (to부정사구 : 형용사적 용법)
　(to부정사구) to keep (us) here
　　　　　동사 (연결마디) 1개 : 동사 + (대명사)
　　　　　수식어구[부사성분] : here
여기 남을 이유가 없어요

Nothing. Nothing (except honor).
　명사 nothing + (형용사성분 : 전치사구)
그렇지 않아요 지켜야할 명예가 있잖소

Oh, please, Scarlett.
스칼렛,

YouTube  해설 동영상

Please, dear, you mustn't cry.
　　동사변화 : 조동사 must(의무, 강한 추측) + not + 동사원형 cry ; 부정
울면 안 돼요

You mustn't.
　　동사변화 : 조동사 must(의무, 강한 추측) + 부사 not ; 부정
안 돼요

Please, my brave dear, you mustn't plead.
　　동사변화 : 조동사 must(의무, 강한 추측) + not + 동사원형 plead ; 부정
용감한 그대여, 이러지 말아요

You do love (me), you do love (me).
　　동사 (연결마디) 1개 : 동사 + (대명사)
　　동사변화 : 조동사 do/does/did + 일반동사 love ; 강조
당신은 날 사랑해요 날 사랑해요

Say (it), say it. Don't, don't.
　　동사 (연결마디) 1개 : 동사 + (대명사)
이러지 말아요

You love (me), you love (me).
　　동사 (연결마디) 1개 : 동사 + (대명사)
날 사랑하잖아요

YouTube  해설 동영상

We won't do this, I tell you. It won't happen again.

I'm going to take Melanie and the baby, and go.

Say it, you love me.

All right, I'll say it. I love your courage and your stubbornness.

So much that I could have forgotten the best wife a man ever had.

But, Scarlett, I'm not going to forget her.

I <u>tell</u> (you) (We won't do this),
　　동사 (연결마디) 2개 : 동사 + (대명사) + (명사절)
　　(명사절) we <u>won't do</u> (this)
　　　　　　동사 (연결마디) 1개 : 동사 + (대명사)
　　　　　　동사변화 : 조동사 will(의지, 습성, 요청) + 부사 not + 동사원형 do ; 부정
이러면 안 돼요

It <u>won't happen</u> again.
　　동사변화 : 조동사 will(의지, 습성, 요청) + 부사 not + 동사원형 happen ; 부정
　　수식어구[부사성분] : again
또 이러면 안 돼요

I'<u>m going</u> (to take Melanie and the baby),
　　동사 (연결마디) 1개 : 동사 + (to부정사구 : 명사적용법)
　　동사변화 : be동사 am/are/is + 현재분사 going ; 현재진행
　　(to부정사구) to <u>take</u> (Melanie and the baby)
　　　　　　동사 (연결마디) 1개 : 동사 + (명사구)
아기와 멜라니를 데리고

and <u>go</u>.
떠나겠소

<u>Say</u> (it), you love me.
　　동사 (연결마디) 1개 : 동사 + (대명사)
사랑한다고 말해줘요

All right, I'<u>ll say</u> (it).
　　동사 (연결마디) 1개 : 동사 + (대명사)
　　동사변화 : 조동사 will(의지, 습성, 요청) + 동사원형 say
좋소, 말하리라

I <u>love</u> (your courage and your stubbornness).
　　동사 (연결마디) 1개 : 동사 + (명사구)
난 당신의 용기와 고집을 사랑하오

I <u>love</u> (so much) (that I could have forgotten the best wife a man ever had).
　　동사 (연결마디) 2개 : 동사 + (형용사구) + (that-절)
　　(that-절) that I <u>could have forgotten</u> (the best wife) (a man ever had)
　　　　　　접속사 : that
　　　　　　동사 (연결마디) 2개 : 동사 + (명사구) + (형용사절)
　　　　　　동사변화 : could(능력, 추측, 허가) + have + 과거분사 forgotten ; 현재완료
　　　　　　(형용사절) a man ever <u>had</u>
　　　　　　　　　　동사 (연결마디) 없음 : 동사 단독
　　　　　　　　　　수식어구[부사성분] : ever
그걸 너무 사랑한 나머지 잠시 아내를 잊고 있었소

But, Scarlett, I'<u>m not going</u> (to forget her).
　　동사 (연결마디) 1개 : 동사 + (to부정사구 : 명사적용법)
　　동사변화 : am/are/is + 부사 not + 현재분사 going ; 현재진행부정
　　(to부정사구) to <u>forget</u> (her)
　　　　　　동사 (연결마디) 1개 : 동사 + (대명사)
하지만 아내를 버리진 않소

YouTube  해설 동영상

Then there's (nothing) (left for me).
　　동사 (연결마디) 2개 : 동사 + (명사) + (과거분사구 : 형용사적 용법)
　(과거분사구) left (for me)
　　　　　　동사 (연결마디) 1개 : 동사 + (형용사성분 : 전치사구)
내겐 남은 게 없어요

Nothing (to fight for).
　　명사 Nothing + (to부정사구 : 형용사적 용법)
　(to부정사구) to fight (for)
　　　　　　동사 (연결마디) 1개 : 동사 + (명사성분 : 전치사구)
싸울 대상도

Nothing (to live for).
　　명사 Nothing + (to부정사구 : 형용사적 용법)
　(to부정사구) to live (for)
　　　　　　동사 (연결마디) 1개 : 동사 + (명사성분 : 전치사구)
살 이유도 없죠

Yes, there is (something).
　　동사 (연결마디) 1개 : 동사 + (명사)
그래도

Something (you love better than me)...
　　명사 something + (형용사절)
　(형용사절) you love (better) (than me)
　　　　　　동사 (연결마디) 2개 : 동사 + (형용사) + (부사성분 : 전치사구)
나보다 더 사랑하는 게 있소

...though you may not know (it).
　　접속사 : though
　　동사 (연결마디) 1개 : 동사 + (대명사)
　　동사변화 : 조동사 may(능력, 추측, 허가) + not + 동사원형 know ; 부정
당신은 모르고 있겠지만

YouTube  해설 동영상

Tara!
타라요

Yes, I...
그래요

...I still have (this).
   동사 (연결마디) 1개 : 동사 + (대명사)
   수식어구[부사성분] : still
내게 아직 이게 있었군요

You needn't go.
   동사변화 : 조동사 need(필요) + 부사 not + 동사원형 go
떠날 필요 없어요

I won't have (you all starve simply)
   동사 (연결마디) 1개 : 동사 + (명사절)
   동사변화 : 조동사 will(의지, 습성, 요청) + 부사 not + 동사원형 have ; 부정
   (명사절) you all starve (simply)
        동사 (연결마디) 1개 : 동사 + (부사)
당신들을 굶게 하진 않을 테니까

because I threw (myself) (at your head).
   접속사 : because
   동사 (연결마디) 2개 : 동사 + (재귀대명사) + (형용사성분 : 전치사구)
   동사변화 : throw 과거형 threw ; 과거지사
내가 한 짓 때문에

It won't happen again.
   동사변화 : 조동사 will(의지, 습성, 요청) + 부사 not + 동사원형 happen ; 부정
   수식어구[부사성분] : again
다신 이런 일 없을 거예요

YouTube  해설 동영상

Why, it's (Emmy Slattery).
 동사 (연결마디) 1개 : 동사 + (고유명사)
에미 슬래터리로구나.

Yes, ma'am, it's (me).
 동사 (연결마디) 1개 : 동사 + (대명사)
그래요, 저예요

Stop!
멈춰!

You haven't forgotten (your old overseer), have you?
 동사 (연결마디) 1개 : 동사 + (명사구)
 동사변화 : have/has + 부사 not + 과거분사 forgotten ; 현재완료부정
 have you? : 부가의문문
옛 감독관을 벌써 잊으셨나요?

Well, Emmy's (Mrs. Wilkerson) now.
 동사 (연결마디) 1개 : 동사 + (명사구)
 수식어구[부사성분] : now
우린 이제 부부입니다

Get (off) (those steps), you trashy wench!
 동사 (연결마디) 2개 : 동사 + (부사 : 관용 동사구) + (명사구)
계단에서 내려가, 이 쓰레기!

Get (off) (this land)!
 동사 (연결마디) 2개 : 동사 + (부사 : 관용 동사구) + (명사구)
내 땅에서 나가!

YouTube  해설 동영상

You can't speak (that way) (to my wife).
   동사 (연결마디) 2개 : 동사 + (명사구) + (형용사성분 : 전치사구)
   동사변화 : 조동사 can(능력, 추측, 허가) + 부사 not + 동사원형 speak ; 부정문
제 아내에게 말조심 하시죠

Wife! High time (you made her your wife).
   명사구 High time + (형용사절)
   (형용사절) you made (her) (your wife)
              동사 (연결마디) 2개 : 동사 + (대명사) + (명사구)
              동사변화 : make 과거형 made ; 과거지사
아내? 좋은 때에 결혼했군

Who baptized (your other brats)
   동사 (연결마디) 1개 : 동사 + (명사구)
   동사변화 : baptize 과거형 baptized ; 과거지사
낳은 애는 누가 세례 해줬지

after you killed (my mother)?
   접속사 : after
   동사 (연결마디) 1개 : 동사 + (명사구)
   동사변화 : kill 과거형 killed ; 과거지사
내 어머니를 돌아가시게 만들고

We came (out) here (to pay a friendly call)
   동사 (연결마디) 2개 : 동사 + (부사 : 관용 동사구) + (to부정사구 : 명사적용법)
   수식어구[부사성분] : here
   (to부정사구) to pay (a friendly call)
             동사 (연결마디) 1개 : 동사 + (명사구)
우린 친구로서 방문한 거요.

and talk (a little business) (with old friends).
   동사 (연결마디) 2개 : 동사 + (명사구) + (형용사성분 : 전치사구)
사업 얘기도 좀 나누고

Friends! When were we ever (friends) (with the likes of you)?
   의문사 When + be동사과거 의문문
   be동사과거 의문문(주어, 동사 위치변경) : we were → Were we...?
   동사 (연결마디) 2개 : 동사 + (명사) + (형용사성분 : 전치사구)
   수식어구[부사성분] : ever
당신 같은 것들과 친구였던 적이 있었나?

Still high and mighty, ain't you?
   ain't you? : 부가의문문
여전히 기개가 당당하시군.

Well, I know all (about you).
   동사 (연결마디) 1개 : 동사 + (명사성분 : 전치사구)
당신 사정은 훤히 다 알아

YouTube  해설 동영상

I know (your father's turned idiot).
　　동사 (연결마디) 1개 : 동사 + (명사절)
　　(명사절) your father's turned (idiot)
　　　　　　동사 (연결마디) 1개 : 동사 + (명사)
　　　　　　동사변화 : be동사 am/are/is + 과거분사 turned ; 수동태
아버지는 멍청이가 됐고

You can't pay (your taxes).
　　동사 (연결마디) 1개 : 동사 + (명사구)
　　동사변화 : 조동사 can(능력, 추측, 허가) + 부사 not + 동사원형 pay ; 부정문
세금 낼 형편도 못 되지

And I come (out) here (to offer to buy the place from you)...
　　동사 (연결마디) 2개 : 동사 + (부사 : 관용 동사구) + (to부정사구 : 형용사적 용법)
　　(to부정사구) to offer (to buy the place from you)
　　　　　　동사 (연결마디) 1개 : 동사 + (to부정사구 : 명사적용법)
　　　　　　　　(to부정사구) to buy (the place) (from you)
　　　　　　　　　　　　동사 (연결마디) 2개 : 동사 + (명사) + (형용사성분 : 전치사구)
내가 여기 온 건 이 땅을 사기 위해서요

...to make (you) (a right good offer).
　　동사 (연결마디) 2개 : 동사 + (대명사) + (명사구)
후한 값에

Emmy's had (a hankering) (to live here).
　　동사 (연결마디) 2개 : 동사 + (명사) + (to부정사구 : 형용사적 용법)
　　동사변화 : be동사 am/are/is + 과거분사 had ; 수동태
　　(to부정사구) to live (here)
　　　　　　동사 (연결마디) 1개 : 동사 + (부사)
아내가 이 집을 원해요

Get (off) (this place), you dirty Yankee.
　　동사 (연결마디) 2개 : 동사 + (부사 : 관용 동사구) + (명사구)
썩 꺼져라, 더러운 양키!

YouTube  해설 동영상

You high-flying Irish will find (out) (who's running things around here)...
    동사 (연결마디) 2개 : 동사 + (부사 : 관용 동사구) + (명사절)
    동사변화 : 조동사 will(의지, 습성, 요청) + 동사원형 find
    (명사절) who's running (things) (around here)
        동사 (연결마디) 2개 : 동사 + (명사) + (형용사성분 : 전치사구)
        동사변화 : be동사 am/are/is + 현재분사 running ; 현재진행
잘난 체 하는 아일랜드인! 누가 힘을 쓰는지 알게 되겠군

...when you get sold (out) (for taxes).
    접속사 : when
    동사 (연결마디) 2개 : 동사 + (부사 : 관용 동사구) + (명사성분 : 전치사구)
    동사변화 : get + 과거분사 sold ; (be동사보다 역동적) 수동태
집이 넘어가 봐야

I'll buy (this place lock, stock and barrel)
    동사 (연결마디) 1개 : 동사 + (명사구)
    동사변화 : 조동사 will(의지, 습성, 요청) + 동사원형 buy
이 집과 세간을 다 살 거요

and I'll live (in it).
    동사 (연결마디) 1개 : 동사 + (명사성분 : 전치사구)
    동사변화 : 조동사 will(의지, 습성, 요청) + 동사원형 live
그리곤 내가 여기서 살것이오

But I'll wait (for the sheriff's sale).
    동사 (연결마디) 1개 : 동사 + (명사성분 : 전치사구)
    동사변화 : 조동사 will(의지, 습성, 요청) + 동사원형 wait
경매할 날 만을 기다리지

That's (all of Tara) (you'll ever get)!
    동사 (연결마디) 2개 : 동사 + (명사구) + (형용사절)
    (형용사절) you'll ever get
        동사변화 : 조동사 will(의지, 습성, 요청) + 동사원형 get
        수식어구[부사성분] : ever
타라는 이걸로 만족해야 할 거다

YouTube  해설 동영상

You'll be (sorry) (for that).
   동사 (연결마디) 2개 : 동사 + (형용사) + (부사성분 : 전치사구)
   동사변화 : 조동사 will(의지, 습성, 요청) + be ; 예정
나중에 후회나 하지 마쇼

We'll be (back)!
   동사 (연결마디) 1개 : 동사 + (형용사)
   동사변화 : 조동사 will(의지, 습성, 요청) + be ; 예정
다시 오겠소

I'll show (you) (who the owner of Tara is).
   동사 (연결마디) 2개 : 동사 + (대명사) + (명사구)
   동사변화 : 조동사 will(의지, 습성, 요청) + 동사원형 show
   (명사구) 명사 who + (형용사절)
        (형용사절) the owner of Tara is
타라의 주인은 바로 나다

Pa, come (back)!
   동사 (연결마디) 1개 : 동사 + (부사 : 관용 동사구)
아버지, 안 돼요

Pa, come (back)!
   동사 (연결마디) 1개 : 동사 + (부사 : 관용 동사구)
아버지, 돌아와요!

YouTube  해설 동영상

Yankee coward!
비겁한 양키 놈!

Pa!
아버지

"제럴드 오하라"

YouTube  해설 동영상

Lordsy, Miss Scarlett. That's (Mr. Gerald's watch).
    동사 (연결마디) 1개 : 동사 + (명사구)
안 돼요, 아씨! 제럴드 주인님의 시계인 걸요

You take (it).
    동사 (연결마디) 1개 : 동사 + (대명사)
네가 가져.

It's (for you).
    동사 (연결마디) 1개 : 동사 + (명사성분 : 전치사구)
네 꺼야

Pa'd want (you) (to have it).
    동사 (연결마디) 2개 : 동사 + (대명사) + (to부정사구 : 형용사적 용법)
    동사변화 : 조동사 would(과거시점미래, 습관, 의지) + 동사원형 want
    (to부정사구) to have (it)
            동사 (연결마디) 1개 : 동사 + (대명사)
아버지도 그러길 원하실거야

You ain't got (no business) (parting from this watch) now, Miss Scarlett.
    동사 (연결마디) 2개 : 동사 + (명사구) + (-ing구 : 형용사적 용법)
    동사변화 : am/are/is + 부사 not + 과거분사 got ; 수동태부정
    (-ing구) parting (from this watch)
            동사 (연결마디) 1개 : 동사 + (명사성분 : 전치사구)
지금 시계 얘기할 때가 아녜요

You need (all your valuables) (to sell for that tax money).
    동사 (연결마디) 2개 : 동사 + (명사구) + (to부정사구 : 형용사적 용법)
    (to부정사구) to sell (for that tax money)
            동사 (연결마디) 1개 : 동사 + (명사성분 : 전치사구)
돈 나가는 건 다 팔아서 세금을 내야죠

Do you think (I'd sell Pa's watch)?
    일반동사 의문문(조동사 Do/Does 사용) : You think → Do you think
    동사 (연결마디) 1개 : 동사 + (명사절)
    (명사절) I'd sell (Pa's watch)
            동사 (연결마디) 1개 : 동사 + (명사구)
            동사변화 : 조동사 would(과거시점미래, 습관, 의지) + 동사원형 sell
아버지 시계는 팔 수 없어

And don't cry.
    동사변화 : 조동사 Do + 부사 not + 동사원형 miss ; ~하지마라(명령문)
울지 마

YouTube  해설 동영상

I can stand (everybody's tears) (but yours).
   동사 (연결마디) 2개 : 동사 + (명사구) + (형용사성분 : 전치사구)
   동사변화 : 조동사 can(능력, 추측, 허가) + 동사원형 stand
네가 우는 것만은 참을 수 없어

Oh, Mammy, Mammy.
유모…

You've been (brave) (so long), Miss Scarlett,
   동사 (연결마디) 2개 : 동사 + (형용사) + (부사구)
   동사변화 : have/has + 과거분사 been ; be동사 현재완료
지금까지 잘 해오셨잖아요

you just going (to go on being brave).
   동사 (연결마디) 1개 : 동사 + (to부정사구 : 명사적용법)
   동사변화 : go 현재분사 going ; 진행
  (to부정사구) to go (on being brave)
         동사 (연결마디) 1개 : 동사 + (명사성분 : 전치사구)
         (전치사구) on + (-ing구 : 명사적용법)
              (-ing구) being (brave)
                 동사 (연결마디) 1개 : 동사 + (형용사)
                 동사변화 : be 현재분사 being ; 진행
용기 잃지 마세요

Think (about your pa) (like he used to be).
   동사 (연결마디) 2개 : 동사 + (명사성분 : 전치사구) + (형용사성분 : 전치사구)
  (전치사구) like + (명사절)
     (명사절) he used (to be)
         동사 (연결마디) 1개 : 동사 + (to부정사구 : 명사적용법)
         (to부정사구) to be
예전 주인님 모습을 생각하시고요

I can't think (about Pa).
   동사 (연결마디) 1개 : 동사 + (명사성분 : 전치사구)
   동사변화 : 조동사 can(능력, 추측, 허가) + 부사 not + 동사원형 think ; 부정문
아버지 생각은 나지도 않아

I can't think (of anything) (but that $300).
   동사 (연결마디) 2개 : 동사 + (명사성분 : 전치사구) + (형용사성분 : 전치사구)
   동사변화 : 조동사 can(능력, 추측, 허가) + 부사 not + 동사원형 think ; 부정문
오직 3백 달러 생각뿐이야

YouTube  해설 동영상

Ain't **(no good)** **(thinking about that)**, Miss Scarlett.
    동사 (연결마디) 2개 : 동사 + (형용사구) + (-ing구 : 부사적용법)
    동사변화 : be동사 am/are/is + 부사 not ; be동사 부정문
    (-ing구) thinking (about that)
        동사 (연결마디) 1개 : 동사 + (명사성분 : 전치사구)
생각할 필요 없어요

Ain't **(nobody got that much money)**.
    동사 (연결마디) 1개 : 동사 + (명사절)
    동사변화 : be동사 am/are/is + 부사 not ; be동사 부정문
    (명사절) nobody got (that much money)
        동사 (연결마디) 1개 : 동사 + (명사구)
        동사변화 : get 과거형 got ; 과거지사
그런 돈은 가진 사람이 없으니

Nobody **(but Yankees and scalawags got that much money now)**.
    명사 Nobody + (형용사성분 : 전치사구)
    (전치사구) but + (명사절)
        (명사절) Yankees and scalawags got (that much money) now
            동사 (연결마디) 1개 : 동사 + (명사구)
            동사변화 : get 과거형 got ; 과거지사
            수식어구[부사성분] : now
양키라면 또 몰라도요

Rhett!
레트!

Who that? A Yankee?
그게 누구죠? 양키인가요?

Oh, Mammy, I'm (so thin and pale) and...
    동사 (연결마디) 1개 : 동사 + (형용사구)
너무 마르고 창백해졌어

YouTube  해설 동영상

...I haven't (any clothes).
    동사 (연결마디) 1개 : 동사 + (명사구)
    동사변화 : have + 부사 not ; have동사 부정문
옷도 없고

Scoot (up) (to the attic)
    동사 (연결마디) 2개 : 동사 + (부사 : 관용 동사구) + (명사성분 : 전치사구)
다락을 뒤져서

and get (down) (Ma's old box of dress patterns).
    동사 (연결마디) 2개 : 동사 + (부사 : 관용 동사구) + (명사구)
옷본을 찾아 와

What you up (to) (with Miss Ellen's portieres)?
    의문사 What + 평서문
    동사 (연결마디) 2개 : 동사 + (부사 : 관용 동사구) + (명사성분 : 전치사구)
엘렌 마님의 커튼으로 뭘 하시려고요?

You'll make (me) (a new dress).
    동사 (연결마디) 2개 : 동사 + (대명사) + (명사구)
    동사변화 : 조동사 will(의지, 습성, 요청) + 동사원형 make
새 옷을 만들어줘

Not with Miss Ellen's portieres.
이걸로는 안 됩니다

Not while I got (breath) (in my body).
    접속사 : while
    동사 (연결마디) 2개 : 동사 + (명사) + (형용사성분 : 전치사구)
    동사변화 : get 과거형 got ; 과거지사
제 눈에 흙이 들어가기 전엔!

Great balls of fire!
심술부리지 마.

They're (my portieres) now.
    동사 (연결마디) 1개 : 동사 + (명사구)
    수식어구[부사성분] : now
이젠 내 커튼이야

YouTube  해설 동영상

I'm going (to Atlanta) (for that $300)
   동사 (연결마디) 2개 : 동사 + (명사성분 : 전치사구) + (형용사성분 : 전치사구)
   동사변화 : be동사 am/are/is + 현재분사 going ; 현재진행
애틀랜타로 가서 3백 달러를 구하려면

and I've got (to go looking like a queen).
   접속사 : and
   동사 (연결마디) 1개 : 동사 + (to부정사구 : 명사적용법)
   동사변화 : have/has + 과거분사 got ; 일반동사 현재완료
   (to부정사구) to go (looking like a queen)
           동사 (연결마디) 1개 : 동사 + (-ing구 : 명사적용법)
           (-ing구) looking (like a queen)
                  동사 (연결마디) 1개 : 동사 + (명사성분 : 전치사구)
여왕처럼 보여야 해

Who going (to Atlanta) (with you)?
   동사 (연결마디) 2개 : 동사 + (명사성분 : 전치사구) + (형용사성분 : 전치사구)
   동사변화 : go 현재분사 going ; 진행
누구랑 가실 건데요?

I'm going (alone).
   동사 (연결마디) 1개 : 동사 + (부사)
   동사변화 : be동사 am/are/is + 현재분사 going ; 현재진행
나 혼자!

That's (what you think).
   동사 (연결마디) 1개 : 동사 + (what-절)
   (what-절) what you think
        접속사 : what
        동사 (연결마디) 없음 : 동사 단독
그렇게는 안 돼요.

I'm going (to Atlanta) (with you).
   동사 (연결마디) 2개 : 동사 + (명사성분 : 전치사구) + (형용사성분 : 전치사구)
   동사변화 : be동사 am/are/is + 현재분사 going ; 현재진행
제가 같이 가는 겁니다

With you and that new dress.
새 옷을 입을 아씨와

Now, Mammy, darling.
유모!

YouTube  해설 동영상

No use (to try to sweet-talk me), Miss Scarlett.
　　동사 (연결마디) 1개 : 동사 + (to부정사구 : 명사적용법)
　　(to부정사구) to try (to sweet-talk me)
　　　　　　　동사 (연결마디) 1개 : 동사 + (to부정사구 : 명사적용법)
　　　　　　　(to부정사구) to sweet-talk (me)
　　　　　　　　　　　동사 (연결마디) 1개 : 동사 + (대명사)
구슬려도 안 돼요

I've known (you)
　　동사 (연결마디) 1개 : 동사 + (대명사)
　　동사변화 : have/has + 과거분사 known ; 일반동사 현재완료
전 아씨를 알아요

since I put (the first pair of diapers) (on you).
　　접속사 : since
　　동사 (연결마디) 2개 : 동사 + (명사구) + (형용사성분 : 전치사구)
기저귀를 찼을 때부터

I said (I'm going to Atlanta with you), and I am going.
　　동사 (연결마디) 1개 : 동사 + (명사절)
　　동사변화 : say 과거형 said ; 과거지사
　　(명사절) I'm going (to Atlanta) (with you)
　　　　　　동사 (연결마디) 2개 : 동사 + (명사성분 : 전치사구) + (형용사성분 : 전치사구)
애틀랜타엔 저와 함께 갑니다

Kings and Spades, huh? Too good for me, Major!
킹하고 스페이드라고? 아주 좋군요

Pity (we couldn't have fought the war out in a poker game).
　　명사 Pity + (형용사절)
　　(형용사절) we couldn't have fought (the war) (out in a poker game)
　　　　　　동사 (연결마디) 2개 : 동사 + (명사) + (형용사성분 : 전치사구)
　　　　　　동사변화 : could(능력, 추측, 허가) + not + have + 과거분사 fought ; 현재완료부정
포커로 전쟁을 할 걸 그랬군요

You'd have done (better than General Grant) (with far less effort).
　　동사 (연결마디) 2개 : 동사 + (형용사구) + (부사성분 : 전치사구)
　　동사변화 : 조동사 would(과거시점미래, 습관, 의지) + have + 과거분사 done ; 현재완료
그러면 그랜드 장군보다 쉽게 이겼을 텐데요

YouTube  해설 동영상

What is it, Corporal?
  의문사 What + be동사 의문문
  be동사 의문문(주어, 동사 위치변경) : It is... → Is it...?
무슨 일이야?

Sir, there's (a lady) (to see Captain Butler).
  동사 (연결마디) 2개 : 동사 + (명사) + (to부정사구 : 형용사적 용법)
  (to부정사구) to see (Captain Butler)
            동사 (연결마디) 1개 : 동사 + (명사구)
버틀러 씨를 면회 왔습니다

Says (she's his sister).
  동사 (연결마디) 1개 : 동사 + (명사절)
  동사변화 : say 3인칭단수현재 says
  (명사절) she's (his sister)
           동사 (연결마디) 1개 : 동사 + (명사구)
누이동생이랍니다

Another sister?
또야?

This is (a jail), not a harem, Captain Butler.
  동사 (연결마디) 1개 : 동사 + (명사)
여긴 감옥이지 궁궐이 아니오

No, Major, she ain't (one of those).
  동사 (연결마디) 1개 : 동사 + (명사구)
  동사변화 : be동사 am/are/is + 부사 not ; be동사 부정문
이번엔 좀 다릅니다

This one's got (her mammy) (with her).
  동사 (연결마디) 2개 : 동사 + (명사구) + (형용사성분 : 전치사구)
  동사변화 : have/has + 과거분사 got ; 일반동사 현재완료
유모랑 같이 왔어요

YouTube  해설 동영상

She has?
그래?

I'd like (to see this one), Major, without her mammy.
    동사 (연결마디) 1개 : 동사 + (to부정사구 : 명사적용법)
    동사변화 : 조동사 would(과거시점미래, 습관, 의지) + 동사원형 like
    (to부정사구) to see (this one)
            동사 (연결마디) 1개 : 동사 + (명사구)
만나고 싶습니다. 유모는 빼고 말이죠

Let('s) (see, my losses for the afternoon come to what)?
    동사 (연결마디) 2개 : 동사 + (대명사) + (원형부정사구 : 형용사적용법)
    (원형부정사구) see (my losses) (for the afternoon come to what)
            동사 (연결마디) 2개 : 동사 + (명사구) + (형용사성분 : 전치사구)
        (전치사구) for + (명사절)
              (명사절) the afternoon come (to what)
                  동사 (연결마디) 1개 : 동사 + (명사성분 : 전치사구)
오후에 제가 잃은 게 얼마죠?

Three hundred and forty.
340...

My debts do mount (up), don't they, Major?
    동사 (연결마디) 1개 : 동사 + (부사 : 관용 동사구)
    동사변화 : 조동사 do/does/did + 일반동사 mount ; 강조
    don't they? : 부가의문문
제 빚이 점점 늘어나는 군요

All right, Corporal.
좋아,

YouTube  해설 동영상

Show (Captain Butler's sister) (to his cell).
    동사 (연결마디) 2개 : 동사 + (명사구) + (형용사성분 : 전치사구)
누이동생을 들여보내라

Thank (you), Major.
    동사 (연결마디) 1개 : 동사 + (대명사)
고맙소,

Excuse (me), gentlemen.
    동사 (연결마디) 1개 : 동사 + (대명사)
그럼 전 이만!

It's (hard) (to be strict with a man who loses money so pleasantly).
    동사 (연결마디) 2개 : 동사 + (형용사) + (to부정사구 : 부사적용법)
    (to부정사구) to be (strict) (with a man who loses money so pleasantly)
            동사 (연결마디) 2개 : 동사 + (형용사) + (부사성분 : 전치사구)
            (전치사구) with + 명사 a man + (형용사성분 : who-절)
                (who-절) who loses (money) (so pleasantly)
                    동사 (연결마디) 2개 : 동사 + (명사) + (부사구)
                    동사변화 : lose 3인칭단수현재 loses
기꺼이 돈을 잃어주는 자에게 인심 잃을 건 없지

Rhett!
레트!

Scarlett!
스칼렛,

My dear little sister.
내 귀여운 동생

YouTube  해설 동영상

It's all right, Corporal. My sister has brought me no files or saws.

Can I really kiss you now?

On the forehead like a good brother.

No, thanks. I'll wait and hope for better things.

Oh, Rhett, I was so distressed when I heard you were in jail.

I simply couldn't sleep for thinking.

It's (all right), Corporal.
   동사 (연결마디) 1개 : 동사 + (형용사구)
이제 가보시오,

My sister has brought (me) (no files or saws).
   동사 (연결마디) 2개 : 동사 + (대명사) + (명사구)
   동사변화 : have/has + 과거분사 brought ; 일반동사 현재완료
누이동생이 톱은 안 가져왔으니까

Can I really kiss (you) now?
   조동사 의문문(주어, 조동사 위치변경) : I can kiss → Can I kiss
   동사 (연결마디) 1개 : 동사 + (대명사)
   수식어구[부사성분] : really, now
키스해도 되오?

On the forehead (like a good brother).
   (전치사구) on + 명사 the forehead + (형용사성분 : 전치사구)
오빠처럼, 이마에

No, thanks. I'll wait and hope (for better things).
   동사 (연결마디) 1개 : 동사 + (명사성분 : 전치사구)
   동사변화 : 조동사 will(의지, 습성, 요청) + 동사원형 wait and hope
그럼 더 달콤한 키스를 위해 보류하겠소

Oh, Rhett, I was so distressed
   동사변화 : be동사과거 was/were + 과거분사 distressed ; 과거수동태
   수식어구[부사성분] : so
걱정했어요

when I heard (you were in jail).
   접속사 : when
   동사 (연결마디) 1개 : 동사 + (명사절)
   (명사절) you were (in jail)
           동사 (연결마디) 1개 : 동사 + (명사성분 : 전치사구)
           동사변화 : be동사 are 과거형 were ; 과거지사
감옥에 있다는 얘길 듣고

I simply couldn't sleep (for thinking).
   동사 (연결마디) 1개 : 동사 + (명사성분 : 전치사구)
   동사변화 : 조동사 could(능력, 추측, 허가) + not + 동사원형 sleep ; 부정문
   수식어구[부사성분] : simply
밤에 잠을 못 이루었죠

YouTube  해설 동영상

It's not (true), (they're going to hang you)?
    동사 (연결마디) 2개 : 동사 + (형용사) + (부사절)
    동사변화 : be동사 am/are/is + 부사 not ; be동사 부정문
    (부사절) they're going (to hang you)
            동사 (연결마디) 1개 : 동사 + (to부정사구 : 명사적용법)
            동사변화 : be동사 am/are/is + 현재분사 going ; 현재진행
            (to부정사구) to hang (you)
                    동사 (연결마디) 1개 : 동사 + (대명사)
교수형 얘기는 사실아니죠?

Would you be (sorry)?
    조동사 의문문(주어, 조동사 위치변경) : You would be → Would you be
    동사 (연결마디) 1개 : 동사 + (형용사)
섭섭하오?

Oh, Rhett!
레트!,

Well, don't worry, yet.
    동사변화 : 조동사 Do + 부사 not + 동사원형 worry ; ~하지마라(명령문)
    수식어구[부사성분] : yet
걱정 마시오

The Yankees have plotted (some charge) (against me)...
    동사 (연결마디) 2개 : 동사 + (명사구) + (형용사성분 : 전치사구)
    동사변화 : have/has + 과거분사 plotted ; 일반동사 현재완료
양키가 날 가두곤 있지만

...but they're really (after my money).
    접속사 : but
    동사 (연결마디) 1개 : 동사 + (명사성분 : 전치사구)
    수식어구[부사성분] : really
진짜 원하는 건 돈 이오

YouTube  해설 동영상

They think (I made off with the Confederate Treasury).
   동사 (연결마디) 1개 : 동사 + (명사절)
   (명사절) I made (off) (with the Confederate Treasury)
         동사 (연결마디) 2개 : 동사 + (부사 : 관용 동사구) + (명사성분 : 전치사구)
         동사변화 : make 과거형 made ; 과거지사
내가 남부의 돈을 갖고 있다고 믿거든

Well, did you?
정말이에요?

What (a leading question).
   감탄문 = What + (명사구)
속 보이는군

But let (us) (not talk about sordid things like money).
   동사 (연결마디) 2개 : 동사 + (대명사) + (원형부정사구 : 형용사적용법)
   (원형부정사구) not talk (about sordid things) (like money)
         동사 (연결마디) 2개 : 동사 + (명사성분 : 전치사구) + (형용사성분 : 전치사구)
돈 얘기 같은 건 그만 합시다

How (good of you to come and see me).
   감탄문 = How + (형용사구)
   (형용사구) 형용사구 good of you + (to부정사구 : 부사적용법)
       (to부정사구) to come and see (me)
           동사 (연결마디) 1개 : 동사 + (대명사)
와줘서 고맙소

And how (pretty you look).
   감탄문 = How + (형용사구)
   (형용사구) 형용사 pretty + (부사절)
       (부사절) you look
여전히 예쁘군

Oh, Rhett, how you do run (on), (teasing a country girl like me).
   의문사 How + 평서문
   동사 (연결마디) 2개 : 동사 + (부사 : 관용 동사구) + (-ing구 : 명사적용법)
   동사변화 : 조동사 do/does/did + 일반동사 run ; 강조
   (-ing구) teasing (a country girl) (like me)
         동사 (연결마디) 2개 : 동사 + (명사구) + (형용사성분 : 전치사구)
촌뜨기라고 놀리시는 거예요?

YouTube  해설 동영상

Thank (heavens) (you're not in rags).
   동사 (연결마디) 2개 : 동사 + (명사) + (형용사절)
  (형용사절) you're not (in rags)
          동사 (연결마디) 1개 : 동사 + (형용사성분 : 전치사구)
          동사변화 : be동사 am/are/is + 부사 not ; be동사 부정문
당신은 헌옷이 아니라 다행이오

I'**m** (tired) (of seeing women in rags).
   동사 (연결마디) 2개 : 동사 + (형용사) + (부사성분 : 전치사구)
  (전치사구) of + (-ing구 : 명사적용법)
       (-ing구) seeing (women) (in rags)
          동사 (연결마디) 2개 : 동사 + (명사) + (형용사성분 : 전치사구)
헌옷 걸친 여자들 한테 질렸거든

Turn (around).
돌아봐요

Marvelous! You **look** (good enough) (to eat).
   동사 (연결마디) 2개 : 동사 + (형용사구) + (to부정사구 : 부사적용법)
  (to부정사구) to eat
너무 예뻐서 삼켜버리고 싶군.

And prosperous, too.
잘 지냈소?

Thank you, I'**ve been doing** very (well).
   동사 (연결마디) 1개 : 동사 + (형용사)
   동사변화 : have(has) + been + 현재분사 doing ; (be동사 현재완료) 진행
네, 아주 잘 지냈어요

Everybody'**s doing** (well) (at Tara), only...
   동사 (연결마디) 2개 : 동사 + (형용사) + (부사성분 : 전치사구)
   동사변화 : be동사 am/are/is + 현재분사 doing ; 현재진행
타라도 여전하죠

...I **got** so (bored) (I just thought)
   동사 (연결마디) 2개 : 동사 + (형용사) + (부사절)
   동사변화 : get 과거형 got ; 과거지사
  (부사절) I just thought
지루한 거 같아서

I'**d treat** (myself) (to a visit to town).
   동사 (연결마디) 2개 : 동사 + (재귀대명사) + (형용사성분 : 전치사구)
   동사변화 : 조동사 would(과거시점미래, 습관, 의지) + 동사원형 treat
도시에 나와 봤어요

YouTube  해설 동영상

You're (a heartless creature).
   동사 (연결마디) 1개 : 동사 + (명사구)
냉정한 사람.

But that's (part of your charm).
   접속사 : but
   동사 (연결마디) 1개 : 동사 + (명사구)
하지만 그게 당신 매력이오

You know (you've got more charm than the law allows).
   동사 (연결마디) 1개 : 동사 + (명사절)
   (명사절) you've got (more charm) (than the law allows)
        동사 (연결마디) 2개 : 동사 + (명사구) + (부사구)
        동사변화 : have/has + 과거분사 got ; 일반동사 현재완료
        (부사구) 접속사 than + (명사절)
            (명사절) the law allows
법이 허용하는 것보다 매력적이지

Now I didn't come here (to talk silliness about me), Rhett.
   동사 (연결마디) 1개 : 동사 + (to부정사구 : 형용사적 용법)
   수식어구[부사성분] : here
   (to부정사구) to talk (silliness) (about me)
        동사 (연결마디) 2개 : 동사 + (명사) + (형용사성분 : 전치사구)
그런 얘기하려고 온 거 아녜요

I came
여긴

because I was so (miserable) (at the thought of you in trouble).
   접속사 : because
   동사 (연결마디) 2개 : 동사 + (형용사) + (부사성분 : 전치사구)
   동사변화 : be동사 am/is 과거형 was ; 과거지사
   (전치사구) at + 명사 the thought + (형용사성분 : 전치사구)
당신이 고통받는 걸 알고 가슴 아팠기 때문이에요

I was (mad) (at you)
   동사 (연결마디) 2개 : 동사 + (형용사) + (부사성분 : 전치사구)
   동사변화 : be동사 am/is 과거형 was ; 과거지사
당신을 원망했죠

the night (you left me on the road to Tara)...
   명사 the night + (형용사절)
   (형용사절) you left (me) (on the road to Tara)
        동사 (연결마디) 2개 : 동사 + (대명사) + (형용사성분 : 전치사구)
        동사변화 : leave 과거형 left ; 과거지사
타라로 가는 길에 날 버린 그날 밤

...and I still haven't forgiven (you).
   접속사 : and
   수식어구[부사성분] : still
   동사 (연결마디) 1개 : 동사 + (대명사)
   동사변화 : have/has + 부사 not + 과거분사 forgiven ; 현재완료부정
아직도 용서가 되는 건 아니지만요

YouTube  해설 동영상

Oh, Scarlett, don't say (that).
    동사 (연결마디) 1개 : 동사 + (대명사)
    동사변화 : 조동사 Do + 부사 not + 동사원형 say ; ~하지마라(명령문)
스칼렛, 그런 말 말아요

Well, I must admit (I might not be alive, now, only for you).
    동사 (연결마디) 1개 : 동사 + (명사절)
    동사변화 : 조동사 must(의무, 강한 추측) + 동사원형 admit
    (명사절) I might not be (alive), now, (only for you)
        동사 (연결마디) 2개 : 동사 + (형용사) + (부사구)
        동사변화 : 조동사 might(능력, 추측, 허가) + 부사 not + be ; 예정(부정)
하지만 당신 덕분에 살아난 걸요

And when I think (of myself with everything I could possibly hope for)...
    접속사 : when
    동사 (연결마디) 1개 : 동사 + (명사성분 : 전치사구)
    (전치사구) of + 명사 myself + (형용사성분 : 전치사구)
        (전치사구) with + 명사 everything + (형용사절)
            (형용사절) I could possibly hope (for)
                동사 (연결마디) 1개 : 동사 + (명사성분 : 전치사구)
                동사변화 : 조동사 could(능력, 추측, 허가) + 동사원형 hope
                수식어구[부사성분] : possibly
희망을 가질 모든 걸 혼자 생각할 때

...and not a care in the world, and you here in this horrid jail...
돌봐 줄 사람은 없었고, 그런데 당신은 이런 감옥에

...and not even a human jail, Rhett, a horse jail.
헛간 같은 곳, 마굿간에...

Oh, listen (to me) (trying to make jokes when)...
    동사 (연결마디) 2개 : 동사 + (명사성분 : 전치사구) + (-ing구 : 형용사적 용법)
    (-ing구) trying (to make jokes)
        동사 (연결마디) 1개 : 동사 + (to부정사구 : 명사적용법)
        (to부정사구) to make (jokes)
            동사 (연결마디) 1개 : 동사 + (명사)
농담을 하려는 거예요

YouTube  해설 동영상

...when I really want (to cry).
   접속사 : when
   동사 (연결마디) 1개 : 동사 + (to부정사구 : 명사적용법)
   (to부정사구) to cry
눈물이 나오려고 해서

In a minute I shall cry.
   동사변화 : 조동사 shall(단순미래, 의지 등) + 동사원형 cry
정말 울 것 같아요

Scarlett, can it be (possible) that....
   조동사 의문문(주어, 조동사 위치변경) : It can be → Can it be
   동사 (연결마디) 1개 : 동사 + (형용사)
스칼렛, 어느새...

Can what be (possible), Rhett?
   조동사 의문문(주어, 조동사 위치변경) : what can be → Can what be
   동사 (연결마디) 1개 : 동사 + (형용사)
어느새 뭐죠?

That you've grown (a woman's heart, a real woman's heart)?
   동사 (연결마디) 1개 : 동사 + (명사구)
   동사변화 : have/has + 과거분사 grown ; 일반동사 현재완료
성숙한 여인이 됐군

I have, Rhett. I know (I have).
   동사 (연결마디) 1개 : 동사 + (명사절)
   (명사절) I have
네, 맞아요 저도 알아요

YouTube  해설 동영상

You know, (it's worth being in jail just to hear you say that).
   동사 (연결마디) 1개 : 동사 + (명사절)
   (명사절) it's (worth being in jail) just (to hear you say that)
          동사 (연결마디) 2개 : 동사 + (형용사구) + (to부정사구 : 부사적용법)
          (형용사구) 형용사 worth + (-ing구 : 부사적용법)
                (-ing구) being (in jail)
                      동사 (연결마디) 1개 : 동사 + (명사성분 : 전치사구)
          (to부정사구) to hear (you say that)
                동사 (연결마디) 1개 : 동사 + (명사절)
                (명사절) you say (that)
                      동사 (연결마디) 1개 : 동사 + (대명사)
그런 말을 들으니 여기 갇힌 보람이 있소

It's (well worth) it.
   동사 (연결마디) 1개 : 동사 + (형용사구)
보람이 있어

You can drop (the moonlight and magnolias), Scarlett.
   동사 (연결마디) 1개 : 동사 + (명사구)
   동사변화 : 조동사 can(능력, 추측, 허가) + 동사원형 drop
내게 거짓말 할 생각 마시오

So things have been going (well) (at Tara), have they?
   접속사 : so
   동사 (연결마디) 2개 : 동사 + (형용사) + (부사성분 : 전치사구)
   동사변화 : have(has) + been + 현재분사 going ; (be동사 현재완료) 진행
   have they? : 부가의문문
타라가 정말 무사한거요?

What have you done (with your hands)?
   의문사 what + 현재완료 의문문
   현재완료 의문문(have동사 위치변경) : You have done... → Have you done...?
   동사 (연결마디) 1개 : 동사 + (명사성분 : 전치사구)
이 손으로 뭘 했지?

I went (riding) last week (without my gloves).
   동사 (연결마디) 2개 : 동사 + (명사) + (형용사성분 : 전치사구)
   동사변화 : go 과거형 went ; 과거지사
지난주에 장갑을 안 끼고 승마를...

YouTube  해설 동영상

These don't belong (to a lady).
  동사 (연결마디) 1개 : 동사 + (명사성분 : 전치사구)
  동사변화 : 조동사 do(does) + 부사 not + 동사원형 belong ; 일반동사 부정문
이건 숙녀의 손이 아니라

You've worked (with them) (like a field hand).
  동사 (연결마디) 2개 : 동사 + (명사성분 : 전치사구) + (형용사성분 : 전치사구)
  동사변화 : have/has + 과거분사 worked ; 일반동사 현재완료
들일하는 사람 손이오

Why did you lie (to me) ?
  의문사 Why + 일반동사 과거의문문
  일반동사 과거의문문(조동사 Do/Does과거 Did 사용) : You lied → Did you lie
  동사 (연결마디) 1개 : 동사 + (명사성분 : 전치사구)
왜, 거짓말을 해?

What are you leading (up to)?
  의문사 What + be동사 의문문
  be동사 의문문(주어, 동사 위치변경) : You are leading… → Are you leading…?
  동사 (연결마디) 1개 : 동사 + (부사구 : 관용 동사구)
  동사변화 : be동사 am/are/is + 현재분사 leading ; 현재진행
뭐 때문에 해?

In another minute I'd have believed (you cared something).
  동사 (연결마디) 1개 : 동사 + (명사절)
  동사변화 : 조동사 would(과거시점미래, 습관, 의지) + have + 과거분사 believed ; 현재완료
  (명사절) you cared (something)
          동사 (연결마디) 1개 : 동사 + (명사)
난 또 내 걱정하는 줄 알았지

But I do care.
  동사변화 : 조동사 do/does/did + 일반동사 believe ; 강조
걱정했어요

Suppose (we get down to the truth).
  동사 (연결마디) 1개 : 동사 + (명사절)
  (명사절) we get (down) (to the truth)
          동사 (연결마디) 2개 : 동사 + (부사 : 관용 동사구) + (명사성분 : 전치사구)
솔직 해집시다

You want (something from me) (badly enough to put on quite a show in your velvets).
  동사 (연결마디) 2개 : 동사 + (명사구) + (to부정사구 : 형용사적 용법)
  (부사구 badly enough + to부정사구) badly enough to put (on) (quite a show in your velvets)
                              동사 (연결마디) 2개 : 동사 + (부사 : 관용 동사구) + (명사구)
벨벳 옷으로 연극을 할 만큼 원하는 게 뭐요?

YouTube  해설 동영상

What is it? Money?
  의문사 What + be동사 의문문
  be동사 의문문(주어, 동사 위치변경) : It is... → Is it...?
뭐요, 돈이오?

I want ($300) (to pay the taxes on Tara).
  동사 (연결마디) 2개 : 동사 + (명사구) + (to부정사구 : 형용사적 용법)
  (to부정사구) to pay (the taxes) (on Tara)
            동사 (연결마디) 2개 : 동사 + (명사) + (형용사성분 : 전치사구)
세금 3백 달러가 필요해요

I did lie (to you) (when I said everything was all right).
  동사 (연결마디) 2개 : 동사 + (명사성분 : 전치사구) + (when-절)
  동사변화 : 조동사 do/does/did + 일반동사 lie ; 강조
  (when-절) when I said (everything was all right)
            접속사 : when
            동사 (연결마디) 1개 : 동사 + (명사절)
            동사변화 : say 과거형 said ; 과거지사
            (명사절) everything was (all right)
                    동사 (연결마디) 1개 : 동사 + (형용사구)
                    동사변화 : be동사 am/is 과거형 was ; 과거지사
무사하다는 건 다 거짓말이에요

Things are just (as bad) (as they possibly could be)
  동사 (연결마디) 2개 : 동사 + (형용사성분 : 전치사구) + (부사성분 : 전치사구)
  (전치사구) as + (명사절)
            (명사절) they possibly could be
                    수식어구[부사성분] : possibly
                    동사변화 : 조동사 could(능력, 추측, 허가) + be ; 예정
모든 게 너무나 나빠요.

And you've got (millions), Rhett.
  동사 (연결마디) 1개 : 동사 + (명사)
  동사변화 : have/has + 과거분사 got ; 일반동사 현재완료
당신은 돈이 많죠?

What collateral are you offering?
  의문사구 What collateral + be동사 의문문
  be동사 의문문(주어, 동사 위치변경) : You are offering ... → Are you offering...?
담보로 뭐가 있소?

My earbobs.
내 귀걸이...

YouTube  해설 동영상

Not interested.
관심 없소

A mortgage (on Tara).
    명사 a mortgage + (형용사성분 : 전치사구)
농장은요.

What would I do (with a farm)?
    의문사 What + 조동사 의문문
    조동사 의문문(주어, 조동사 위치변경) : I would do → Would I do
    동사 (연결마디) 1개 : 동사 + (명사성분 : 전치사구)
농장으로 뭘 하겠소?

You wouldn't lose.
    동사변화 : 조동사 would(과거시점미래, 습관, 의지) + not + 동사원형 lose ; 부정
손해는 안 날 거예요

I'd pay (you) (back) out of next year's cotton.
    동사 (연결마디) 2개 : 동사 + (대명사) + (부사 : 관용 동사구)
    동사변화 : 조동사 would(과거시점미래, 습관, 의지) + 동사원형 pay
    수식어구[부사성분] : out of next year's cotton
내년 수확으로 갚을 테니

Not good enough. Have you (nothing) (better)?
    조동사 의문문(주어, 조동사 위치변경) : you have → Have you
    동사 (연결마디) 2개 : 동사 + (명사) + (형용사)
별로요, 다른 건 없소?

You once said (you loved me).
    수식어구[부사성분] : once
    동사 (연결마디) 1개 : 동사 + (명사절)
    동사변화 : say 과거형 said ; 과거지사
    (명사절) you loved (me)
        동사 (연결마디) 1개 : 동사 + (대명사)
        동사변화 : love 과거형 loved ; 과거지사
날 사랑한다고 하셨죠?

YouTube  해설 동영상

If you still love (me), Rhett....
   접속사 : if (if조건절)
   동사 (연결마디) 1개 : 동사 + (대명사)
   수식어구[부사성분] : still
아직도 그렇다면...

You haven't forgotten (that I'm not a marrying man).
   동사 (연결마디) 1개 : 동사 + (that-절)
   동사변화 : have/has + 부사 not + 과거분사 forgotten ; 현재완료부정
   (that-절) that I'm not (a marrying man)
       접속사 : that
       동사 (연결마디) 1개 : 동사 + (명사구)
       동사변화 : be동사 am/are/is + 부사 not ; be동사 부정문
난 결혼 같은 건 안한다고 했는데...

No, I haven't forgotten.
   동사변화 : have/has + 부사 not + 과거분사 forgotten ; 현재완료부정
기억하고 있어요

You're not (worth $300).
   동사 (연결마디) 1개 : 동사 + (형용사구)
   동사변화 : be동사 am/are/is + 부사 not ; be동사 부정문
당신은 3백 달러의 가치가 없어

You'll never mean (anything) (but misery to any man).
   동사 (연결마디) 2개 : 동사 + (명사) + (형용사구)
   동사변화 : 조동사 will(의지, 습성, 요청) + 동사원형 mean
   수식어구[부사성분] : never
   (형용사구) 접속사 but + (명사구)
남자를 비참하게 만들 테니까

Go on, insult (me).
   동사 (연결마디) 1개 : 동사 + (대명사)
욕해요

YouTube  해설 동영상

I don't care (what you say),
    동사 (연결마디) 1개 : 동사 + (what-절)
    동사변화 : 조동사 do(does) + 부사 not + 동사원형 care ; 일반동사 부정문
    (what-절) what you say
            접속사 : what
뭐라고 해도 좋으니

only give (me) (the money).
    수식어구[부사성분] : only
    동사 (연결마디) 2개 : 동사 + (대명사) + (명사구)
돈이나 줘요

I won't let (Tara go).
    동사 (연결마디) 1개 : 동사 + (명사절)
    동사변화 : 조동사 will(의지, 습성, 요청) + not + 동사원형 let ; 부정
    (명사절) Tara go
타라를 잃을 순 없어요

I can't let (it go).
    동사 (연결마디) 1개 : 동사 + (명사절)
    동사변화 : 조동사 can(능력, 추측, 허가) + 부사 not + 동사원형 let ; 부정문
    (명사절) it go
못 보내요

while there's (a breath) (left in my body).
    접속사 : while
    동사 (연결마디) 2개 : 동사 + (명사) + (과거분사구 : 형용사적 용법)
    (과거분사구) left (in my body)
            동사 (연결마디) 1개 : 동사 + (명사성분 : 전치사구)
내 목숨이 붙어있는 한

Oh, Rhett.
레트

Won't you please give (me) (the money)?
    조동사 부정의문문(주어, 조동사 위치변경) : You won't → Won't you…
    동사 (연결마디) 2개 : 동사 + (대명사) + (명사구)
제발 돈을 좀 해주세요

I couldn't give (you) (the money)
    동사 (연결마디) 2개 : 동사 + (대명사) + (명사구)
    동사변화 : 조동사 could(능력, 추측, 허가) + not + 동사원형 give ; 부정문
줄 수가 없소

if I wanted (to).
    접속사 : if (if조건절)
    동사 (연결마디) 1개 : 동사 + (to부정사구 : 명사적용법)
주고 싶어도

My funds are (in Liverpool, not in Atlanta).
    동사 (연결마디) 1개 : 동사 + (형용사성분 : 전치사구)
내 돈은 애틀랜타가 아니라 리버풀에 있소

YouTube  해설 동영상

If I tried (drawing a draft),
    접속사 : if (if조건절)
    동사 (연결마디) 1개 : 동사 + (-ing구 : 명사적용법)
    (-ing구) drawing (a draft)
          동사 (연결마디) 1개 : 동사 + (명사)
만약 찾으려 했다면

the Yankees'd be (on me) (like a duck on a June bug).
    동사 (연결마디) 2개 : 동사 + (명사성분 : 전치사구) + (형용사성분 : 전치사구)
    동사변화 : 조동사 would(과거시점미래, 습관, 의지) + be ; 예정
벌써 양키들이 뺏어 갔을 거요

So you see, my dear,
공연히

you've abased (yourself) (to no purpose).
    동사 (연결마디) 2개 : 동사 + (재귀대명사) + (형용사성분 : 전치사구)
    동사변화 : have/has + 과거분사 abased ; 일반동사 현재완료
헛수고 한 거요

Here, here, here, stop it!
이러지 말아요

Want (the Yankees) (to see you like this)?
    동사 (연결마디) 2개 : 동사 + (명사) + (to부정사구 : 형용사적 용법)
    (to부정사구) to see (you) (like this)
          동사 (연결마디) 2개 : 동사 + (대명사) + (형용사성분 : 전치사구)
양키에게 이런 꼴을 보이고 싶소?

Take (your hands) (off me), you skunk.
    동사 (연결마디) 2개 : 동사 + (명사구) + (형용사성분 : 전치사구)
손 치워, 이 더러운 자식!

You knew (what I was going to say before I started).
    동사 (연결마디) 1개 : 동사 + (what-절)
    동사변화 : know 과거형 knew ; 과거지사
    (what-절) what I was going (to say)
          동사 (연결마디) 1개 : 동사 + (to부정사구 : 명사적용법)
          동사변화 : be동사과거 was/were + 현재분사 going ; 과거진행
          (to부정사구) to say

        before I started
        접속사 : before
        동사변화 : start 과거형 started ; 과거지사
처음부터 다 알고 있었어!

YouTube  해설 동영상

You knew (you wouldn't lend me the money)
　동사 (연결마디) 1개 : 동사 + (명사절)
　동사변화 : know 과거형 knew ; 과거지사
　(명사절) you wouldn't lend (me) (the money)
　　　　동사 (연결마디) 2개 : 동사 + (대명사) + (명사)
　　　　동사변화 : 조동사 would(과거시점미래, 습관, 의지) + not + 동사원형 lend ; 부정
돈을 빌려줄 수 없으면서도

and yet you let (me) (go on).
　수식어구[부사성분] : yet
　동사 (연결마디) 2개 : 동사 + (대명사) + (원형부정사구 : 형용사적용법)
　(원형부정사구) go (on)
　　　　동사 (연결마디) 1개 : 동사 + (부사 : 관용 동사구)
내 말을 다 듣고 있었다니!

I enjoyed (hearing what you had to say).
　동사 (연결마디) 1개 : 동사 + (-ing구 : 명사적용법)
　동사변화 : enjoy 과거형 enjoyed ; 과거지사
　(-ing구) hearing (what you had to say)
　　　　동사 (연결마디) 1개 : 동사 + (what-절)
　　　　(what-절) what you had (to say)
　　　　　　　동사 (연결마디) 1개 : 동사 + (to부정사구 : 명사적용법)
　　　　　　　(to부정사구) to say
그런 재미가 또 어디 있겠소?

Cheer up. You can come (to my hanging)
　동사 (연결마디) 1개 : 동사 + (명사성분 : 전치사구)
　동사변화 : 조동사 can(능력, 추측, 허가) + 동사원형 come
교수형 당할 때 오시오.

and I'll remember (you) (in my will).
　동사 (연결마디) 2개 : 동사 + (대명사) + (형용사성분 : 전치사구)
　동사변화 : 조동사 will(의지, 습성, 요청) + 동사원형 remember
유언장에 당신 이름을 써놓지

I'll come (to your hanging).
　동사 (연결마디) 1개 : 동사 + (명사성분 : 전치사구)
　동사변화 : 조동사 will(의지, 습성, 요청) + 동사원형 come
교수형 기다려지네요.

The only thing (I'm afraid of)...
　명사구 The only thing + (형용사절)
　(형용사절) I'm (afraid)
　　　　동사 (연결마디) 1개 : 동사 + (형용사)
다만 걱정이라면

...is that they won't hang (you) in time (to pay the taxes on Tara).
　동사 (연결마디) 2개 : 동사 + (대명사) + (to부정사구 : 형용사적 용법)
　동사변화 : 조동사 will(의지, 습성, 요청) + 부사 not + 동사원형 hang ; 부정
　(to부정사구) to pay (the taxes) (on Tara)
　　　　동사 (연결마디) 2개 : 동사 + (대명사) + (형용사성분 : 전치사구)
세금 내느라 교수형이 늦춰 질까봐

YouTube  해설 동영상

Tell (him) (Belle Watling).
    동사 (연결마디) 2개 : 동사 + (대명사) + (고유명사)
벨 와틀링이라고 전해줘요

Where you've been lately?
    의문사 Where + 평서문
    동사변화 : have/has + 과거분사 been ; be동사 현재완료
    수식어구[부사성분] : lately
오랜만이네.

Thought (you deserted Captain Butler).
    동사 (연결마디) 1개 : 동사 + (명사절)
    동사변화 : think 과거형 thought ; 과거지사
    (명사절) you deserted (Captain Butler)
        동사 (연결마디) 1개 : 동사 + (고유명사)
        동사변화 : desert 과거형 deserted ; 과거지사
버틀러 씨를 버린 줄 알았어

Oh, I keep (myself) (occupied).
    동사 (연결마디) 2개 : 동사 + (재귀대명사) + (과거분사구 : 형용사적 용법)
    (과거분사구) occupied
버티다뇨.

Help (me) (out).
    동사 (연결마디) 2개 : 동사 + (대명사) + (형용사)
내리는 거나 도와줘요

Who that? I don't never see (hair that color) (before in my life).
    동사 (연결마디) 2개 : 동사 + (명사구) + (형용사성분 : 전치사구)
    동사변화 : 조동사 do(does) + 부사 not + 동사원형 see ; 일반동사 부정문
    수식어구[부사성분] : never
누구죠? 저런 머리색은 처음 봐요

Do you know (a dyed-hair woman)?
    일반동사 의문문(조동사 Do/Does 사용) : You know → Do you know
    동사 (연결마디) 1개 : 동사 + (명사구)
저 염색머리 여자 알아요?

I wish (I did know that one).
    동사 (연결마디) 1개 : 동사 + (명사절)
    (명사절) I did know (that one)
        동사 (연결마디) 1개 : 동사 + (명사구)
        동사변화 : 조동사 do/does/did + 일반동사 know ; 강조
알았으면 좋았겠지.

She'd get (my money) (for me).
    동사 (연결마디) 2개 : 동사 + (명사구) + (형용사성분 : 전치사구)
    동사변화 : 조동사 would(과거시점미래, 습관, 의지) + 동사원형 get
대신 돈을 구해줬을 테니까

 YouTube  해설 동영상

No matter (what they've done to you in that jail)...
　동사 (연결마디) 1개 : 동사 + (what-절)
　(what-절) what they've done (to you) (in that jail)
　　　　접속사 : what
　　　　동사 (연결마디) 2개 : 동사 + (명사성분 : 전치사구) + (형용사성분 : 전치사구)
　　　　동사변화 : have/has + 과거분사 done ; 일반동사 현재완료
안에서 무슨 일이 있었는지는 몰라도

...they didn't do (no more) (than you deserve)...
　동사 (연결마디) 2개 : 동사 + (형용사구) + (부사구)
　동사변화 : 조동사과거 did + 부사 not + 동사원형 do ; 과거부정
　(부사구) 접속사 than + (명사절)
　　　　(명사절) you deserve
찾아가는 게 아니었어요

...for visiting (white trash) (in a jail)!
　동사 (연결마디) 2개 : 동사 + (명사구) + (형용사성분 : 전치사구)
　동사변화 : visit 현재분사 visiting ; 진행형
감옥에 갇힌 사람을

Fresh and green.
싱싱해요

Right off the farm.
농장에서 갓 따왔죠

Hey, what are you doing tonight, Susy?
　의문사 What + be동사 의문문
　be동사 의문문(주어, 동사 위치변경) : You are doing ... → Are you doing...?
　수식어구[부사성분] : tonight
오늘밤 뭐 할 거요, 아가씨?

YouTube  해설 동영상

That's (one) (of them Georgia peaches).
    동사 (연결마디) 2개 : 동사 + (명사) + (형용사성분 : 전치사구)
조지아산 복숭아예요

There's (nothing) (like that in Ohio).
    동사 (연결마디) 2개 : 동사 + (명사) + (형용사성분 : 전치사구)
오하이오엔 이런 게 없죠

You know (what we're going to do)? What?
    동사 (연결마디) 1개 : 동사 + (what-절)
  (what-절) what we're going (to do)
        접속사 : what
        동사 (연결마디) 1개 : 동사 + (to부정사구 : 명사적용법)
        동사변화 : be동사 am/are/is + 현재분사 going ; 현재진행
        (to부정사구) to do
우리가 뭘 하는지 아시오? 뭐야?

We're going (to give every last one of you 40 acres and a mule)!
    동사 (연결마디) 1개 : 동사 + (to부정사구 : 명사적용법)
    동사변화 : be동사 am/are/is + 현재분사 going ; 현재진행
  (to부정사구) to give (every last one of you) (40 acers and a mule)
        동사 (연결마디) 2개 : 동사 + (명사구) + (명사구)
모두에게 4백 에이커의 땅과 노새를 나눠줄 거요

And a mule? Forty acres and a mule!
노새를? 4백 에이커 땅과 노새!

Gee!
설마!

YouTube  해설 동영상

'Cause we're (your friends)...
  접속사 : because
  동사 (연결마디) 1개 : 동사 + (명사구)
여러분은 우리 친구이고

...and you're going (to become voters)...
  동사 (연결마디) 1개 : 동사 + (to부정사구 : 명사적용법)
  동사변화 : be동사 am/are/is + 현재분사 going ; 현재진행
  (to부정사구) to become (voters)
          동사 (연결마디) 1개 : 동사 + (명사)
투표권을 갖게 됩니다

...and you're going (to vote like your friends do)!
  동사 (연결마디) 1개 : 동사 + (to부정사구 : 명사적용법)
  동사변화 : be동사 am/are/is + 현재분사 going ; 현재진행
  (to부정사구) to vote (like your friends do)
          동사 (연결마디) 1개 : 동사 + (명사성분 : 전치사구)
          (전치사구) like + (명사절)
                (명사절) your friends do
그리고 다른 사람들처럼 투표를 하게 되죠

What's your hurry, sister?
  의문사 What + be동사 의문문
  be동사 의문문(주어, 동사 위치변경) : your hurry is... → Is your hurry...?
아가씨, 어디 가요?

What's (come over this here town)?
  의문사 What + be동사 의문문
  be동사 의문문(주어, 동사 위치변경) : come over this here town is... → Is come over this here town...?
  [동사 앞 주어] come (over) (this here town)
          동사 (연결마디) 2개 : 동사 + (부사 : 관용 동사구) + (명사구)
이 도시는 왜 이렇죠?

Yankees have come (over) (it)!
  동사 (연결마디) 2개 : 동사 + (부사 : 관용 동사구) + (대명사)
  동사변화 : have/has + 과거분사 come ; 일반동사 현재완료
양키가 극성이야

Same (as they've come over all of us).
  동사 (연결마디) 1개 : 동사 + (명사성분 : 전치사구)
  (전치사구) as + (명사절)
          (명사절) they've come (over) (all of us)
                동사 (연결마디) 2개 : 동사 + (부사 : 관용 동사구) + (명사구)
                동사변화 : have/has + 과거분사 come ; 일반동사 현재완료
어딜 가나

YouTube  해설 동영상

Out of our way, trash!
비켜

<u>Get</u> (out) (of the way) here.
    동사 (연결마디) 2개 : <u>동사</u> + (부사 : 관용 동사구) + (명사성분 : 전치사구)
비켜라!

<u>Get</u> (away)!
    동사 (연결마디) 1개 : <u>동사</u> + (부사 : 관용 동사구)
저리 비켜

<u>Go</u> (on)!
    동사 (연결마디) 1개 : <u>동사</u> + (부사 : 관용 동사구)
얼른!

Surely it <u>can't be</u> (Miss Scarlett)!
    수식어구[부사성분] : surely
    동사 (연결마디) 1개 : <u>동사</u> + (명사구)
    동사변화 : 조동사 can(능력, 추측, 허가) + 부사 not + be ; 예정부정
스칼렛 양이 아니십니까?

Why Frank Kennedy!
프랭크 케네디!

And Mammy!
유모까지...

YouTube  해설 동영상

It sure is (good) (to see home folks).
　　동사 (연결마디) 2개 : 동사 + (형용사) + (to부정사구 : 부사적용법)
　　(to부정사구) to see (home folks)
　　　　　　동사 (연결마디) 1개 : 동사 + (명사구)
아는 사람을 만나니 기쁘군요

I didn't know (you were in Atlanta).
　　동사 (연결마디) 1개 : 동사 + (명사절)
　　동사변화 : 조동사과거 did + 부사 not + 동사원형 know ; 과거부정
　　(명사절) you were (in Atlanta)
　　　　　　동사 (연결마디) 1개 : 동사 + (명사성분 : 전치사구)
　　　　　　동사변화 : be동사 are 과거형 were ; 과거지사
애틀랜타에 오신 줄 몰랐어요

I didn't know (you were).
　　동사 (연결마디) 1개 : 동사 + (명사절)
　　동사변화 : 조동사과거 did + 부사 not + 동사원형 know ; 과거부정
　　(명사절) you were
　　　　　　동사변화 : be동사 are 과거형 were ; 과거지사
프랭크 씨도요

Didn't Miss Suellen tell (you) (about my store)?
　　일반동사과거 부정의문문(조동사 Do/Does과거 Did + not사용) : Miss Suellen tell → Didn't Miss Suellen tell
　　동사 (연결마디) 2개 : 동사 + (대명사) + (명사성분 : 전치사구)
수엘렌이 가게 얘기를 안 하던가요?

Did she?
수엘렌이?

I don't remember.
　　동사변화 : 조동사 do(does) + 부사 not + 동사원형 remember ; 일반동사 부정문
글쎄요,

Have you (a store)?
　　조동사 의문문(주어, 조동사 위치변경) : You have → Have you
　　동사 (연결마디) 1개 : 동사 + (명사)
가게를 하세요?

Won't you come (in),
　　조동사 부정의문문(주어, 조동사 위치변경) : you won't → Won't you
　　동사 (연결마디) 1개 : 동사 + (부사 : 관용 동사구)
들어가서

and look (around) (a bit)?
　　동사 (연결마디) 2개 : 동사 + (부사 : 관용 동사구) + (형용사)
잠깐 구경하시죠

YouTube  해설 동영상

I don't suppose (it looks like much to a lady), but...
  동사 (연결마디) 1개 : 동사 + (명사절)
  동사변화 : 조동사 do(does) + 부사 not + 동사원형 suppose ; 일반동사 부정문
  (명사절) it looks (like much) (to a lady)
      동사 (연결마디) 2개 : 동사 + (명사성분 : 전치사구) + (형용사성분 : 전치사구)
      동사변화 : look 3인칭단수현재 looks
숙녀분들에겐 대단찮아 보여도

...I can't help being (proud of it).
  동사 (연결마디) 1개 : 동사 + (형용사구)
  동사변화 : can(능력, 추측, 허가) + 부사 not + (help / go / come 등) + 진행형 being
전 자랑스럽습니다

You're not (making money)?
  동사 (연결마디) 1개 : 동사 + (-ing구 : 명사적용법)
  동사변화 : be동사 am/are/is + 부사 not ; be동사 부정문
  (-ing구) making (money)
        동사 (연결마디) 1개 : 동사 + (명사)
돈은 좀 벌리나요?

Well, I can't complain.
  동사 (연결마디) 없음 : 동사 단독
  동사변화 : 조동사 can(능력, 추측, 허가) + 부사 not + 동사원형 complain ; 부정문
그럼요

In fact, I'm mighty encouraged.
  동사 (연결마디) 없음 : 동사 단독
  동사변화 : be동사 am/are/is + 과거분사 encouraged ; 수동태
  수식어구[부사성분] : mighty
사실 썩 괜찮은 편입니다

Folks tell (me) (I'm just a born merchant).
  동사 (연결마디) 2개 : 동사 + (대명사) + (명사절)
  (명사절) I'm just (a born merchant)
        동사 (연결마디) 1개 : 동사 + (명사구)
        수식어구[부사성분] : just
사람들이 저더러 타고난 장사꾼이라고 하더군요

It won't be (long) now
  동사 (연결마디) 1개 : 동사 + (형용사)
  동사변화 : 조동사 will(의지, 습성, 요청) + 부사 not + 동사 be ; 예정부정
  수식어구[부사성분] : now
머지않아

before Miss Suellen and I can marry.
  접속사 : before
  동사 (연결마디) 없음 : 동사 단독
  동사변화 : 조동사 can(능력, 추측, 허가) + 동사원형 marry
수엘렌과 결혼할 수 있을 거예요

YouTube  해설 동영상

Are you doing (as well) (as all that)?
   be동사 의문문(주어, 동사 위치변경) : You are doing ... → Are you doing...?
   동사 (연결마디) 2개 : 동사 + (형용사성분 : 전치사구) + (부사성분 : 전치사구)
그 정도로 괜찮아요?

Yes, I am, Miss Scarlett.
그래요

I'm (no millionaire) yet...
   동사 (연결마디) 1개 : 동사 + (명사구)
   수식어구[부사성분] : yet
백만장자는 아니지만

...but I've cleared ($1,000) already.
   접속사 : but
   동사 (연결마디) 1개 : 동사 + (명사구)
   동사변화 : have/has + 과거분사 cleared ; 일반동사 현재완료
   수식어구[부사성분] : already
천 달러는 모았습니다

And lumber too.
제재도 하세요?

Well...that's only (a sideline).
   동사 (연결마디) 1개 : 동사 + (명사)
   수식어구[부사성분] : only
그저..부업일 뿐이죠

YouTube  해설 동영상

A sideline, Frank?
부업이라고요?

With all the good Georgia pine around Atlanta
  (전치사구) with + 명사구 all the good Georgia pine + (형용사성분 : 전치사구)
애틀랜타가 조지아 소나무로 가득하고

and all this building going (on)?
  접속사 : and
  동사 (연결마디) 1개 : 동사 + (부사 : 관용 동사구)
  동사변화 : go 현재분사 going ; 진행
빌딩까지 세우면서?

Well, all that takes (money), Miss Scarlett...
  동사 (연결마디) 1개 : 동사 + (명사)
  동사변화 : take 3인칭단수현재 takes
돈이 좀 들었죠

...and I've got (to be thinking about buying a home).
  동사 (연결마디) 1개 : 동사 + (to부정사구 : 명사적용법)
  동사변화 : have/has + 과거분사 got ; 일반동사 현재완료
  (to부정사구) to be thinking (about buying a home)
            동사 (연결마디) 1개 : 동사 + (명사성분 : 전치사구)
            동사변화 : be + 현재분사 thinking ; 진행예정
                (전치사구) about+ (-ing구 : 명사적용법)
                    (-ing구) buying (a home)
                        동사 (연결마디) 1개 : 동사 + (명사)
그리고 집을 살 생각입니다

What do you want (a home) (for)?
  의문사 What + 일반동사 의문문
  일반동사 의문문(조동사 Do/Does 사용) : You want → Do you want
  동사 (연결마디) 2개 : 동사 + (명사) + (형용사성분 : 전치사구)
집은 뭐하게요?

For Miss Suellen and me to set up housekeeping.
  (전치사구) for + 명사구 Miss Suellen and me + (to부정사구 : 형용사적 용법)
          (to부정사구) to set (up) (housekeeping)
                    동사 (연결마디) 2개 : 동사 + (부사 : 관용 동사구) + (명사)
수엘렌과 살림을 차려야죠

YouTube  해설 동영상

Here in Atlanta.
애틀랜타에서?

You'd want (to bring her to Atlanta), wouldn't you?
  동사 (연결마디) 1개 : 동사 + (to부정사구 : 명사적용법)
  동사변화 : 조동사 would(과거시점미래, 습관, 의지) + 동사원형 want
  (to부정사구) to bring (her) (to Atlanta)
          동사 (연결마디) 2개 : 동사 + (대명사) + (형용사성분 : 전치사구)
  wouldn't you? : 부가의문문
그 앨 여기로 데려올 건가요?

There wouldn't be (much help) (in that for Tara).
  동사 (연결마디) 2개 : 동사 + (명사구) + (형용사성분 : 전치사구)
  동사변화 : 조동사 would(과거시점미래, 습관, 의지) + not + be ; 예정(부정)
타라엔 별 도움이 안 되겠군

I don't rightly know (what you mean), Miss Scarlett.
  동사 (연결마디) 1개 : 동사 + (what-절)
  동사변화 : 조동사 do(does) + 부사 not + 동사원형 know ; 일반동사 부정문
  수식어구[부사성분] : rightly
  (what-절) what you mean
        접속사 : what
        동사 (연결마디) 없음 : 동사 단독
무슨 뜻인가요?

I don't mean (a thing).
  동사 (연결마디) 1개 : 동사 + (명사)
  동사변화 : 조동사 do(does) + 부사 not + 동사원형 mean ; 일반동사 부정문
아무 것도 아니에요

Frank, how'd you like (to drive me out to my Aunt Pitty's)?
  의문사 how + 조동사 의문문
  조동사 의문문(주어, 조동사 위치변경) : You would like → Would you like
  동사 (연결마디) 1개 : 동사 + (to부정사구 : 명사적용법)
  (to부정사구) to drive (me) (out to my Aunt Pitty's)
          동사 (연결마디) 2개 : 동사 + (대명사) + (형용사성분 : 전치사구)
고모님 댁까지 바래다주시겠어요?

Nothing (would give me more pleasure), Miss Scarlett.
  명사 Nothing + (형용사절)
  (형용사절) would give (me) (more pleasure)
        동사 (연결마디) 2개 : 동사 + (대명사) + (명사구)
        동사변화 : 조동사 would(과거시점미래, 습관, 의지) + 동사원형 give
영광입니다

YouTube  해설 동영상

You'd better stay (to supper), too.
   동사 (연결마디) 1개 : 동사 + (명사성분 : 전치사구)
   동사변화 : 조동사구 would better(차라리 ~하는 게 낫겠다) + 동사원형 stay
저녁도 들고 가세요

I'm (sure) (Aunt Pitty'd be agreeable and I'd like a good long visit with you).
   동사 (연결마디) 2개 : 동사 + (형용사) + (부사절)
  (부사절) Aunt Pitty'd be (agreeable)
       동사 (연결마디) 1개 : 동사 + (형용사)
       동사변화 : 조동사 would(과거시점미래, 습관, 의지) + be ; 예정

       And I'd like (a good long visit) (with you)
       접속사 : and
       동사 (연결마디) 2개 : 동사 + (명사구) + (형용사성분 : 전치사구)
       동사변화 : 조동사 would(과거시점미래, 습관, 의지) + 동사원형 like
고모님도 좋아하실 거예요

Oh, you act (on me) just (like a tonic), Miss Scarlett.
   동사 (연결마디) 2개 : 동사 + (명사성분 : 전치사구) + (형용사성분 : 전치사구)
   수식어구[부사성분] : just
당신은 한잔의 토닉 같습니다

And will you tell (me) (all the news)...
   접속사 : and
   조동사 의문문(주어, 조동사 위치변경) : you will tell → Will you tell
   동사 (연결마디) 2개 : 동사 + (대명사) + (명사구)
소식 좀 들려주세요

...all the news of Miss Suellen?
수엘렌은 잘 있나요?

YouTube  해설 동영상

What's the matter, Miss Scarlett?
   의문사 What + be동사 의문문
   be동사 의문문(주어, 동사 위치변경) : Matter is… → Is matter…?
왜 그러시죠?

Miss Suellen's not (ill), is she?
   동사 (연결마디) 1개 : 동사 + (형용사)
   동사변화 : be동사 am/are/is + 부사 not ; be동사 부정문
   is she? : 부가의문문
수엘렌이 아픈 건 아니죠?

Oh, no, no.
아뇨

I thought surely (she had written you).
   동사 (연결마디) 1개 : 동사 + (명사절)
   동사변화 : think 과거형 thought ; 과거지사
   수식어구[부사성분] : surely
   (명사절) she had written (you)
        동사 (연결마디) 1개 : 동사 + (대명사)
        동사변화 : had + 과거분사 written ; 일반동사 과거완료
그 애가 편지를 안 썼군요

I guess (she was ashamed to write you).
   동사 (연결마디) 1개 : 동사 + (명사절)
   (명사절) she was ashamed (to write you)
        동사 (연결마디) 1개 : 동사 + (to부정사구 : 명사적용법)
        동사변화 : be동사과거 was/were + 과거분사 ashamed ; 과거수동태
        (to부정사구) to write (you)
              동사 (연결마디) 1개 : 동사 + (대명사)
부끄러워서 그랬겠죠

She should be ashamed.
   동사 (연결마디) 없음 : 동사 단독
   동사변화 : 조동사 should(~해야 한다, ~할 것이다) + be + 과거분사 ashamed ; 수동태
그럴 만도 하지…

YouTube  해설 동영상

Oh, how (awful) (to have such a mean sister).
  감탄문 = How + (형용사)
  (형용사구) 형용사 awful + (to부정사구 : 부사적용법)
      (to부정사구) to have such (a mean sister)
          동사 (연결마디) 1개 : 동사 + (명사)
나도 그 애에게 실망 했어요

You must tell (me), Miss Scarlett.
  동사 (연결마디) 1개 : 동사 + (대명사)
  동사변화 : 조동사 must(의무, 강한 추측) + 동사원형 tell
어서 말해주세요

Don't leave (me) (on tenterhooks).
  동사 (연결마디) 2개 : 동사 + (대명사) + (형용사성분 : 전치사구)
  동사변화 : 조동사 Do + 부사 not + 동사원형 leave ; ~하지마라(명령문)
답답합니다

Well, she's going (to marry one of the county boys next month).
  동사 (연결마디) 1개 : 동사 + (to부정사구 : 명사적용법)
  동사변화 : be동사 am/are/is + 현재분사 going ; 현재진행
  (to부정사구) to marry (one of the country boys) next month
          동사 (연결마디) 1개 : 동사 + (명사구)
다음 달에 동네 청년과 결혼해요

She just got tired (of waiting)
  동사 (연결마디) 1개 : 동사 + (명사성분 : 전치사구)
  동사변화 : got + 과거분사 tired ; (be동사보다 역동적) 과거수동태
기다리다 지친 거겠죠.

and was (afraid) (she'd be an old maid) and....
  동사 (연결마디) 2개 : 동사 + (형용사) + (부사절)
  (부사절) she'd be (an old maid)
      동사 (연결마디) 1개 : 동사 + (명사구)
          동사변화 : 조동사 would(과거시점미래, 습관, 의지) + be ; 예정
노처녀 될 까봐요

Oh, I'm (sorry) (to be the one to tell you).
  동사 (연결마디) 2개 : 동사 + (형용사) + (to부정사구 : 부사적용법)
  (to부정사구) to be (the one) (to tell you)
          동사 (연결마디) 2개 : 동사 + (명사) + (to부정사구 : 형용사적 용법)
              (to부정사구) to tell (you)
                  동사 (연결마디) 1개 : 동사 + (대명사)
이 소식을 내가 전해야 하다니

Oh, it's (colder).
  동사 (연결마디) 1개 : 동사 + (형용사)
추워요,

I left (my muff) (at home).
  동사 (연결마디) 2개 : 동사 + (명사구) + (형용사성분 : 전치사구)
  동사변화 : leave 과거형 left ; 과거지사
머프를 두고 왔는데

YouTube 해설 동영상

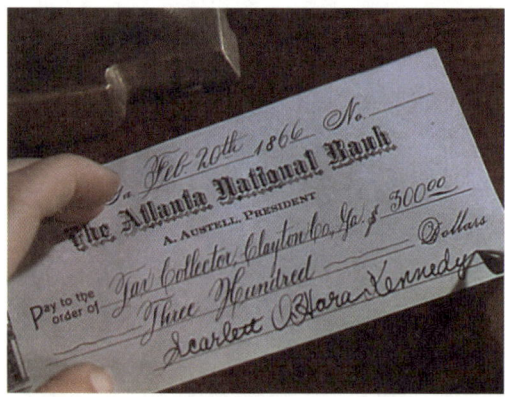

Would you **mind** (if I put my hand in your pocket)?
　　조동사 의문문(주어, 조동사 위치변경) : You would mind → Would you mind
　　동사 (연결마디) 1개 : 동사 + (명사절)
　　(명사절) if I put (my hand) (in your pocket)
　　　　　접속사 : if (if조건절)
　　　　　동사 (연결마디) 2개 : 동사 + (명사구) + (형용사성분 : 전치사구)
주머니에 손을 넣어도 될까요?

세무서 클레이튼 사에 3백 달러 지급
스칼렛 오하라 케네디

But, Melanie, you **don't realize** (what she's done).
　　동사 (연결마디) 1개 : 동사 + (what-절)
　　동사변화 : 조동사 do(does) + 부사 not + 동사원형 realize ; 일반동사 부정문
　　(what-절) what she's done
　　　　　접속사 : what
　　　　　동사변화 : have/has + 과거분사 done ; 일반동사 현재완료
어떻게 언니가 그럴 수 있죠?

She**'s gone**
　　동사변화 : have/has + 과거분사 gone ; 일반동사 현재완료
언니가

and **married** (my Mr. Kennedy).
　　동사 (연결마디) 1개 : 동사 + (명사구)
　　동사변화 : marry 과거형 married ; 과거지사
나의 케네디 씨와 결혼하다니!

He**'s** (my beau),
　　동사 (연결마디) 1개 : 동사 + (명사구)
내 애인을

and she**'s gone**
　　동사변화 : have/has + 과거분사 gone ; 일반동사 현재완료
가로채서

and **married** (him).
　　동사 (연결마디) 1개 : 동사 + (대명사)
　　동사변화 : marry 과거형 married ; 과거지사
결혼했어요

YouTube  해설 동영상

She did (it) (to save Tara),
    동사 (연결마디) 2개 : 동사 + (대명사) + (to부정사구 : 형용사적 용법)
    (to부정사구) to save (Tara)
              동사 (연결마디) 1개 : 동사 + (고유명사)
타라를 위해서야

you must understand (that).
    동사 (연결마디) 1개 : 동사 + (대명사)
    동사변화 : 조동사 must(의무, 강한 추측) + 동사원형 understand
이해해야 해, 수엘렌

I hate (Tara)!
    동사 (연결마디) 1개 : 동사 + (고유명사)
타라가 미워!

And I hate (Scarlett)!
    동사 (연결마디) 1개 : 동사 + (고유명사)
언니도 미워!

She's (the only thing) (I hate worse than Tara).
    동사 (연결마디) 2개 : 동사 + (명사구) + (형용사절)
    (형용사절) I hate (worse than Tara)
            동사 (연결마디) 1개 : 동사 + (형용사구)
타라보다 언니가 더 미워

It's all (my fault).
    동사 (연결마디) 1개 : 동사 + (명사구)
내 잘못이오

I should have committed (highway robbery) (to get that tax money for you).
    동사 (연결마디) 2개 : 동사 + (명사구) + (to부정사구 : 형용사적 용법)
    동사변화 : 조동사 should(~해야 한다, ~할 것이다) + have + 과거분사 committed ; 현재완료
    (to부정사구) to get (that tax money) (for you)
            동사 (연결마디) 2개 : 동사 + (명사구) + (형용사성분 : 전치사구)
강도 짓을 해서라도 돈을 구하는 건데

I couldn't let (you) (do anything like that), and....
    동사 (연결마디) 2개 : 동사 + (대명사) + (원형부정사구 : 형용사적용법)
    동사변화 : 조동사 could(능력, 추측, 허가) + not + 동사원형 let ; 부정문
    (원형부정사구) do (anything) (like that)
            동사 (연결마디) 2개 : 동사 + (명사) + (형용사성분 : 전치사구)
그런 일을 시킬 순 없죠

YouTube  해설 동영상

Well, anyway, it's done now.
   동사변화 : have/has + 과거분사 done ; 일반동사 현재완료
   수식어구[부사성분] : now
어쨌든 이제 해결 됐어요

Yes, it's done now.
   동사변화 : have/has + 과거분사 done ; 일반동사 현재완료
   수식어구[부사성분] : now
그래요, 끝났어요

You wouldn't let (me) (do anything dishonorable)...
   동사 (연결마디) 2개 : 동사 + (대명사) + (원형부정사구 : 형용사적용법)
   동사변화 : 조동사 would(과거시점미래, 습관, 의지) + not + 동사원형 let ; 부정
   (원형부정사구) do (anything dishonorable)
         동사 (연결마디) 1개 : 동사 + (명사구)
내게 불명예스런 일을 안 시키려고

...but you'd sell (yourself) (in marriage to a man you didn't love).
   동사 (연결마디) 2개 : 동사 + (재귀대명사) + (형용사성분 : 전치사구)
   동사변화 : 조동사 would(과거시점미래, 습관, 의지) + 동사원형 sell
   (전치사구) in + 명사 marriage + (형용사성분 : 전치사구)
      (전치사구) to + 명사 a man + (형용사절)
         (형용사절) you didn't love
            동사 (연결마디) 없음 : 동사 단독
            동사변화 : 조동사과거 did + 부사 not + 동사원형 love ; 과거부정
사랑하지도 않는 결혼을 하며 자신을 팔았군요

Well, at least you won't have (to worry about my helplessness anymore).
   수식어구[부사성분] : at least
   동사 (연결마디) 1개 : 동사 + (to부정사구 : 명사적용법)
   동사변화 : 조동사 will(의지, 습성, 요청) + 부사 not + 동사원형 have ; 부정
   (to부정사구) to + worry (about my helplessness) anymore
         동사 (연결마디) 1개 : 동사 + (명사성분 : 전치사구)
         수식어구[부사성분] : anymore
더 이상은 내 무능함을 걱정하지 않아도 되오

What do you mean?
   의문사 What + 일반동사 의문문
   일반동사 의문문(조동사 Do/Does 사용) : You mean → Do you mean
무슨 뜻이죠?

YouTube  해설 동영상

I'm going (to New York).
   동사 (연결마디) 1개 : 동사 + (명사성분 : 전치사구)
   동사변화 : be동사 am/are/is + 현재분사 going ; 현재진행
뉴욕으로 가겠소

I've arranged (to get a position in a bank there).
   동사 (연결마디) 1개 : 동사 + (to부정사구 : 명사적용법)
   동사변화 : have/has + 과거분사 arranged ; 일반동사 현재완료
  (to부정사구) to get (a position) (in a bank there)
          동사 (연결마디) 2개 : 동사 + (명사) + (형용사성분 : 전치사구)
은행에 취직하기로 했소

But you **can't do** (that).
   동사 (연결마디) 1개 : 동사 + (대명사)
   동사변화 : 조동사 can(능력, 추측, 허가) + 부사 not + 동사원형 do ; 부정문
그럴 순 없어요

I **counted** (on you) (to help me start a lumber business), Ashley...
   동사 (연결마디) 2개 : 동사 + (명사성분 : 전치사구) + (to부정사구 : 형용사적 용법)
   동사변화 : count 과거형 counted ; 과거지사
  (to부정사구) to help (me) (start a lumber business)
          동사 (연결마디) 2개 : 동사 + (대명사) + (원형부정사구 : 형용사적용법)
      (원형부정사구) start (a lumber business)
              동사 (연결마디) 1개 : 동사 + (명사구)
당신이 제재소 일을 해줘요

...and, well, I **counted** (on you).
   동사 (연결마디) 1개 : 동사 + (명사성분 : 전치사구)
   동사변화 : count 과거형 counted ; 과거지사
난 당신만 믿고 있는데...

I **wouldn't be** (any good) (to you).
   동사 (연결마디) 2개 : 동사 + (명사구) + (형용사성분 : 전치사구)
   동사변화 : 조동사 would(과거시점미래, 습관, 의지) + not + be ; 예정(부정)
별 도움이 안 될 거요

YouTube  해설 동영상

I don't know (anything) (about the lumber business).
    동사 (연결마디) 2개 : 동사 + (명사) + (형용사성분 : 전치사구)
    동사변화 : 조동사 do(does) + 부사 not + 동사원형 know ; 일반동사 부정문
제재소 일은 알지도 못 해

You know (as much) (as you do about banking).
    동사 (연결마디) 2개 : 동사 + (형용사성분 : 전치사구) + (부사성분 : 전치사구)
    (전치사구) as + (명사절)
          (명사절) you do (about banking)
              동사 (연결마디) 1개 : 동사 + (명사성분 : 전치사구)
그건 은행 일도 마찬가지죠

And I'd give (you) (half the business), Ashley.
    동사 (연결마디) 2개 : 동사 + (대명사) + (명사구)
    동사변화 : 조동사 would(과거시점미래, 습관, 의지) + 동사원형 give
이익의 절반을 드릴게요

That's (generous) (of you), Scarlett.
    동사 (연결마디) 2개 : 동사 + (형용사) + (부사성분 : 전치사구)
후한 대접이군

But it isn't (that).
    동사 (연결마디) 1개 : 동사 + (대명사)
    동사변화 : be동사 am/are/is + 부사 not ; be동사 부정문
하지만 그럴 순 없소

If I go (to Atlanta)
    접속사 : if (if조건절)
    동사 (연결마디) 1개 : 동사 + (명사성분 : 전치사구)
애틀랜타로 가서

and take (help) (from you) again...
    동사 (연결마디) 2개 : 동사 + (명사) + (형용사성분 : 전치사구)
    수식어구[부사성분] : again
당신 도움을 다시 받으면

YouTube  해설 동영상

...I'd bury forever (any hope) (of standing alone).
    동사 (연결마디) 2개 : 동사 + (명사구) + (형용사성분 : 전치사구)
    동사변화 : 조동사 would(과거시점미래, 습관, 의지) + 동사원형 bury
    수식어구[부사성분] : forever
    (전치사구) of + (-ing구 : 명사적용법)
         (-ing구) standing (alone)
             동사 (연결마디) 1개 : 동사 + (부사)
자립할 수 있는 기회는 영원히 사라질거요

Oh, is that (all)?
    be동사 의문문(주어, 동사 위치변경) : That is... → Is that...?
    동사 (연결마디) 1개 : 동사 + (형용사)
그 때문이라면

Well, you could gradually buy (the business)
    동사 (연결마디) 1개 : 동사 + (명사)
    동사변화 : 조동사 could(능력, 추측, 허가) + 동사원형 buy
    수식어구[부사성분] : gradually
점차 사업을 늘려

and then it would be (your own), and....
    동사 (연결마디) 1개 : 동사 + (명사구)
    동사변화 : 조동사 would(과거시점미래, 습관, 의지) + be ; 예정
당신 가게를...

No, Scarlett.
안 되오, 스칼렛

Ashley....
애슐리!

Ashley.
애슐리...

YouTube  해설 동영상

Scarlett!
스칼렛,

Scarlett, what is it?
    의문사 What + be동사 의문문
    be동사 의문문(주어, 동사 위치변경) : It is... → Is it...?
왜 그래요?

Ashley's so (mean and hateful).
    동사 (연결마디) 1개 : 동사 + (형용사구)
    수식어구[부사성분] : so
애슐리가 너무 해요

What have you done?
    의문사 what + 현재완료 의문문
    현재완료 의문문(have동사 위치변경) : You have done... → Have you done...?
어떻게 하셨길래?

She wanted (me) (to go to Atlanta).
    동사 (연결마디) 2개 : 동사 + (대명사) + (to부정사구 : 형용사적 용법)
    동사변화 : want 과거형 wanted ; 과거지사
    (to부정사구) to go (to Atlanta)
            동사 (연결마디) 1개 : 동사 + (명사성분 : 전치사구)
내게 애틀랜타로 가자는 거요

To help (me) (start my lumber business),
    (to부정사구) 동사 (연결마디) 2개 : 동사 + (대명사) + (원형부정사구 : 형용사적용법)
        (원형부정사구) start (my lumber business)
                동사 (연결마디) 1개 : 동사 + (명사구)
제재소 일을 도와 달랬는데

and he won't lift (a finger) (to help me), and he....
    동사 (연결마디) 2개 : 동사 + (대명사) + (to부정사구 : 형용사적 용법)
    동사변화 : 조동사 will(의지, 습성, 요청) + 부사 not + 동사원형 lift ; 부정
    (to부정사구) to help (me)
            동사 (연결마디) 1개 : 동사 + (대명사)
손가락도 까딱 안 하겠대요

YouTube  해설 동영상

Why, how (unchivalrous of you).
   감탄문 = How + (형용사(구))
         (형용사구) 형용사 unchivalrous + (부사성분 : 전치사구)
당신 너무해요

Why, think, Ashley, think.
생각해봐요

If it hadn't been (for Scarlett),
   접속사 : if (if조건절)
   동사 (연결마디) 1개 : 동사 + (명사성분 : 전치사구)
   동사변화 : had + 부사 not + 과거분사 been ; be동사 과거완료부정
스칼렛이 아니었다면

I'd have died (in Atlanta).
   동사 (연결마디) 1개 : 동사 + (형용사성분 : 전치사구)
   동사변화 : 조동사 would(과거시점미래, 습관, 의지) + have + 과거분사 died ; 현재완료
난 애틀랜타에서 죽었어요

And maybe we wouldn't have had (little Beau), and...
   수식어구[부사성분] : maybe
   동사 (연결마디) 1개 : 동사 + (명사구)
   동사변화 : 조동사 would(과거시점미래, 습관, 의지) + 부사 not + have + 과거분사 had ; 현재완료부정
우리 아기도 없었고요

...and when I think (of her) (picking cotton)
   접속사 : when
   동사 (연결마디) 2개 : 동사 + (명사성분 : 전치사구) + (-ing구 : 형용사적 용법)
   (-ing구) picking (cotton)
        동사 (연결마디) 1개 : 동사 + (명사)
목화농사로

and plowing just (to keep food)...
   동사 (연결마디) 1개 : 동사 + (to부정사구 : 형용사적 용법)
   수식어구[부사성분] : just
   (to부정사구) to keep (food)
        동사 (연결마디) 1개 : 동사 + (명사)
우리까지 먹여

...in our mouths, I could just....
살리느라 얼마나...

YouTube  해설 동영상

Oh, my darling.
가엾은 스칼렛...

All right, Melanie.
알았소,

I'll go (to Atlanta).
    동사 (연결마디) 1개 : 동사 + (명사성분 : 전치사구)
    동사변화 : 조동사 will(의지, 습성, 요청) + 동사원형 go
애틀랜타로 가리다

I can't fight (you both).
    동사 (연결마디) 1개 : 동사 + (대명사)
    동사변화 : 조동사 can(능력, 추측, 허가) + 부사 not + 동사원형 fight ; 부정문
둘은 못 당하지

[애틀란타]

Well, here's (your new mill hands), Mrs. Kennedy.
    동사 (연결마디) 1개 : 동사 + (명사구)
자, 새 일꾼 이에요

The pick (of all the best jails in Georgia).
    명사 The pick + (형용사성분 : 전치사구)
    (전치사구) of + 명사구 all the best jails + (형용사성분 : 전치사구)
조지아 감옥의 일급 죄수들이죠

YouTube  해설 동영상

They look pretty (thin and weak) (to me), Gallegher.
    동사 (연결마디) 2개 : 동사 + (형용사구) + (부사성분 : 전치사구)
    수식어구[부사성분] : pretty
아주 약해 보이는 걸요

Halt!
서라!

They're (the best) (you can lease), ma'am.
    동사 (연결마디) 2개 : 동사 + (명사) + (형용사절)
    (형용사절) you can lease
        동사 (연결마디) 없음 : 동사 단독
        동사변화 : 조동사 can(능력, 추측, 허가) + 동사원형 lease
더 이상은 못 구해요

And if you'll just give (Johnny Gallegher) (a free hand)...
    접속사 : if (if조건절)
    동사 (연결마디) 2개 : 동사 + (고유명사) + (명사구)
    동사변화 : 조동사 will(의지, 습성, 요청) + 동사원형 give
    수식어구[부사성분] : just
조니 갤러거에게 맡기시면

...you'll get (what you want out of them).
    동사 (연결마디) 1개 : 동사 + (what-절)
    동사변화 : 조동사 will(의지, 습성, 요청) + 동사원형 get
    (what-절) what you want (out of them)
        접속사 : what
        동사 (연결마디) 1개 : 동사 + (명사성분 : 전치사구)
열심히 부리겠습니다

All right, you're (the foreman).
    동사 (연결마디) 1개 : 동사 + (명사)
좋아요, 감독하세요

YouTube  해설 동영상

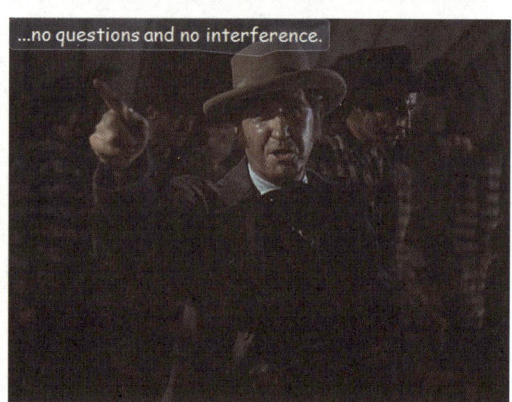

All I ask is, (you keep the mill running and deliver my lumber when I want it).
   [동사 앞 주어] All I ask
                  동사 (연결마디) 없음 : 동사 단독
         동사 (연결마디) 1개 : 동사 + (명사절)
      (명사절) you keep (the mill) (running and deliver my lumber when I want it)
               동사 (연결마디) 2개 : 동사 + (명사) + (-ing구 : 형용사적 용법)
            (-ing구) running and deliver (my lumber) (when I want it)
                        동사 (연결마디) 2개 : 동사 + (명사구) + (형용사성분 : when-절)
                     (when-절) when I want (it)
                           접속사 : when
                           동사 (연결마디) 1개 : 동사 + (대명사)
제때에 목재를 준비해 주기만 하면 돼요

Johnny Gallegher's (your man), Miss.
   동사 (연결마디) 1개 : 동사 + (명사구)
조니 갤러거를 믿으십시오

But **remember**...
단, 알아두실 건

...no questions and no interference.
질문이나 참견은 삼가주셨으면

That's (a bargain).
   동사 (연결마디) 1개 : 동사 + (명사)
알았어요

Start (them) (in the morning), Gallegher.
   동사 (연결마디) 2개 : 동사 + (대명사) + (형용사성분 : 전치사구)
아침에 일을 시작하세요

Come on, **get (a move) (on)**! Come on, move on there!
   동사 (연결마디) 2개 : 동사 + (명사) + (부사 : 관용 동사구)
가자, 어서 걸어!

YouTube  해설 동영상

But, Scarlett, this isn't (right)
 동사 (연결마디) 1개 : 동사 + (형용사)
 동사변화 : be동사 am/are/is + 부사 not ; be동사 부정문
스칼렛, 이건 옳지 않아요

and you know (it).
 동사 (연결마디) 1개 : 동사 + (대명사)
알잖아요

It's (bad enough) (for a woman to be in business), but—
 동사 (연결마디) 2개 : 동사 + (형용사구) + (부사성분 : 전치사구)
 (전치사구) for + 명사 a woman + (to부정사구 : 형용사적 용법)
   (to부정사구) to be (in business)
    동사 (연결마디) 1개 : 동사 + (명사성분 : 전치사구)
여자가 사업하는 것도 그런데...

What are you complaining (about)?
 의문사 What + be동사 의문문
 be동사 의문문(주어, 동사 위치변경) : You are complaining ... → Are you complaining...?
 동사 (연결마디) 1개 : 동사 + (명사성분 : 전치사구)
뭐가 불만이죠?

You wouldn't have owned (a mill)
 동사 (연결마디) 1개 : 동사 + (명사)
 동사변화 : 조동사 would(과거시점미래, 습관, 의지) + 부사 not + have + 과거분사 owned ; 현재완료부정
제재소 주인도 못 됐어요

had I not taken (over)?
 과거완료 의문문(have동사 위치변경) : I had not taken... → Had I not taken...?
 동사 (연결마디) 1개 : 동사 + (부사 : 관용 동사구)
나 아니었으면

I didn't want (the mill),
 동사 (연결마디) 1개 : 동사 + (명사)
 동사변화 : 조동사과거 did + 부사 not + 동사원형 want ; 과거부정
제재소는 바라지도 않았고

and we couldn't have bought (it)...
 동사 (연결마디) 1개 : 동사 + (대명사)
 동사변화 : could(능력, 추측, 허가) + not + have + 과거분사 bought ; 현재완료부정
살 수 도 없었소

...if you hadn't pressed (all of our friends) (for the money they owed me).
 접속사 : if (if조건절)
 동사 (연결마디) 2개 : 동사 + (명사구) + (형용사성분 : 전치사구)
 동사변화 : had + 부사 not + 과거분사 pressed ; 일반동사 과거완료부정
 (전치사구) for + 명사 the money + (형용사절)
   (형용사절) they owed (me)
    동사 (연결마디) 1개 : 동사 + (대명사)
    동사변화 : owe 과거형 owed ; 과거지사
게다가 친구들이 꿔간 돈을 독촉하다니

YouTube  해설 동영상

Isn't that (right), Ashley?
　be동사 부정의문문(주어, 동사 위치변경) : That isn't → Isn't that...?
　동사 (연결마디) 1개 : 동사 + (형용사)
그게 옳은 가요, 애슐리?

What are you running, (a charitable institution)?
　의문사 What + be동사 의문문
　be동사 의문문(주어, 동사 위치변경) : You are running ... → Are you running...?
　동사 (연결마디) 1개 : 동사 + (명사구)
자선사업하자는 거예요?

Go (back) (to the store),
　동사 (연결마디) 2개 : 동사 + (부사 : 관용 동사구) + (명사성분 : 전치사구)
가게에 들렀다가

then go (home)
　동사 (연결마디) 1개 : 동사 + (부사)
집에 가서

and take (your medicine).
　동사 (연결마디) 1개 : 동사 + (명사구)
약 드세요,

You're not looking very (well).
　동사 (연결마디) 1개 : 동사 + (형용사)
　동사변화 : am/are/is + 부사 not + 현재분사 looking ; 현재진행부정
　수식어구[부사성분] : very
혈색이 안좋아요

But, sugar, shouldn't you come (home) (with me)?
　조동사 부정의문문(주어, 조동사 위치변경) : You should not come → Shouldn't you come
　동사 (연결마디) 2개 : 동사 + (부사) + (부사성분 : 전치사구)
당신도 같이 가지 않겠소?

Great balls of fire. Don't bother (me) anymore,
　동사 (연결마디) 1개 : 동사 + (대명사)
　동사변화 : 조동사 Do + 부사 not + 동사원형 bother ; ~하지마라(명령문)
　수식어구[부사성분] : anymore
귀찮게 하지 말아요.

and don't call (me) (sugar)!
　동사 (연결마디) 2개 : 동사 + (대명사) + (명사)
　동사변화 : 조동사 Do + 부사 not + 동사원형 call ; ~하지마라(명령문)
치근거리기나 하고!

YouTube  해설 동영상

All right, all right.
알았소

Good night, Ashley.
먼저 가겠소, 애슐리

She can get (mad) (quicker than any woman I ever saw).
    동사 (연결마디) 2개 : 동사 + (형용사) + (부사구)
    동사변화 : 조동사 can(능력, 추측, 허가) + 동사원형 get
    (부사구) 형용사 quicker + (부사성분 : 전치사구)
          (전치사구) than + 명사구 any woman + (형용사절)
                (형용사절) I ever saw
                      동사변화 : see 과거형 saw ; 과거지사
                      수식어구[부사성분] : ever
저렇게 화 잘 내는 여자는 처음이야

Scarlett, I don't like (to interfere), but...
    동사 (연결마디) 1개 : 동사 + (to부정사구 : 명사적용법)
    동사변화 : 조동사 do(does) + 부사 not + 동사원형 like ; 일반동사 부정문
    (to부정사구) to interfere
          동사 (연결마디) 없음 : 동사 단독
스칼렛, 간섭하긴 싫소만

...I do wish (you'd let me hire free darkies instead of using convicts).
    동사 (연결마디) 1개 : 동사 + (명사절)
    동사변화 : 조동사 do/does/did + 일반동사 wish ; 강조
    (명사절) you'd let (me) (hire free darkies instead of using convicts)
          동사 (연결마디) 2개 : 동사 + (대명사) + (원형부정사구 : 형용사적용법)
          동사변화 : 조동사 would(과거시점미래, 습관, 의지) + 동사원형 let
          (원형부정사구) hire (free darkies) (instead of using convicts)
                동사 (연결마디) 2개 : 동사 + (명사구) + (형용사성분 : 전치사구)
                (전치사구) instead of + (-ing구 : 명사적용법)
                      (-ing구) using (convicts)
                          동사 (연결마디) 1개 : 동사 + (명사)
죄수보다는 해방노예를 쓰고 싶소,

I believe (we could do better).
    동사 (연결마디) 1개 : 동사 + (명사절)
    (명사절) we could do (better)
          동사 (연결마디) 1개 : 동사 + (형용사)
          동사변화 : 조동사 could(능력, 추측, 허가) + 동사원형 do
더 잘할 수 있을 거요

YouTube  해설 동영상

Darkies! Why, their pay **would break** (us),
   동사 (연결마디) 1개 : 동사 + (대명사)
   동사변화 : 조동사 would(과거시점미래, 습관, 의지) + 동사원형 break
그 임금을 주면 우린 망해요

and convicts **are** (dirt cheap).
   동사 (연결마디) 1개 : 동사 + (형용사구)
죄수들은 정말 싸죠

If we just **give** (Gallegher) (a free hand)—
   접속사 : if (if조건절)
   동사 (연결마디) 2개 : 동사 + (고유명사) + (명사구)
갤러거를 시키면...

A free hand! You **know** (what that means).
   동사 (연결마디) 1개 : 동사 + (what-절)
   (what-절) what that **means**
       접속사 : what
       동사 (연결마디) 없음 : 동사 단독
       동사변화 : mean 3인칭단수현재 means
그가 어떤 짓을 할지 알죠

He**'ll starve** (them)
   동사 (연결마디) 1개 : 동사 + (대명사)
   동사변화 : 조동사 will(의지, 습성, 요청) + 동사원형 starve
그는 죄수들을 굶기고

and **whip** (them).
   동사 (연결마디) 1개 : 동사 + (대명사)
때릴 거요

Some of them **are** (sick, underfed)....
   동사 (연결마디) 1개 : 동사 + (형용사구)
저들은 병들고 굶주렸소

Oh, Ashley, how you **do run** (on).
   의문사 How + 평서문
   동사 (연결마디) 1개 : 동사 + (부사 : 관용 동사구)
   동사변화 : 조동사 do/does/did + 일반동사 run ; 강조
애슐리, 당신이 하면

Left (alone),
   동사 (연결마디) 1개 : 동사 + (부사)
혼자 놔두면

you**'d be giving** (them) (chicken) three times a day and...
   동사 (연결마디) 2개 : 동사 + (대명사) + (명사)
   동사변화 : would(과거시점미래, 습관, 의지) + be + 현재분사 giving ; 진행형예정
   수식어구[부사성분] : three times a day
하루 세 번 고기를 먹이고

YouTube  해설 동영상

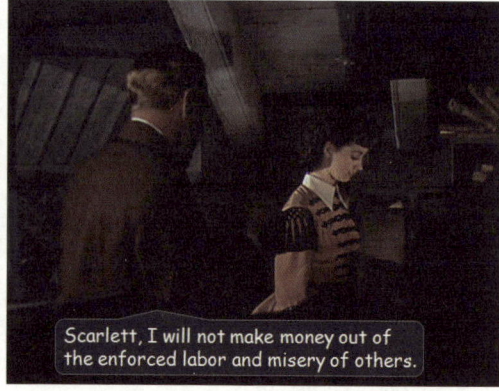

...tucking (them) (to sleep with eider down quilts).
　동사 (연결마디) 2개 : 동사 + (대명사) + (to부정사구 : 형용사적 용법)
　동사변화 : tuck 현재분사 tucking ; 진행
　(to부정사구) to sleep (with eider down quilts)
　　　　　동사 (연결마디) 1개 : 동사 + (형용사성분 : 전치사구)
오리털 이불에 재우겠군요

Scarlett, I will not make (money) (out of the enforced labor and misery of others).
　동사 (연결마디) 2개 : 동사 + (명사) + (형용사성분 : 전치사구)
　동사변화 : 조동사 will(의지, 습성, 요청) + 부사 not + 동사원형 make ; 부정
난 부당한 노동과 학대로 돈을 벌진 않겠소

You weren't so (particular) (about owning slaves).
　동사 (연결마디) 2개 : 동사 + (형용사) + (부사성분 : 전치사구)
　동사변화 : be동사 was/were + 부사 not ; be동사 과거 부정문
노예는 부렸잖아요

That was (different).
　동사 (연결마디) 1개 : 동사 + (형용사)
　동사변화 : be동사 am/is 과거형 was ; 과거지사
다르오

We didn't treat (them) (that way).
　동사 (연결마디) 2개 : 동사 + (대명사) + (명사구)
　동사변화 : 조동사과거 did + 부사 not + 동사원형 treat ; 과거부정
노예도 그렇게 부리진 않았소

Besides, I'd have freed (them all) (when father died)...
　동사 (연결마디) 2개 : 동사 + (대명사) + (형용사성분 : when-절)
　동사변화 : 조동사 would(과거시점미래, 습관, 의지) + have + 과거분사 freed ; 현재완료
　(when-절) when father died
　　　　　접속사 : when
　　　　　동사 (연결마디) 없음 : 동사 단독
　　　　　동사변화 : die 과거형 died ; 과거지사
아버님 사후엔 풀어주려고 했었고

...if the war hadn't already freed (them).
　접속사 : if (if조건절)
　동사 (연결마디) 1개 : 동사 + (대명사)
　동사변화 : had + 부사 not + 과거분사 freed ; 일반동사 과거완료부정
　수식어구[부사성분] : already
전쟁이 아니라도

YouTube  해설 동영상

Oh, I'm (sorry), Ashley.
   동사 (연결마디) 1개 : 동사 + (형용사)
미안해요,

But have you forgotten (what it's like without money)?
   현재완료 의문문(have동사 위치변경) : You have forgotten... → Have you forgotten...?
   동사 (연결마디) 1개 : 동사 + (what-절)
   (what-절) what it's (like without money)
        접속사 : what
        동사 (연결마디) 1개 : 동사 + (형용사성분 : 전치사구)
하지만 가난하던 시절을 잊었어요?

I found out that money is (the most important thing) (in the world)...
   [동사 앞 주어] I found (out) (that money)
        동사 (연결마디) 2개 : 동사 + (부사 : 관용 동사구) + (명사구)
   동사 (연결마디) 2개 : 동사 + (명사구) + (형용사성분 : 전치사구)
돈은 무엇보다 중요해요

...and I don't intend ever (to be without it again).
   동사 (연결마디) 1개 : 동사 + (to부정사구 : 명사적용법)
   동사변화 : 조동사 do(does) + 부사 not + 동사원형 intend ; 일반동사 부정문
   수식어구[부사성분] : ever
   (to부정사구) to be (without it) again
        동사 (연결마디) 1개 : 동사 + (형용사성분 : 전치사구)
        수식어구[부사성분] : again
다시 돈 없이 살고 싶지 않아요

I'll make (enough)
   동사 (연결마디) 1개 : 동사 + (형용사)
   동사변화 : 조동사 will(의지, 습성, 요청) + 동사원형 make
돈을 많이 벌어서

so the Yankees can never take (Tara) (away) from me.
   접속사 : so
   동사 (연결마디) 2개 : 동사 + (고유명사) + (부사 : 관용 동사구)
   동사변화 : 조동사 can(능력, 추측, 허가) + 동사원형 take
   수식어구[부사성분] : never, from me
양키가 타라를 넘보지

I'll make (it) (the only way I know how).
   동사 (연결마디) 2개 : 동사 + (대명사) + (명사구)
   동사변화 : 조동사 will(의지, 습성, 요청) + 동사원형 make
   (명사구) 명사구 the only way + (형용사절)
        (형용사절) I know how
못하게 할 거에요

YouTube  해설 동영상

But we're not (the only Southerners) (who have suffered).
　　동사 (연결마디) 2개 : 동사 + (명사구) + (형용사성분 : who-절)
　　동사변화 : be동사 am/are/is + 부사 not ; be동사 부정문
　　(who-절) who have suffered
　　　　　　동사변화 : have/has + 과거분사 suffered ; 일반동사 현재완료
우리만 고생한 게 아니오

Look (at all our friends).
　　동사 (연결마디) 1개 : 동사 + (명사성분 : 전치사구)
친구들도 그랬지만

They're keeping (their honor and their kindness), too.
　　동사 (연결마디) 1개 : 동사 + (명사구)
　　동사변화 : be동사 am/are/is + 현재분사 keeping ; 현재진행
친절과 명예를 지키고 있소

And they're starving.
　　동사변화 : be동사 am/are/is + 현재분사 starving ; 현재진행
그래서 굶고 있죠.

I've got (no use) (for fools who won't help themselves).
　　동사 (연결마디) 2개 : 동사 + (명사구) + (형용사성분 : 전치사구)
　　동사변화 : have/has + 과거분사 got ; 일반동사 현재완료
　　(전치사구) for + 명사 fools + (형용사성분 : who-절)
　　　　　　(who-절) who won't help (themselves)
　　　　　　　　　동사 (연결마디) 1개 : 동사 + (재귀대명사)
　　　　　　　　　동사변화 : 조동사 will(의지, 습성, 요청) + 부사 not + 동사원형 help ; 부정
명예만 지키면 뭐해요?

I know (what they're saying about me),
　　동사 (연결마디) 1개 : 동사 + (what-절)
　　(what-절) what they're saying (about me)
　　　　　　접속사 : what
　　　　　　동사 (연결마디) 1개 : 동사 + (명사성분 : 전치사구)
　　　　　　동사변화 : be동사 am/are/is + 현재분사 saying ; 현재진행
사람들이 수군대도

and I don't care.
　　동사변화 : 조동사 do(does) + 부사 not + 동사원형 care ; 일반동사 부정문
신경 안 써요

I'll make (friends) (with the Yankee carpetbaggers).
　　동사 (연결마디) 2개 : 동사 + (명사) + (형용사성분 : 전치사구)
　　동사변화 : 조동사 will(의지, 습성, 요청) + 동사원형 make
양키와도 사귀고

And I'll beat (them) (at their own game),
　　동사 (연결마디) 2개 : 동사 + (대명사) + (형용사성분 : 전치사구)
싸워서라도 이길 테니

and you'll beat (them) (with me).
　　동사 (연결마디) 2개 : 동사 + (대명사) + (형용사성분 : 전치사구)
　　동사변화 : 조동사 will(의지, 습성, 요청) + 동사원형 beat
당신도 도와줘요

YouTube  해설 동영상

[윌크스와 케네디]

That's (it).
   동사 (연결마디) 1개 : 동사 + (대명사)
좋아요,

Move (it) (a little over to that side).
   동사 (연결마디) 2개 : 동사 + (대명사) + (형용사구)
약간만 옆으로 밀어요

Afternoon, Mrs. Kennedy.
안녕하세요, 케네디 부인?

Good afternoon.
안녕하세요

Business is certainly growing, ain't it?
   동사변화 : be동사 am/are/is + 현재분사 growing ; 현재진행
   수식어구[부사성분] : certainly
   ain't it? : 부가의문문
사업이 날로 번창하는 군요

It certainly is.
   수식어구[부사성분] : certainly
그런 셈이죠

YouTube  해설 동영상

But you're doing (business) (with the same people who robbed us)...
  동사 (연결마디) 2개 : 동사 + (명사) + (형용사성분 : 전치사구)
  동사변화 : be동사 am/are/is + 현재분사 doing ; 현재진행
  (전치사구) with + 명사구 the same people + (형용사성분 : who-절)
      (who-절) who robbed (us)
          동사 (연결마디) 1개 : 동사 + (대명사)
          동사변화 : rob 과거형 robbed ; 과거지사
스칼렛, 우릴 약탈한 사람들과 거래를 하다니

...and tortured (us)
  동사 (연결마디) 1개 : 동사 + (대명사)
  동사변화 : torture 과거형 tortured ; 과거지사
괴롭힌 사람들과

and left (us) (to starve).
  동사 (연결마디) 2개 : 동사 + (대명사) + (to부정사구 : 형용사적 용법)
  동사변화 : leave 과거형 left ; 과거지사
  (to부정사구) to starve
          동사 (연결마디) 없음 : 동사 단독
굶게 한 사람들과

All that's (past), Melly.
  동사 (연결마디) 1개 : 동사 + (명사)
지난 일이에요,

And I intend (to make the best of things),
  동사 (연결마디) 1개 : 동사 + (to부정사구 : 명사적용법)
  (to부정사구) to make (the best of things)
          동사 (연결마디) 1개 : 동사 + (명사구)
멋지게 해보겠어요

even if they are (Yankee things).
  접속사구 : even if (~일지라도)
  동사 (연결마디) 1개 : 동사 + (명사구)
양키들과도

And do you know, Dolly Merri wether,
  일반동사 의문문(조동사 Do/Does 사용) : You know → Do you know
있잖아요

that Dr. Meade actually saw (her)...
  동사 (연결마디) 1개 : 동사 + (대명사)
  동사변화 : see 과거형 saw ; 과거지사
남편이 봤대요

YouTube  해설 동영상

...peddling (lumber) (to those Yankees), herself.
   동사 (연결마디) 2개 : 동사 + (명사) + (형용사성분 : 전치사구)
   동사변화 : peddle 현재분사 peddling ; 진행형
스칼렛이 양키에게 직접 재목을 파는 걸

And that isn't (all)....
   동사 (연결마디) 1개 : 동사 + (형용사)
   동사변화 : be동사 am/are/is + 부사 not ; be동사 부정문
그뿐이 아니에요

I think (it's shocking what she's doing to my brother, Ashley)
   동사 (연결마디) 1개 : 동사 + (명사절)
  (명사절) it's (shocking what she's doing to my brother, Ashley)
      동사 (연결마디) 1개 : 동사 + (-ing구 : 명사적용법)
     (-ing구) shocking (what she's doing to my brother, Ashley)
         동사 (연결마디) 1개 : 동사 + (what-절)
        (what-절) what she's doing (to my brother, Ashley)
           접속사 : what
           동사 (연결마디) 1개 : 동사 + (형용사성분 : 전치사구)
           동사변화 : be동사 am/are/is + 현재분사 doing ; 현재진행
우리 오빠 애슐리에게도 끔찍한 일을 했어요

She's even taken (to driving her own buggy).
   동사 (연결마디) 1개 : 동사 + (명사성분 : 전치사구)
   동사변화 : be동사 am/are/is + 과거분사 taken ; 수동태
   수식어구[부사성분] : even
   (전치사구) to + (-ing구 : 명사적용법)
     (-ing구) driving (her own buggy)
        동사 (연결마디) 1개 : 동사 + (명사구)
마차도 직접 몰고 다니던 걸

My dear Mrs. Kennedy.
케네디 부인!

My very dear Mrs. Kennedy.
친애하는 케네디 부인!

YouTube  해설 동영상

I don't see (how you have the gall to face me).
   동사 (연결마디) 1개 : 동사 + (명사절)
   동사변화 : 조동사 do(does) + 부사 not + 동사원형 see ; 일반동사 부정문
   (명사절) how you have (the gall) (to face me)
        의문사 How + 평서문
        동사 (연결마디) 2개 : 동사 + (명사) + (to부정사구 : 형용사적 용법)
        (to부정사구) to face (me)
            동사 (연결마디) 1개 : 동사 + (대명사)
뻔뻔스럽게 내 앞에 나타나다니

When I think (you could have had my millions)...
   접속사 : when
   동사 (연결마디) 1개 : 동사 + (명사절)
   (명사절) you could have had (my millions)
        동사 (연결마디) 1개 : 동사 + (명사구)
        동사변화 : could(능력, 추측, 허가) + have + 과거분사 had ; 현재완료
내가 수백만 달러를 드렸을텐데

...if you'd just waited (a little while).
   접속사 : if (if조건절)
   동사 (연결마디) 1개 : 동사 + (형용사구)
   동사변화 : had + 과거분사 waited ; 일반동사 과거완료
   수식어구[부사성분] : just
조금만 기다렸으면

Oh, how (fickle is woman)!
   감탄문 = How + (형용사(구))
        (형용사구) 형용사 fickle + (부사절)
            (부사절) is woman
여자는 변덕쟁이오

What is (it) (you want)?
   의문사 What + be동사 의문문
   be동사 의문문(주어, 동사 위치변경) : It is... → Is it...?
   동사 (연결마디) 1개 : 동사 + (명사절)
   (명사절) you want
뭘 원하죠?

I have (important things) (to do).
   동사 (연결마디) 2개 : 동사 + (명사구) + (to부정사구 : 형용사적 용법)
   (to부정사구) to do
난 바빠요

Would you satisfy (my curiosity) (on a point which has bothered me for some time)?
   조동사 의문문(주어, 조동사 위치변경) : You would satisfy → Would you satisfy
   동사 (연결마디) 2개 : 동사 + (명사구) + (형용사성분 : 전치사구)
   (전치사구) on + 명사 a point + (형용사성분 : which-절)
        (which-절) which has bothered (me) (for some time)
            동사 (연결마디) 2개 : 동사 + (대명사) + (형용사성분 : 전치사구)
            동사변화 : have/has + 과거분사 bothered ; 일반동사 현재완료
아직도 궁금한 게 있는데 대답해 주시오

YouTube  해설 동영상

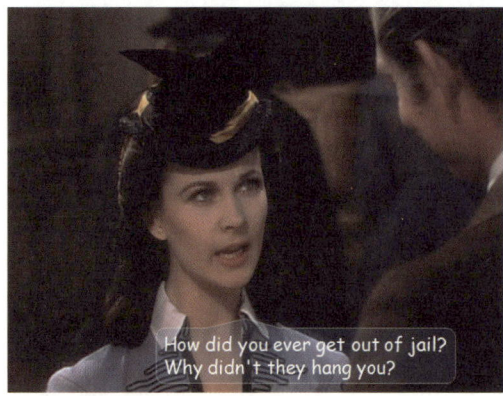

Well, what is it?
  의문사 What + be동사 의문문
  be동사 의문문(주어, 동사 위치변경) : It is... → Is it...?
뭔지 말해요

Be (quick).
  동사 (연결마디) 1개 : 동사 + (형용사)
빨리요

Tell (me), Scarlett,
  동사 (연결마디) 1개 : 동사 + (대명사)
말해줘요

do you never shrink (from marrying men you don't love)?
  일반동사 의문문(조동사 Do/Does 사용) : You shrink → Do you shrink
  동사 (연결마디) 1개 : 동사 + (명사성분 : 전치사구)
  수식어구[부사성분] : never
  (전치사구) from + (-ing구 : 명사적용법)
            (-ing구) marrying (men) (you don't love)
                  동사 (연결마디) 2개 : 동사 + (명사) + (형용사절)
                  (형용사절) you don't love
                        동사변화 : 조동사 do(does) + 부사 not + 동사원형 love ; 일반동사 부정문
사랑하지 않는 남자와 사는게 아무렇지 않나요?

How did you ever get (out) (of jail)?
  의문사 how + 일반동사 과거의문문
  일반동사 과거의문문(조동사 Do/Does과거 Did 사용) : You got → Did you get
  동사 (연결마디) 2개 : 동사 + (부사 : 관용 동사구) + (명사성분 : 전치사구)
어떻게 감옥에서 살아 나왔지?

Why didn't they hang (you)?
  의문사 why + 일반동사 과거의문문
  일반동사과거 부정의문문(조동사 Do/Does과거 Did + not사용) : they hung → Didn't they hang
  동사 (연결마디) 1개 : 동사 + (대명사)
교수형이나 당할 것이지

Oh, that! Not much trouble.
그렇게 됐소

There's (nothing much) (that money won't buy).
  동사 (연결마디) 2개 : 동사 + (명사구) + (형용사성분 : that-절)
  (that-절) that money won't buy
        동사변화 : 조동사 will(의지, 습성, 요청) + 부사 not + 동사원형 buy ; 부정
세상에 돈으로 안 되는 건 없지

I observe (it's even you bought the honorable Mr. Wilkes).
  동사 (연결마디) 1개 : 동사 + (명사절)
  (명사절) it's even (you bought the honorable Mr. Wilkes)
        동사 (연결마디) 1개 : 동사 + (명사절)
        (명사절) you bought (the honorable Mr. Wilkes)
              동사 (연결마디) 1개 : 동사 + (명사구)
              동사변화 : buy 과거형 bought ; 과거지사
당신이 고귀한 윌크스 씨를 산 것처럼 말이요

YouTube  해설 동영상

So you still hate (Ashley Wilkes).
   접속사 : so
   수식어구[부사성분] : still
   동사 (연결마디) 1개 : 동사 + (고유명사)
아직도 그를 미워하는 군요

Do you know, (I believe you're jealous of him).
   일반동사 의문문(조동사 Do/Does 사용) : You know → Do you know
   동사 (연결마디) 1개 : 동사 + (명사절)
   (명사절) I believe (you're jealous of him)
        동사 (연결마디) 1개 : 동사 + (명사절)
        (명사절) you're (jealous) (of him)
            동사 (연결마디) 2개 : 동사 + (형용사) + (부사성분 : 전치사구)
혹시 질투하는 건가요?

You still think (you're the belle of the county), don't you?
   수식어구[부사성분] : still
   동사 (연결마디) 1개 : 동사 + (명사절)
   (명사절) you're (the belle of the country)
        동사 (연결마디) 1개 : 동사 + (명사구)
  don't you? : 부가의문문
지금도 당신이 최고인줄 아시오?

That you're (the cutest little tricking shoe leather).
   동사 (연결마디) 1개 : 동사 + (명사구)
여전히 매력적이라

And that every man you meet is dying (of love) (for you).
   [동사 앞 주어] every man (you meet)
          명사구 every man + (형용사절)
            (형용사절) you meet
                동사 (연결마디) 없음 : 동사 단독
   동사 (연결마디) 2개 : 동사 + (명사성분 : 전치사구) + (형용사성분 : 전치사구)
   동사변화 : be동사 am/are/is + 현재분사 dying ; 현재진행
모든 남자가 구애할 것 같소?

Let (me) (by)!
   동사 (연결마디) 2개 : 동사 + (대명사) + (형용사성분 : 전치사구)
가겠어요

YouTube  해설 동영상

Don't be (angry), Scarlett.
   동사 (연결마디) 1개 : 동사 + (형용사)
   동사변화 : 조동사 Do + 부사 not + 동사원형 be ; ~하지마라(명령문)
화내지 마시오.

Tell (me), (where are you going)?
   동사 (연결마디) 2개 : 동사 + (대명사) + (명사절)
   (명사절) where are you going
        의문사 Where + be동사 의문문
        be동사 의문문(주어, 동사 위치변경) : You are going ... → Are you going...?
어딜 가는 거요?

To the mill, if it's (any of your business).
   접속사 : if (if조건절)
   동사 (연결마디) 1개 : 동사 + (명사구)
제재소에 가는데, 왜요?

Through shanty town, alone?
빈민가를 혼자 지나서?

Haven't you been told (it's dangerous to drive alone through all that riffraff)?
   현재완료 부정의문문(have동사 위치변경) : You haven't been told... → Haven't you been told...?
   동사 (연결마디) 1개 : 동사 + (명사절)
   동사변화 : have + not + been +과거분사 told ; 수동태현재완료부정
   (명사절) It's (dangerous) (to drive alone through all that riffraff)
        동사 (연결마디) 2개 : 동사 + (형용사) + (to부정사구 : 부사적용법)
      (to부정사구) to drive (alone) (through all that riffraff)
          동사 (연결마디) 2개 : 동사 + (부사) + (부사성분 : 전치사구)
그 길을 혼자 다니면 위험하다는 것도 모르오?

Don't worry (about me).
   동사 (연결마디) 1개 : 동사 + (명사성분 : 전치사구)
   동사변화 : 조동사 Do + 부사 not + 동사원형 worry ; ~하지마라(명령문)
걱정 말아요

I can shoot (straight)
   동사 (연결마디) 1개 : 동사 + (형용사)
   동사변화 : 조동사 can(능력, 추측, 허가) + 동사원형 shoot
총쯤은 쏠 줄 아니까

if I don't have (to shoot too far).
   접속사 : if (if조건절)
   동사 (연결마디) 1개 : 동사 + (to부정사구 : 명사적용법)
   동사변화 : 조동사 do(does) + 부사 not + 동사원형 have ; 일반동사 부정문
   (to부정사구) to shoot (too far)
        동사 (연결마디) 1개 : 동사 + (부사구)
웬만한 거리라면

YouTube  해설 동영상

What (a woman)!
　감탄문 = What + (명사(구))
대단한 여자야

Could you **give** (me) (a quarter)?
　조동사 의문문(주어, 조동사 위치변경) : You could give → Could you give
　동사 (연결마디) 2개 : 동사 + (대명사) + (명사)
한 푼만 주시오

Let (go of my horse)!
　동사 (연결마디) 1개 : 동사 + (원형부정사구 : 명사적용법)
　(원형부정사구) go (of my horse)
　　　　　　　동사 (연결마디) 1개 : 동사 + (명사성분 : 전치사구)
말에서 떨어져!

Hold (this horse)!
　동사 (연결마디) 1개 : 동사 + (명사구)
말을 잡아

Help!
도와줘요

YouTube  해설 동영상

[Help](#)!
살려줘요!

[Help](#)!
살려줘요!

Miss Scarlett!
스칼렛 아씨!

YouTube  해설 동영상

Miss Scarlett, wait! Miss Scarlett!
스칼렛 아씨, 잠시만요. 스칼렛 아씨!

Miss Scarlett! It's (Big Sam)!
   동사 (연결마디) 1개 : 동사 + (고유명사)
빅 샘이에요

Big Sam!
빅 샘!

Miss Scarlett! Wait!
아씨, 기다려요

Sam! Sam!
빅 샘...

Are you (hurt), Miss Scarlett?
   be동사 의문문(주어, 동사 위치변경) : You are... → Are you...?
   동사 (연결마디) 1개 : 동사 + (형용사)
어디 다친데는 없어요?

Did they hurt (you)?
   일반동사 과거의문문(조동사 Do/Does과거 Did 사용) : They hurt → Did they hurt
   동사 (연결마디) 1개 : 동사 + (대명사)
괜찮으세요?

YouTube  해설 동영상

Don't you **cry**, Miss Scarlett.
   동사변화 : 조동사 Do + 부사 not + 동사원형 cry ; ~하지마라(명령문)
울지 마세요

Big Sam**'ll get** **(you) (out of this)** in a jiffy.
   동사 (연결마디) 2개 : 동사 + (대명사) + (형용사성분 : 전치사구)
   동사변화 : 조동사 will(의지, 습성, 요청) + 동사원형 get
   수식어구[부사성분] : in a jiffy
제가 모셔다 드릴게요

Horse, **make** **(tracks)**!
   동사 (연결마디) 1개 : 동사 + (명사)
가자!

You **get** **(to Tara)** just **(as quick as you can)**,
   동사 (연결마디) 2개 : 동사 + (명사성분 : 전치사구) + (형용사성분 : 전치사구)
   　　　　　　　(전치사구) as + 부사 soon + (부사성분 : 전치사구)
   　　　　　　　　　　(전치사구) as + (명사절)
   　　　　　　　　　　　　　(명사절) you **can**
곧장 타라로 가서

and **stay** **(there)**.
   동사 (연결마디) 1개 : 동사 + (부사)
거기 있거라

I sure **will**.
그러겠습니다

I**'ve got** **(enough) (of them carpetbaggers)**.
   동사 (연결마디) 2개 : 동사 + (형용사) + (부사성분 : 전치사구)
   동사변화 : have/has + 과거분사 got ; 일반동사 현재완료
북부 뜨내기들이 문제예요

Thank **(you)**, Mr. Frank. Goodbye, Miss Scarlett.
   동사 (연결마디) 1개 : 동사 + (대명사)
고맙습니다, 케네디 씨. 스칼렛 아씨도요

Goodbye, Sam, and thank you.
잘 가, 빅 샘 고마워

YouTube  해설 동영상

Scarlett, change (your dress)
    동사 (연결마디) 1개 : 동사 + (명사구)
옷 갈아입고

and go (over to Miss Melly's) (for the evening).
    동사 (연결마디) 2개 : 동사 + (명사성분 : 전치사구) + (형용사성분 : 전치사구)
저녁때 멜라니한테 가있어요

I've got (to go to a political meeting).
    동사 (연결마디) 1개 : 동사 + (to부정사구 : 명사적용법)
    동사변화 : have/has + 과거분사 got ; 일반동사 현재완료
    (to부정사구) to go (to a political meeting)
            동사 (연결마디) 1개 : 동사 + (명사성분 : 전치사구)
난 정치 모임이 있소

A political meeting!
정치 모임!

How can you go (to a political meeting)...
    의문사 how + 조동사 의문문
    조동사 의문문(주어, 조동사 위치변경) : You can go → Can you go
    동사 (연결마디) 1개 : 동사 + (명사성분 : 전치사구)
정치 모임에 간다고요?

...after what I've been (through this afternoon)?
    접속사 : after
    의문사 What + 평서문
    동사 (연결마디) 1개 : 동사 + (형용사성분 : 전치사구)
    동사변화 : have/has + 과거분사 been ; be동사 현재완료
내가 이런 일을 당했는데

Oh, sugar! You're (more scared) (than hurt).
    동사 (연결마디) 2개 : 동사 + (형용사구) + (부사성분 : 전치사구)
많이 놀랐나보군

YouTube  해설 동영상

Nobody cares (about me).
　동사 (연결마디) 1개 : 동사 + (명사성분 : 전치사구)
　동사변화 : care 3인칭단수현재 cares
아무도 내 생각은 안 해

You all act (as though it was nothing at all).
　동사 (연결마디) 1개 : 동사 + (형용사절)
　(형용사절) as though it was (nothing) at all
　　　접속사구 : as though
　　　동사 (연결마디) 1개 : 동사 + (명사)
　　　수식어구[부사성분] : at all
당신도 아무렇지 않잖아요?

The men talk, talk, talk (about protecting our women)...
　동사 (연결마디) 1개 : 동사 + (명사성분 : 전치사구)
　(전치사구) about + (-ing구 : 명사적용법)
　　　　(-ing구) protecting (our women)
　　　　　　동사 (연결마디) 1개 : 동사 + (명사구)
남자는 여자를 보호해야 한다고 할 땐 언제고

...and after what happened (to me) today
　접속사 : and, after
　동사 (연결마디) 1개 : 동사 + (명사성분 : 전치사구)
　동사변화 : happen 과거형 happened ; 과거지사
　수식어구[부사성분] : today
오늘 같은 날

Frank has (to go to a political meeting).
　동사 (연결마디) 1개 : 동사 + (to부정사구 : 명사적용법)
　(to부정사구) to go (to a political meeting)
　　　　　동사 (연결마디) 1개 : 동사 + (명사성분 : 전치사구)
정치 모임에 가다니!

And if it won't pain (you) too much, India Wilkes...
　접속사 : if (if조건절)
　동사 (연결마디) 1개 : 동사 + (대명사)
　동사변화 : 조동사 will(의지, 습성, 요청) + 부사 not + 동사원형 pain ; 부정
힘든 일이 아니라면

...I'd be much obliged
　동사변화 : would(과거시점미래, 습관, 의지) + be + 과거분사 obliged ; 수동태예정
참 고맙겠는데

...I'd be much obliged if you'll tell (me) (why you're staring at me).
　접속사 : if (if조건절)
　동사 (연결마디) 2개 : 동사 + (대명사) + (명사절)
　동사변화 : 조동사 will(의지, 습성, 요청) + 동사원형 tell
　(명사절) why you're staring (at me)
　　　의문사 Why + 평서문
　　　동사 (연결마디) 1개 : 동사 + (명사성분 : 전치사구)
　　　동사변화 : be동사 am/are/is + 현재분사 staring ; 현재진행
왜 날 노려보는지 말해 주면

YouTube  해설 동영상

Has my face gone (green or something)?
   현재완료 의문문(have동사 위치변경) : my face has gone… → Has my face gone…?
   동사 (연결마디) 1개 : 동사 + (형용사구)
내 얼굴이 이상한가?

It won't pain (me)!
   동사 (연결마디) 1개 : 동사 + (대명사)
   동사변화 : 조동사 will(의지, 습성, 요청) + 부사 not + 동사원형 pain ; 부정
힘들 거 없어요

What happened this afternoon was just (what you deserved)!
   [동사 앞 주어] what happened (this afternoon)
          동사 (연결마디) 1개 : 동사 + (부사구)
          동사변화 : happen 과거형 happened ; 과거지사
   동사 (연결마디) 1개 : 동사 + (what-절)
   (what-절) what you deserved
          접속사 : what
          동사 (연결마디) 없음 : 동사 단독
          동사변화 : deserve 과거형 deserved ; 과거지사
당신은 당연한 벌을 받은 거야

And if there was (any justice),
   접속사 : if (if조건절)
   동사 (연결마디) 1개 : 동사 + (명사구)
정의대로라면

you'd have gotten (worse).
   동사 (연결마디) 1개 : 동사 + (형용사)
   동사변화 : 조동사 would(과거시점미래, 습관, 의지) + have + 과거분사 gotten ; 현재완료
더 심한 벌을 받아야 해

India, hush (up)!
그만해

Let (her) (talk), Melanie.
   동사 (연결마디) 2개 : 동사 + (대명사) + (원형부정사구 : 형용사적용법)
   (원형부정사구) talk
그냥 둬요.

She's always hated (me)!
   동사 (연결마디) 1개 : 동사 + (대명사)
   동사변화 : have/has + 과거분사 hated ; 일반동사 현재완료
   수식어구[부사성분] : always
원래 날 미워했으니까

YouTube  해설 동영상

Ever since I took (your brother Chalres) (away from her)...
   접속사구 : Ever since
   동사 (연결마디) 2개 : 동사 + (명사구) + (형용사성분 : 전치사구)
   동사변화 : take 과거형 took ; 과거지사
내가 찰스를 뺏어서 그렇죠

...though she's too (much of a hypocrite) (to admit it)!
   접속사 : though
   동사 (연결마디) 2개 : 동사 + (형용사구) + (to부정사구 : 부사적용법)
   (to부정사구) to admit (it)
            동사 (연결마디) 1개 : 동사 + (대명사)
위선자라서 말은 안 하겠지만

If she thought (anybody'd go for her)...
   접속사 : if (if조건절)
   동사 (연결마디) 1개 : 동사 + (명사절)
   동사변화 : think 과거형 thought ; 과거지사
   (명사절) anybody'd go (for her)
            동사 (연결마디) 1개 : 동사 + (명사성분 : 전치사구)
            동사변화 : 조동사 would(과거시점미래, 습관, 의지) + 동사원형 go
누가 자기를 받아준다면

...she'd walk (down the street) (naked)!
   동사 (연결마디) 2개 : 동사 + (명사성분 : 전치사구) + (형용사)
   동사변화 : 조동사 would(과거시점미래, 습관, 의지) + 동사원형 walk
알몸으로라도 거리에 나갈걸

I do hate (you)!
   동사 (연결마디) 1개 : 동사 + (대명사)
   동사변화 : 조동사 do/does/did + 일반동사 hate ; 강조
난 당신이 미워,

You've done all (you could to lower the prestige of decent people).
   동사 (연결마디) 1개 : 동사 + (명사절)
   동사변화 : have/has + 과거분사 done ; 일반동사 현재완료
   (명사절) you could (to lower the prestige of decent people)
            동사 (연결마디) 1개 : 동사 + (to부정사구 : 명사적용법)
            (to부정사구) to lower (the prestige of decent people)
                      동사 (연결마디) 1개 : 동사 + (명사구)
점잖은 사람들의 위신을 깎아놨어

YouTube  해설 동영상

Now you've endangered (the lives of our men), because they—
   접속사 : Now
   동사 (연결마디) 1개 : 동사 + (명사구)
   동사변화 : have/has + 과거분사 endangered ; 일반동사 현재완료
당신 때문에 남자들은 위험한...

India!
인디아!

I don't think (we'd better say any more),
   동사 (연결마디) 1개 : 동사 + (명사절)
   동사변화 : 조동사 do(does) + 부사 not + 동사원형 think ; 일반동사 부정문
   (명사절) we'd better say (any more)
       동사 (연결마디) 1개 : 동사 + (부사구)
       동사변화 : 조동사구 would better(차라리 ~하는 게 낫겠다) + 동사원형 say
그만들 합시다.

or one of us will be saying (too much).
   접속사 : or
   동사 (연결마디) 1개 : 동사 + (부사구)
   동사변화 : 조동사 will(의지, 습성, 요청) + be + 현재분사 saying ; 진행예정
안 할 말도 나오겠어

What's going (on around here) (that I don't know about)?
   동사 (연결마디) 2개 : 동사 + (명사성분 : 전치사구) + (that-절)
   동사변화 : be동사 am/are/is + 현재분사 going ; 현재진행
   (that-절) that I don't know (about)
       접속사 : that
       동사 (연결마디) 1개 : 동사 + (명사성분 : 전치사구)
       동사변화 : 조동사 do(does) + 부사 not + 동사원형 know ; 일반동사 부정문
내게 숨기는 게 있군요

Somebody's coming (up) (the walk).
   동사 (연결마디) 2개 : 동사 + (부사 : 관용 동사구) + (명사)
   동사변화 : be동사 am/are/is + 현재분사 coming ; 현재진행
누가 오고 있어요

Somebody that ain't (Mr. Ashley).
   동사 (연결마디) 1개 : 동사 + (명사구)
   동사변화 : be동사 am/are/is + 부사 not ; be동사 부정문
애슐리 씨는 아니에요

YouTube  해설 동영상

Will you **hand** (me) (the pistol), please, Mrs. Meade?
   조동사 의문문(주어, 조동사 위치변경) : you will hand → Will you hand
   동사 (연결마디) 2개 : 동사 + (대명사) + (명사)
권총을 주세요, 미드 부인

Whoever it **is**...
   의문사 Whoever + 평서문
누가 오든

...we **know** (nothing).
   동사 (연결마디) 1개 : 동사 + (명사)
우린 아무 것도 모르는 거예요

Where **have** they **gone**?
   의문사 where + 현재완료 의문문
   현재완료 의문문(have동사 위치변경) : they have gone... → Have they gone...?
어디들 갔나요

You**'ve got** (to tell me), Mrs. Wilkes.
   동사 (연결마디) 1개 : 동사 + (to부정사구 : 명사적용법)
   동사변화 : have/has + 과거분사 got ; 일반동사 현재완료
   (to부정사구) to **tell** (me)
             동사 (연결마디) 1개 : 동사 + (대명사)
어서 말해요.

It**'s** (life or death)!
   동사 (연결마디) 1개 : 동사 + (명사구)
생사가 달려 있소

Don't tell (him) (anything).
   동사 (연결마디) 2개 : 동사 + (대명사) + (명사)
   동사변화 : 조동사 Do + 부사 not + 동사원형 tell ; ~하지마라(명령문)
말하면 안 돼.

He**'s** (a Yankee spy).
   동사 (연결마디) 1개 : 동사 + (명사구)
양키 스파이예요

YouTube  해설 동영상

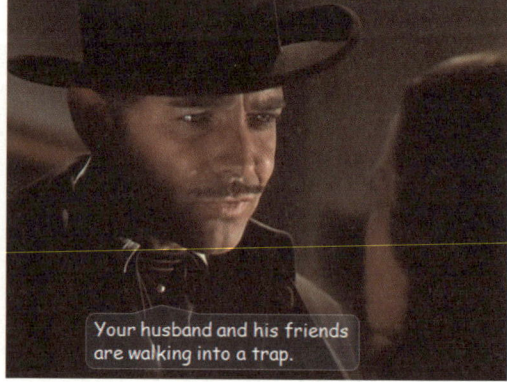

Quickly, please! There may still be (time).
    동사 (연결마디) 1개 : 동사 + (명사)
    동사변화 : 조동사 may(능력, 추측, 허가) + be ; 예정
    수식어구[부사성분] : still
아직 늦지 않았소

How did you know?
    의문사 how + 일반동사 과거의문문
    일반동사 과거의문문(조동사 Do/Does과거 Did 사용) : You knew → Did you know
어떻게 아셨어요?

I've been playing (poker) (with two Yankee captains).
    동사 (연결마디) 2개 : 동사 + (명사) + (형용사성분 : 전치사구)
    동사변화 : have(has) + been + 현재분사 playing ; (be동사 현재완료) 진행
양키 장교들과 포커를 했는데

Yankees knew (there'd be trouble tonight).
    동사 (연결마디) 1개 : 동사 + (명사절)
    동사변화 : know 과거형 knew ; 과거지사
    (명사절) there'd be (trouble) tonight
        동사 (연결마디) 1개 : 동사 + (명사)
        동사변화 : 조동사 would(과거시점미래, 습관, 의지) + be ; 예정
        수식어구[부사성분] : tonight
오늘밤 말썽이 있을 줄 알고

They've sent (their cavalry) (out) to be ready for it.
    동사 (연결마디) 2개 : 동사 + (명사구) + (부사 : 관용 동사구)
    동사변화 : have/has + 과거분사 sent ; 일반동사 현재완료
    수식어구[부사성분] : (to부정사구) to be (ready) (for it)
                   동사 (연결마디) 2개 : 동사 + (형용사) + (부사성분 : 전치사구)
기병대를 보내 놨어요

Your husband and his friends are walking (into a trap).
    동사 (연결마디) 1개 : 동사 + (명사성분 : 전치사구)
    동사변화 : be동사 am/are/is + 현재분사 walking ; 현재진행
함정에 걸려든 거요

YouTube  해설 동영상

Don't tell (him)!
   동사 (연결마디) 1개 : 동사 + (대명사)
   동사변화 : 조동사 Do + 부사 not + 동사원형 tell ; ~하지마라(명령문)
안 돼요

He's trying (to trap you)!
   동사 (연결마디) 1개 : 동사 + (to부정사구 : 명사적용법)
   동사변화 : be동사 am/are/is + 현재분사 trying ; 현재진행
   (to부정사구) to trap (you)
         동사 (연결마디) 1개 : 동사 + (대명사)
우릴 속이는 거예요

Out the Decatur Road. The old Sullivan plantation.
디케이터 가, 설리반의 농장

The house is burned.
   동사변화 : be동사 am/are/is + 과거분사 burned ; 수동태
집은 불탔고

They're meeting (in the cellar).
   동사 (연결마디) 1개 : 동사 + (형용사성분 : 전치사구)
   동사변화 : be동사 am/are/is + 현재분사 meeting ; 현재진행
지하실에 있어요

I'll do (what I can).
   동사 (연결마디) 1개 : 동사 + (what-절)
   동사변화 : 조동사 will(의지, 습성, 요청) + 동사원형 do
   (what-절) what I can
애써보겠소

What's all this (about)?
   의문사 What + be동사 의문문
   be동사 의문문(주어, 동사 위치변경) : This is... → Is this...?
무슨 일이에요?

If you don't tell (me),
   접속사 : if (if조건절)
   동사 (연결마디) 1개 : 동사 + (대명사)
   동사변화 : 조동사 do(does) + 부사 not + 동사원형 tell ; 일반동사 부정문
말해줘요

I'll go (crazy)!
   동사 (연결마디) 1개 : 동사 + (형용사)
   동사변화 : 조동사 will(의지, 습성, 요청) + 동사원형 go
답답해 죽겠어요

We thought (it best not to tell you), Scarlett.
   동사 (연결마디) 1개 : 동사 + (명사절)
   (명사절) it best (not to tell you)
         동사 (연결마디) 1개 : 동사 + (to부정사구 : 명사적용법)
         (to부정사구-부정형) not to tell (you)
                동사 (연결마디) 1개 : 동사 + (대명사)
모르는 게 나을 듯 해서요

YouTube  해설 동영상

But Ashley and Frank and the others have gone (to clean out those woods)...
   동사 (연결마디) 1개 : 동사 + (to부정사구 : 명사적용법)
   동사변화 : have/has + 과거분사 gone ; 일반동사 현재완료
   (to부정사구) to clean (out) (those woods)
            동사 (연결마디) 2개 : 동사 + (부사 : 관용 동사구) + (명사구)
다들 그 숲을 없애러 갔거든요

...where you were attacked.
   접속사 : where
   동사변화 : be동사과거 was/were + 과거분사 attacked ; 과거수동태
스칼렛이 공격당한 곳

It's (what a great many of our Southern gentlemen have had)...
   동사 (연결마디) 1개 : 동사 + (what-절)
   (what-절) what a great many of our Southern gentlemen have had
        접속사 : what
        동사변화 : have/has + 과거분사 had ; 일반동사 현재완료
그게 남부신사가 나서서

...to do lately (for our protection).
   동사 (연결마디) 1개 : 동사 + (명사성분 : 전치사구)
   수식어구[부사성분] : lately
우릴 위해 해야 할

And if they're captured,
   접속사 : if (if조건절)
   동사변화 : be동사 am/are/is + 과거분사 captured ; 수동태
잡히면

they'll be hanged, Scarlett!
   동사변화 : 조동사 will(의지, 습성, 요청) + be + 과거분사 hanged ; 수동태예정
다 교수형 감이야

And it will be (your fault)!
   동사 (연결마디) 1개 : 동사 + (명사구)
   동사변화 : 조동사 will(의지, 습성, 요청) + be ; 예정
바로 당신 때문이지!

YouTube  해설 동영상

Another word, and you go (out of this house), India!
    동사 (연결마디) 1개 : 동사 + (명사성분 : 전치사구)
한 마디만 더하면 쫓아내겠어

Scarlett did (what she thought she had to do).
    동사 (연결마디) 1개 : 동사 + (what-절)
    동사변화 : do/does 과거형 did ; 과거지사
    (what-절) what she thought (she had to do)
        접속사 : what
        동사 (연결마디) 1개 : 동사 + (명사절)
        동사변화 : think 과거형 thought ; 과거지사
        (명사절) she had (to do)
            동사 (연결마디) 1개 : 동사 + (to부정사구 : 명사적용법)
            (to부정사구) to do
스칼렛은 할 일을 한 거예요

And our men are doing (what they think they have to do).
    동사 (연결마디) 1개 : 동사 + (what-절)
    동사변화 : be동사 am/are/is + 현재분사 doing ; 현재진행
    (what-절) what they think (they have to do)
        접속사 : what
        동사 (연결마디) 1개 : 동사 + (명사절)
        (명사절) they have (to do)
            동사 (연결마디) 1개 : 동사 + (to부정사구 : 명사적용법)
            (to부정사구) to do
남자들도 그렇고요

Frank!
프랭크,

And Ashley!
애슐리...

Oh, it isn't (possible)!
    동사 (연결마디) 1개 : 동사 + (형용사)
    동사변화 : be동사 am/are/is + 부사 not ; be동사 부정문
이럴 순 없어...

YouTube  해설 동영상

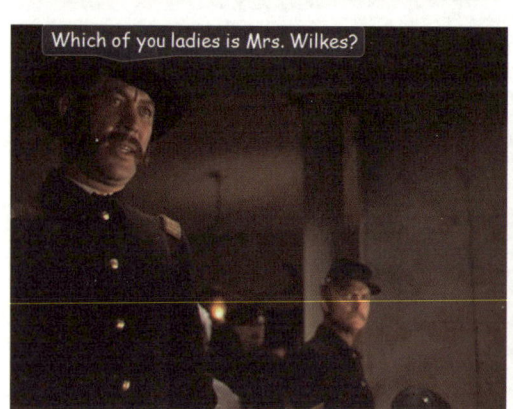

There're (horses), Miss Melly.
   동사 (연결마디) 1개 : 동사 + (명사)
말소리예요,

Here they come.
이리로 와요

You're sewing, you're sewing.
   동사 (연결마디) 없음 : 동사 단독
   동사변화 : be동사 am/are/is + 현재분사 sewing ; 현재진행
바느질을 계속해요

Open (the door), Mammy.
   동사 (연결마디) 1개 : 동사 + (명사)
문을 열어, 유모

Good evening, Mrs. Kennedy.
안녕하십니까, 케네디 부인

Which of you ladies is Mrs. Wilkes?
윌크스 부인이 누구시죠?

I am (Mrs. Wilkes).
   동사 (연결마디) 1개 : 동사 + (명사구)
접니다

YouTube  해설 동영상

I should like (to speak to Mr. Wilkes), if you please.
    동사 (연결마디) 1개 : 동사 + (to부정사구 : 명사적용법)
    동사변화 : 조동사 should(~해야 한다, ~할 것이다) + 동사원형 like
    (to부정사구) to speak (to Mr. Wilkes)
              동사 (연결마디) 1개 : 동사 + (명사성분 : 전치사구)
윌크스 씨를 만나고 싶은데요

He's not (here).
    동사 (연결마디) 1개 : 동사 + (부사)
    동사변화 : be동사 am/are/is + 부사 not ; be동사 부정문
지금 안 계세요

Are you (sure)?
    be동사 의문문(주어, 동사 위치변경) : You are... → Are you...?
    동사 (연결마디) 1개 : 동사 + (형용사)
정말입니까?

Don't you doubt (Miss Melly's word).
    일반동사 부정의문문(조동사 Do + not사용) : You doubt → Don't you doubt
    동사 (연결마디) 1개 : 동사 + (명사구)
멜라니 아씨를 의심하세요?

I meant (no disrespect), Mrs. Wilkes.
    동사 (연결마디) 1개 : 동사 + (명사구)
    동사변화 : mean 과거형 meant ; 과거지사
무례했다면 사과드립니다

If you'll give (me) (your word),
    접속사 : if (if조건절)
    동사 (연결마디) 2개 : 동사 + (대명사) + (명사구)
    동사변화 : 조동사 will(의지, 습성, 요청) + 동사원형 give
한 마디만 해주시면

I won't search (the house).
    동사 (연결마디) 1개 : 동사 + (명사)
    동사변화 : 조동사 will(의지, 습성, 요청) + 부사 not + 동사원형 search ; 부정
수색은 안 하죠

YouTube  해설 동영상

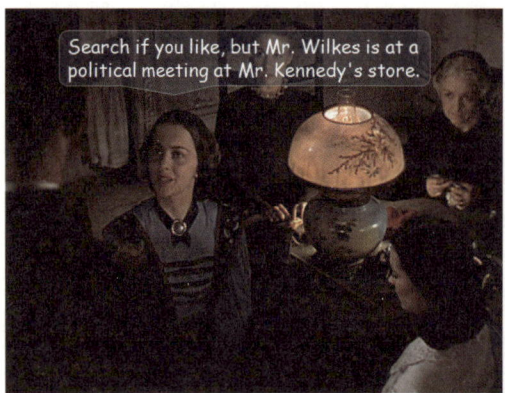

Search if you like,
   접속사 : if (if조건절)
   동사 (연결마디) 없음 : 동사 단독
수색해도 좋아요,

but Mr. Wilkes is (at a political meeting) (at Mr. Kennedy's store).
   동사 (연결마디) 2개 : 동사 + (명사성분 : 전치사구) + (형용사성분 : 전치사구)
케네디씨 가게에 정치 모임 가셨으니까

He's not (at the store),
   동사 (연결마디) 1개 : 동사 + (명사성분 : 전치사구)
   동사변화 : be동사 am/are/is + 부사 not ; be동사 부정문
가게엔 안 갔어요

and there's (no meeting) tonight!
   동사 (연결마디) 1개 : 동사 + (명사구)
   수식어구[부사성분] : tonight
모임도 없었고요

No political meeting.
정치 모임은 없었죠

We'll wait (outside)
   동사 (연결마디) 1개 : 동사 + (부사)
   동사변화 : 조동사 will(의지, 습성, 요청) + 동사원형 wait
밖에서 기다리죠

till he and his friends return.
   접속사 : till
   동사 (연결마디) 없음 : 동사 단독
돌아오실 때까지

Sergeant, surround (the house).
   동사 (연결마디) 1개 : 동사 + (명사)
집을 포위하고

Put (a man) (on each door and window).
   동사 (연결마디) 2개 : 동사 + (명사) + (형용사성분 : 전치사구)
문과 창문마다 한 명씩 세워라

Yes, sir!
알겠습니다

YouTube  해설 동영상

Keep (on) (with your sewing), ladies.
   동사 (연결마디) 2개 : 동사 + (부사 : 관용 동사구) + (명사성분 : 전치사구)
바느질을 계속 하세요

And I'll read (aloud).
   동사 (연결마디) 1개 : 동사 + (형용사)
   동사변화 : 조동사 will(의지, 습성, 요청) + 동사원형 read
저는 책을 읽을 게요

"The Personal History and Experience of David Copperfield.
데이비드 카퍼필드의 일대기와 체험담

"Chapter one.
일장,

"**I'm born.**
   동사변화 : be동사 am/are/is + 과거분사 born ; 수동태
나는 태어났다

"To begin my life, with the beginning of my life, I **record** (that I was born).
   동사 (연결마디) 1개 : 동사 + (that-절)
  (that-절) that I was born
       접속사 : that
       동사변화 : be동사과거 was/were + 과거분사 born ; 과거수동태
내 인생의 시작을 '난 태어났다'로 기록한다

YouTube  해설 동영상

Chapter Nine. I have a memorable birthday.

I pass over all that happened at school...

...until the anniversary of my birthday came around in March.

Except that Steerforth was more to be admired than ever.

I remember nothing.

He was going away at the end of the half year, if not sooner...

"Chapter Nine. I have (a memorable birthday).
    동사 (연결마디) 1개 : 동사 + (명사구)
9장, 기억할 만한 생일이다

"I pass (over) (all that happened at school)...
    동사 (연결마디) 2개 : 동사 + (부사 : 관용 동사구) + (명사절)
    (명사절) all that happened (at school)
          동사 (연결마디) 1개 : 동사 + (형용사성분 : 전치사구)
모든 일 들을 뒤로 하고

"...until the anniversary of my birthday (came around in March).
    접속사 : until
    (명사구) 명사구 the anniversary of my birthday + (형용사성분 : 과거분사구)
        (과거분사구) came (around in March)
            동사 (연결마디) 1개 : 동사 + (명사성분 : 전치사구)
3월에 돌아오는 내 생일까지

"Except that Steerforth was more (to be admired than ever).
    접속사 : except
    동사 (연결마디) 1개 : 동사 + (to부정사구 : 명사적용법)
    동사변화 : be동사 am/is 과거형 was ; 과거지사
    (to부정사구) to be admired (than ever)
          동사 (연결마디) 1개 : 동사 + (부사구)
          동사변화 : be + 과거분사 admired ; 수동태(예정)
스티어포스가 더 대단하다는 것 외에는

"I remember (nothing).
    동사 (연결마디) 1개 : 동사 + (명사)
기억나지 않는다

"He was going (away) (at the end of the half year), if not sooner...
    동사 (연결마디) 2개 : 동사 + (부사 : 관용 동사구) + (명사성분 : 전치사구)
    동사변화 : be동사과거 was/were + 현재분사 going ; 과거진행
그는 학기말에 떠나는데

YouTube  해설 동영상

"...and **was** (more spirited and independent) (than before in my eyes)...
　　동사 (연결마디) 2개 : 동사 + (형용사구) + (부사성분 : 전치사구)
　　동사변화 : be동사 am/is 과거형 was ; 과거지사
그 어느 때보다 힘차고 자립심이 강해 보였다

"...and, therefore, more **engaging** (than before), but...
　　동사 (연결마디) 1개 : 동사 + (형용사성분 : 전치사구)
　　동사변화 : engage 현재분사 engaging ; 진행형
하지만 매력적이었다는 것 외에는

"...beyond this I **remember** (nothing).
　　동사 (연결마디) 1개 : 동사 + (명사)
기억나지 않는다

"The great...."
위대한...

"I **remember** (nothing)."
　　동사 (연결마디) 1개 : 동사 + (명사)
기억나지 않는다

YouTube  해설 동영상

Melly! They're (drunk)!
    동사 (연결마디) 1개 : 동사 + (형용사)
멜라니, 다 술에 취했어요

Leave (this) (to me), Scarlett.
    동사 (연결마디) 2개 : 동사 + (대명사) + (형용사성분 : 전치사구)
스칼렛 이 일은 내게 맡겨요

And, please, say (nothing).
    동사 (연결마디) 1개 : 동사 + (명사)
제발 아무 말 말고

You stupid fool!
너 때문이야!-

Quiet!
조용히 하세요!

Will you shut (up) (for the love of)...?
    조동사 의문문(주어, 조동사 위치변경) : you will shut → Will you shut
    동사 (연결마디) 2개 : 동사 + (부사 : 관용 동사구) + (명사성분 : 전치사구)
다들 좀 조용히...

YouTube  해설 동영상

Hello, Melly.
나요, 멜라니

So, you've got (my husband intoxicated again), Captain Butler!
    동사 (연결마디) 1개 : 동사 + (명사절)
    동사변화 : have/has + 과거분사 got ; 일반동사 현재완료
    (명사절) my husband intoxicated (again)
        동사 (연결마디) 1개 : 동사 + (부사)
        동사변화 : intoxicate 과거형 intoxicated ; 과거지사
또 남편에게 술을 권했군요 버틀러 씨!

Well, bring (him) (in).
    동사 (연결마디) 2개 : 동사 + (대명사) + (부사 : 관용 동사구)
들어오세요

I'm (sorry), Mrs. Wilkes.
    동사 (연결마디) 1개 : 동사 + (형용사)
죄송합니다만

Your husband's (under arrest).
    동사 (연결마디) 1개 : 동사 + (형용사성분 : 전치사구)
남편을 체포해야 합니다

If you arrest (all the men) (who get intoxicated)...
    접속사 : if (if조건절)
    동사 (연결마디) 2개 : 동사 + (명사구) + (형용사성분 : who-절)
    (who-절) who get intoxicated
        동사 (연결마디) 없음 : 동사 단독
        동사변화 : get + 과거분사 intoxicated ; (be동사보다 역동적) 수동태
술 마셨다고 체포한다면

...you must have (a good many Yankees) (in jail).
    동사 (연결마디) 2개 : 동사 + (명사구) + (형용사성분 : 전치사구)
    동사변화 : 조동사 must(의무, 강한 추측) + 동사원형 have
양키들은 다 감옥에 가야겠죠

YouTube 해설 동영상

Bring (him) (in), Captain Butler.
    동사 (연결마디) 2개 : 동사 + (대명사) + (부사 : 관용 동사구)
들어오세요, 버틀러 씨

If you **can walk** (yourself).
    접속사 : if (if조건절)
    동사 (연결마디) 1개 : 동사 + (재귀대명사)
    동사변화 : 조동사 can(능력, 추측, 허가) + 동사원형 walk
혼자 걸을 수 있겠어요?

I **want** (to tell you a story)....
    동사 (연결마디) 1개 : 동사 + (to부정사구 : 명사적용법)
  (to부정사구) to **tell** (you) (a story)
            동사 (연결마디) 2개 : 동사 + (대명사) + (명사)
내가 얘기하지

Listen, Doctor, I....
박사님, 이건 제가...

Put (him) (there in that chair).
    동사 (연결마디) 2개 : 동사 + (대명사) + (부사구)
의자에 앉혀요

And now, Captain Butler, **will** you please **leave** (my house)...
    조동사 의문문(주어, 조동사 위치변경) : You will leave → Will you leave
    동사 (연결마디) 1개 : 동사 + (명사구)
이제 저희 집에서 떠나 주시고

...and **try** (to remember not to come here again)?
    동사 (연결마디) 1개 : 동사 + (to부정사구 : 명사적용법)
  (to부정사구) to **remember** (not to come here again)
            동사 (연결마디) 1개 : 동사 + (to부정사구 : 명사적용법)
              (to부정사구-부정형) not to **come** (here) again
                      동사 (연결마디) 1개 : 동사 + (부사)
                      수식어구[부사성분] : again
다시는 여기 올 생각 말아 주세요

YouTube  해설 동영상

Well, now that's (fine thanks) (I get for bringing him home)...
    동사 (연결마디) 2개 : 동사 + (명사구) + (형용사절)
    (형용사절) I get (for bringing him home)
        동사 (연결마디) 1개 : 동사 + (명사성분 : 전치사구)
            (전치사구) for + (-ing구 : 명사적용법)
                (-ing구) bringing (him) (home)
                    동사 (연결마디) 2개 : 동사 + (대명사) + (부사)
힘들게 집까지 데려왔더니만...

...and not leaving (him) (on the streets) in this shameful condition!
    동사 (연결마디) 2개 : 동사 + (대명사) + (형용사성분 : 전치사구)
    동사변화 : 부사 not + 현재분사 leaving ; 현재진행부정
    수식어구[부사성분] : in this shameful condition
술에 취한 사람을 길바닥에서

Now, boys, all together!
모두 노래하세

Dr. Meade...
미드 박사님

...I'm astonished (at you)!
    동사 (연결마디) 1개 : 동사 + (명사성분 : 전치사구)
    동사변화 : be동사 am/are/is + 과거분사 astonished ; 수동태
정말 실망스럽군요

YouTube  해설 동영상

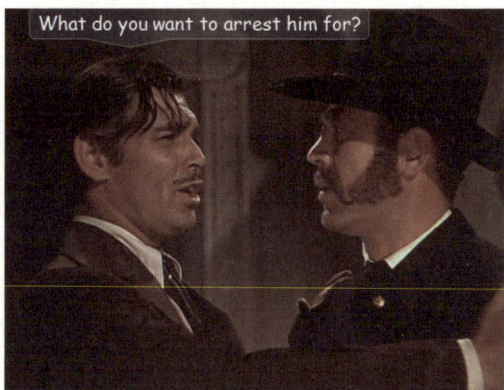

Oh, Ashley! How can you do (this) (to me)?
   의문사 how + 조동사 의문문
   조동사 의문문(주어, 조동사 위치변경) : You can do → Can you do
   동사 (연결마디) 2개 : 동사 + (대명사) + (형용사성분 : 전치사구)
   동사변화 : 조동사 can(능력, 추측, 허가) + 동사원형 do
여보, 이게 무슨 꼴이에요?

I ain't so very (drunk), Melly.
   동사 (연결마디) 1개 : 동사 + (형용사)
   동사변화 : be동사 am/are/is + 부사 not ; be동사 부정문
   수식어구[부사성분] : so very
나 하나도 안 취했어

Take (him) (into the bedroom) , Mammy
   동사 (연결마디) 2개 : 동사 + (대명사) + (형용사성분 : 전치사구)
유모, 침실로 데려가서

and lay (him) (out on the bed) as usual.
   동사 (연결마디) 2개 : 동사 + (대명사) + (형용사성분 : 전치사구)
   수식어구[부사성분] : as usual
얼른 침대에 눕혀

Don't touch (him),
   동사 (연결마디) 1개 : 동사 + (대명사)
   동사변화 : 조동사 Do + 부사 not + 동사원형 touch ; ~하지마라(명령문)
손대지 마시오,

he's (under arrest)!
   동사 (연결마디) 1개 : 동사 + (명사성분 : 전치사구)
체포하겠소

Now, Tom.
톰

What do you want (to arrest him for)?
   의문사 What + 일반동사 의문문
   일반동사 의문문(조동사 Do/Does 사용) : You want → Do you want
   동사 (연결마디) 1개 : 동사 + (to부정사구 : 명사적용법)
   (to부정사구) to arrest (him) (for)
        동사 (연결마디) 2개 : 동사 + (대명사) + (형용사성분 : 전치사구)
왜 체포하겠다는 거요?

YouTube  해설 동영상

I've seen (him) (drunker).
　　동사 (연결마디) 2개 : 동사 + (대명사) + (명사)
　　동사변화 : have/has + 과거분사 seen ; 일반동사 현재완료
이 친구는 취했어

I've seen (you) (drunker)!
　　동사 (연결마디) 2개 : 동사 + (대명사) + (명사)
　　동사변화 : have/has + 과거분사 seen ; 일반동사 현재완료
당신도 취할 때 있고

And you've seen (me)....
　　동사 (연결마디) 1개 : 동사 + (대명사)
　　동사변화 : have/has + 과거분사 seen ; 일반동사 현재완료
나도 취하잖아

He can lie (in the gutter) (for all I care)!
　　동사 (연결마디) 2개 : 동사 + (형용사성분 : 전치사구) + (부사성분 : 전치사구)
　　동사변화 : 조동사 can(능력, 추측, 허가) + 동사원형 lie
내가 보긴 그가 거짓말 할 수도 있어

I'm not (a policeman).
　　동사 (연결마디) 1개 : 동사 + (명사)
　　동사변화 : be동사 am/are/is + 부사 not ; be동사 부정문
경관이 아닌데

But he led (a raid) tonight (on that shantytown)...
　　동사 (연결마디) 2개 : 동사 + (명사) + (형용사성분 : 전치사구)
　　동사변화 : lead 과거형 led ; 과거지사
　　수식어구[부사성분] : tonight
그는 판자촌 습격을 주도 했소

...where Mrs. Kennedy got (into trouble) this afternoon.
　　접속사 : where
　　동사 (연결마디) 1개 : 동사 + (명사성분 : 전치사구)
　　동사변화 : get 과거형 got ; 과거지사
　　수식어구[부사성분] : this afternoon
오후에 케네디 부인이 당했던

A lot of those shanties were burned.
　　동사변화 : be동사과거 was/were + 과거분사 burned ; 과거수동태
그곳 오두막을 불태워

A couple of men were killed.
　　동사변화 : be동사과거 was/were + 과거분사 killed ; 과거수동태
두 사람이 죽었소

YouTube  해설 동영상

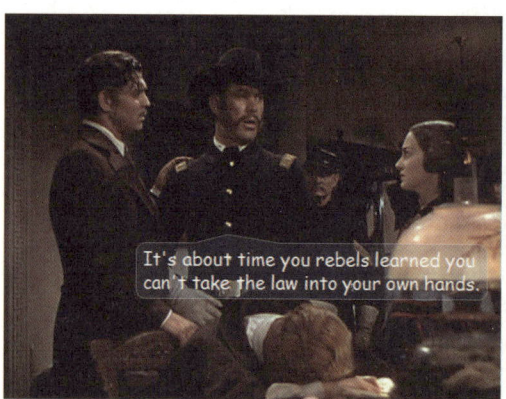

It's (about time) (you rebels learned you can't take the law into your own hands).
　동사 (연결마디) 2개 : 동사 + (명사성분 : 전치사구) + (형용사절)
　(형용사절) you rebels learned (you can't take the law into your own hands)
　　　　동사 (연결마디) 1개 : 동사 + (명사절)
　　　　동사변화 : learn 과거형 learned ; 과거지사
　　　　(명사절) you can't take (the law) (into your own hands)
　　　　　　　동사 (연결마디) 2개 : 동사 + (명사) + (형용사성분 : 전치사구)
　　　　　　　동사변화 : 조동사 can(능력, 추측, 허가) + 부사 not + 동사원형 take ; 부정문
당신들이 법을 집행해서는 안됩니다

What are you laughing (at)?
　의문사 What + be동사 의문문
　be동사 의문문(주어, 동사 위치변경) : You are laughing ... → Are you laughing...?
　동사 (연결마디) 1개 : 동사 + (명사성분 : 전치사구)
왜 웃는 거요?

This isn't (your night) (to teach that lesson), Tom.
　동사 (연결마디) 2개 : 동사 + (명사구) + (to부정사구 : 형용사적 용법)
　동사변화 : be동사 am/are/is + 부사 not ; be동사 부정문
　(to부정사구) to teach (that lesson)
　　　　　　동사 (연결마디) 1개 : 동사 + (명사구)
그런 강의할 때가 아니오

These two have been (with me) tonight.
　동사 (연결마디) 1개 : 동사 + (명사성분 : 전치사구)
　동사변화 : have/has + 과거분사 been ; be동사 현재완료
　수식어구[부사성분] : tonight
두 분은 나와 같이 있었소

Yes, sir. With you, Rhett?
당신과?

Where?
어디서요?

YouTube  해설 동영상

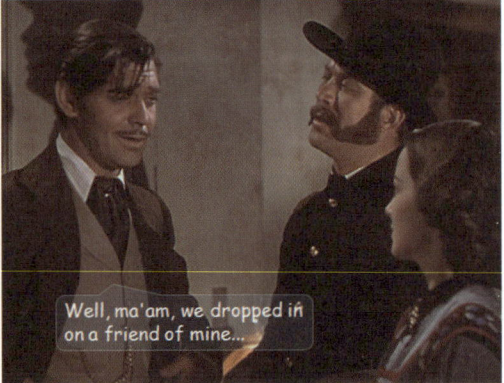

I don't like (to say in the presence of ladies).
　　동사 (연결마디) 1개 : 동사 + (to부정사구 : 명사적용법)
　　동사변화 : 조동사 do(does) + 부사 not + 동사원형 like ; 일반동사 부정문
　　(to부정사구) to say (in the presence of ladies)
　　　　　　　　동사 (연결마디) 1개 : 동사 + (명사성분 : 전치사구)
부인들 앞에선 곤란하오

You'd better say.
　　동사변화 : 조동사구 would better(차라리 ~하는 게 낫겠다) + 동사원형 say
말씀하시죠

Come (out) (on the porch)
　　동사 (연결마디) 2개 : 동사 + (부사 : 관용 동사구) + (명사성분 : 전치사구)
나가서

and I'll tell (you).
　　동사 (연결마디) 1개 : 동사 + (대명사)
　　동사변화 : 조동사 will(의지, 습성, 요청) + 동사원형 tell
얘기하죠

Speak (out), Captain Butler!
　　동사 (연결마디) 1개 : 동사 + (부사 : 관용 동사구)
여기서 하세요,

I think (I have a right to know where my husband's been).
　　동사 (연결마디) 1개 : 동사 + (명사절)
　　(명사절) I have (a right) (to know where my husband's been)
　　　　　　동사 (연결마디) 2개 : 동사 + (명사) + (to부정사구 : 형용사적 용법)
　　　　　　(to부정사구) to know (where my husband's been)
　　　　　　　　　　동사 (연결마디) 1개 : 동사 + (where-절)
　　　　　　　　　　(where-절) where my husband's been
　　　　　　　　　　　　　접속사 : where
　　　　　　　　　　　　　동사 (연결마디) 없음 : 동사 단독
　　　　　　　　　　　　　동사변화 : have/has + 과거분사 been ; be동사 현재완료
저도 남편이 간 곳을 알 권리가 있으니까

Well, ma'am, we dropped (in) (on a friend of mine)...
　　동사 (연결마디) 2개 : 동사 + (부사 : 관용 동사구) + (명사성분 : 전치사구)
　　동사변화 : drop 과거형 dropped ; 과거지사
그게... 내 친구 집에 들렀소

YouTube  해설 동영상

...and the captain's.
주점이오

A Mrs. Belle Watling.
벨 와틀링의 집인데

We **played** (cards),
    동사 (연결마디) 1개 : 동사 + (명사)
    동사변화 : play 과거형 played ; 과거지사
카드도 하고

drank (champagne) and...
    동사 (연결마디) 1개 : 동사 + (명사)
    동사변화 : drink 과거형 drank ; 과거지사
샴페인도 마시고

Now, you**'ve done** (it)!
    동사 (연결마디) 1개 : 동사 + (대명사)
    동사변화 : have/has + 과거분사 done ; 일반동사 현재완료
말해버렸군.

Did you **have** (to show me up in front of my wife)?
    일반동사 과거의문문(조동사 Do/Does과거 Did 사용) : You had → Did you have
    동사 (연결마디) 1개 : 동사 + (to부정사구 : 명사적용법)
    (to부정사구) to **show** (me) (up in front of my wife)
            동사 (연결마디) 2개 : 동사 + (대명사) + (형용사성분 : 전치사구)
아내 앞에서 꼭 그래야 하나?

Now I **hope** (you're satisfied), Tom.
    동사 (연결마디) 1개 : 동사 + (명사절)
    (명사절) you're satisfied
        동사변화 : be동사 am/are/is + 과거분사 satisfied ; 수동태
이제 만족하시오?

YouTube  해설 동영상

These ladies won't be (on speaking terms with their husbands tomorrow).
   동사 (연결마디) 1개 : 동사 + (명사성분 : 전치사구)
   동사변화 : 조동사 will(의지, 습성, 요청) + 부사 not + be ; 예정 부정
   (전치사구) on + (-ing구 : 명사적용법)
          (-ing구) speaking (terms) (with their husbands) tomorrow
              동사 (연결마디) 2개 : 동사 + (명사) + (형용사성분 : 전치사구)
              수식어구[부사성분] : tomorrow
내일은 부부싸움들이 벌어지겠군

Rhett, I had (no idea), I....
   동사 (연결마디) 1개 : 동사 + (명사구)
   동사변화 : have/has 과거형 had ; 과거지사
그렇다면

Look here,
여기

would you take (an oath) (that they were with you tonight) at...
   조동사 의문문(주어, 조동사 위치변경) : You would take → would you take
   동사 (연결마디) 2개 : 동사 + (명사) + (형용사성분 : that-절)
   (that-절) that they were (with you) tonight
          동사 (연결마디) 1개 : 동사 + (명사성분 : 전치사구)
          동사변화 : be동사 are 과거형 were ; 과거지사
          수식어구[부사성분] : tonight
간 걸 증명할 수 있습니까?

...at Belle's?
벨 집에

Ask (Belle),
   동사 (연결마디) 1개 : 동사 + (고유명사)
벨에게 물어보시오

if you don't believe (me).
   접속사 : if (if조건절)
   동사 (연결마디) 1개 : 동사 + (대명사)
   동사변화 : 조동사 do(does) + 부사 not + 동사원형 believe ; 일반동사 부정문
믿지 못 한다면

She'll tell (you), Captain.
   동사 (연결마디) 1개 : 동사 + (대명사)
말해줄 테니

Would you give (me) (your word) as a gentleman?
   조동사 의문문(주어, 조동사 위치변경) : You would give → Would you give
   동사 (연결마디) 2개 : 동사 + (대명사) + (명사구)
   수식어구[부사성분] : as a gentleman
신사로서 맹세할 수 있소?

YouTube  해설 동영상

As a gentleman?
신사로서?

Why certainly, Tom.
물론이오

Well, if I...
제가

...if I've made (a mistake),
　접속사 : if (if조건절)
　동사 (연결마디) 1개 : 동사 + (명사)
　동사변화 : have/has + 과거분사 made ; 일반동사 현재완료
오해했다면

I'm (sorry).
　동사 (연결마디) 1개 : 동사 + (형용사)
미안합니다

I hope (you'll forgive me), Mrs. Wilkes. I....
　동사 (연결마디) 1개 : 동사 + (명사절)
　(명사절) you'll forgive (me)
　　　　동사 (연결마디) 1개 : 동사 + (대명사)
　　　　동사변화 : 조동사 will(의지, 습성, 요청) + 동사원형 forgive
용서하십시오, 윌크스 부인

If you'll go
　접속사 : if (if조건절)
　동사 (연결마디) 없음 : 동사 단독
　동사변화 : 조동사 will(의지, 습성, 요청) + 동사원형 go
돌아가신 다면

and leave (us) (in peace), please.
　동사 (연결마디) 2개 : 동사 + (대명사) + (형용사성분 : 전치사구)
아무 말 하지 마세요

YouTube  해설 동영상

Well, I say (I'm sorry), and...
 동사 (연결마디) 1개 : 동사 + (명사절)
  (명사절) I'm (sorry)
      동사 (연결마디) 1개 : 동사 + (형용사)
정말 미안합니다

...well, I am (sorry).
 동사 (연결마디) 1개 : 동사 + (형용사)
실례 많았습니다

Come (on), Sergeant.
 동사 (연결마디) 1개 : 동사 + (부사 : 관용 동사구)
돌아가자

Lock (that door).
 동사 (연결마디) 1개 : 동사 + (명사구)
문을 잠궈요,

Pull (down) (the shades).
 동사 (연결마디) 2개 : 동사 + (부사 : 관용 동사구) + (명사구)
차양 내리고

Ashley.
애슐리!

It's (all right).
 동사 (연결마디) 1개 : 동사 + (형용사구)
괜찮아

It's only (in the shoulder).
 동사 (연결마디) 1개 : 동사 + (형용사성분 : 전치사구)
  수식어구[부사성분] : only
어깨에 맞았으니

YouTube  해설 동영상

Get (him) (on the bed where I can dress the wound).
    동사 (연결마디) 2개 : 동사 + (대명사) + (형용사성분 : 전치사구)
   (전치사구) on + 명사 the bed + (형용사성분 : where-절)
             (where-절) where I can dress (the wound)
                 접속사 : where
                 동사 (연결마디) 1개 : 동사 + (명사)
                 동사변화 : 조동사 can(능력, 추측, 허가) + 동사원형 dress
침실에서 붕대를 감아야지

I **think** (I can walk).
    동사 (연결마디) 1개 : 동사 + (명사절)
   (명사절) I can walk
        동사변화 : 조동사 can(능력, 추측, 허가) + 동사원형 walk
걸을 수 있소

I**t's not** (worth the effort).
    동사 (연결마디) 1개 : 동사 + (명사구)
    동사변화 : be동사 am/are/is + 부사 not ; be동사 부정문
아직 안 돼요,

Which way?
어딥니까?

In here.
이쪽이요

Mammy, I **want** (some hot water). -Yes, sir.
    동사 (연결마디) 1개 : 동사 + (명사구)
유모, 물을 끓이게

And lint for bandages. I**'ll find** (some).
    동사 (연결마디) 1개 : 동사 + (명사)
    동사변화 : 조동사 will(의지, 습성, 요청) + 동사원형 find
인디아는 붕대를 가져와

YouTube  해설 동영상

what can I use (for a probe)?
  의문사 What + 조동사 의문문
  조동사 의문문(주어, 조동사 위치변경) : I can use → Can I use
뭘로 치료한담?

If I only had (my bag).
  접속사 : if (if조건절)
  동사 (연결마디) 1개 : 동사 + (명사구)
  동사변화 : have/has 과거형 had ; 과거지사
왕진 가방도 없는데

Were you really (there)?
  be동사과거 의문문(주어, 동사 위치변경) : You were → Were you...?
  동사 (연결마디) 1개 : 동사 + (부사)
정말 거기 갔어요?

What did it look (like)?
  의문사 What + 일반동사 과거의문문
  일반동사 과거의문문(조동사 Do/Does과거 Did 사용) : it looked → Did it look
  동사 (연결마디) 1개 : 동사 + (형용사)
어떻던가요?

Does she have (cut-glass chandeliers, plush curtains and dozens of mirrors)?
  일반동사 의문문(조동사 Do/Does 사용) : She has → Does she have
샹들리에랑, 커튼...거울이 많다면서요?

Good heavens, Mrs. Meade, remember (yourself).
  동사 (연결마디) 1개 : 동사 + (재귀대명사)
부인, 정신 차리시오

And now, Captain Butler, tell (me) (what happened), all that happened.
  동사 (연결마디) 2개 : 동사 + (대명사) + (what-절)
  (what-절) what happened
            동사 (연결마디) 없음 : 동사 단독
            동사변화 : happen 과거형 happened ; 과거지사
버틀러 씨, 전부 말해주세요

I was too (late).
  동사 (연결마디) 1개 : 동사 + (형용사)
  동사변화 : be동사 am/is 과거형 was ; 과거지사
  수식어구[부사성분] : too
한발 늦었더군요

YouTube  해설 동영상

When I got (to the old Sullivan place)
    접속사 : when
    동사 (연결마디) 1개 : 동사 + (명사성분 : 전치사구)
    동사변화 : get 과거형 got ; 과거지사
내가 도착했을 땐

there'd already been (a skirmish) (with the Yankees).
    동사 (연결마디) 2개 : 동사 + (명사) + (형용사성분 : 전치사구)
    동사변화 : had + 과거분사 been ; be동사 과거완료
    수식어구[부사성분] : already
이미 싸움이 벌어진 상태였소

I found (Mr. Wilkes) (wounded)
    동사 (연결마디) 2개 : 동사 + (명사구) + (과거분사구 : 형용사적 용법)
    동사변화 : find 과거형 found ; 과거지사
    (과거분사구) wounded
윌크스 씨는 부상당했고

and Dr. Meade was (with him).
    동사 (연결마디) 1개 : 동사 + (명사성분 : 전치사구)
미드 박사님이 같이 있었소

I had (to prove they had been somewhere),
    동사 (연결마디) 1개 : 동사 + (to부정사구 : 명사적법)
    (to부정사구) to prove (they had been somewhere)
        동사 (연결마디) 1개 : 동사 + (명사절)
        (명사절) they had been (somewhere)
            동사 (연결마디) 1개 : 동사 + (부사)
            동사변화 : had + 과거분사 been ; be동사 과거완료
딴 곳에 있었다는 걸 증명하려고

anyplace but where they were.
어디였더라도

So I took (them) (to Belle's).
    동사 (연결마디) 2개 : 동사 + (대명사) + (형용사성분 : 전치사구)
    동사변화 : take 과거형 took ; 과거지사
벨에게 데려 갔죠

And she took (them) (in)?
    동사 (연결마디) 2개 : 동사 + (대명사) + (부사 : 관용 동사구)
    동사변화 : take 과거형 took ; 과거지사
벨이 받아줬나요?

She's (by way) (of being an old friend of mine).
    동사 (연결마디) 2개 : 동사 + (명사성분 : 전치사구) + (형용사성분 : 전치사구)
    (전치사구) of + (-ing구 : 명사적용법)
        (-ing구) being (an old friend of mine)
            동사 (연결마디) 1개 : 동사 + (명사구)
오랜 친구이니까요

YouTube  해설 동영상

Oh, I'm (sorry). I—
    동사 (연결마디) 1개 : 동사 + (형용사)
죄송해요

I'm (sorry) (I couldn't think up a more dignified alibi).
    동사 (연결마디) 2개 : 동사 + (형용사) + (부사절)
    (부사절) I couldn't think (up) (a more dignified alibi)
        동사 (연결마디) 2개 : 동사 + (부사 : 관용 동사구) + (명사구)
        동사변화 : 조동사 could(능력, 추측, 허가) + not + 동사원형 think ; 부정문
더 고상한 알리바이를 못 만들어서 미안합니다

This isn't (the first time) (you've come between me and disaster), Captain Butler.
    동사 (연결마디) 2개 : 동사 + (명사구) + (형용사절)
    동사변화 : be동사 am/are/is + 부사 not ; be동사 부정문
    (형용사절) you've come (between me and disaster)
        동사 (연결마디) 1개 : 동사 + (명사구)
        동사변화 : have/has + 과거분사 come ; 일반동사 현재완료
우릴 구해준 게 처음이 아니죠?

It isn't (likely) (that I'd question any device of yours).
    동사 (연결마디) 2개 : 동사 + (형용사) + (that-절)
    (that-절) that I'd question (any device of yours)
        접속사 : that
        동사 (연결마디) 1개 : 동사 + (명사구)
        동사변화 : 조동사 would(과거시점미래, 습관, 의지) + 동사원형 question
전 당신이 하는 일을 믿어요

And now, I'll go and see (what Dr. Meade needs).
    동사 (연결마디) 1개 : 동사 + (what-절)
    동사변화 : 조동사 will(의지, 습성, 요청) + 동사원형 go and see
    (what-절) what Dr. Meade needs
        접속사 : what
        동사 (연결마디) 없음 : 동사 단독
        동사변화 : need 3인칭단수현재 needs
미드 박사님께 가볼게요

Oh, Ashley!
애슐리...

YouTube  해설 동영상

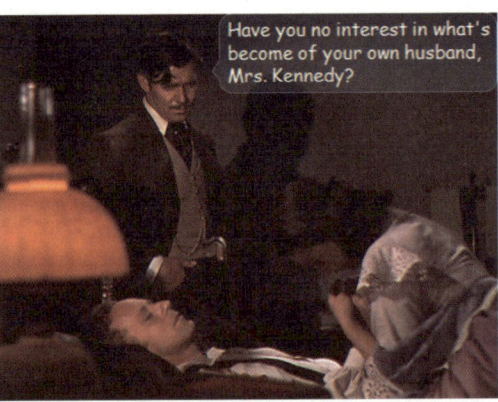

Ashley!
애슐리...

Have you (no interest) (in what's become of your own husband, Mrs. Kennedy)?
   조동사 의문문(주어, 조동사 위치변경) : You have → Have you
   동사 (연결마디) 2개 : 동사 + (명사구) + (형용사성분 : 전치사구)
   (전치사구) in + (명사절)
         (명사절) what's become (of your own husband)
            동사 (연결마디) 1개 : 동사 + (명사성분 : 전치사구)
            동사변화 : have/has + 과거분사 become ; 일반동사 현재완료
당신 남편은 어찌 됐는지 궁금하지 않소?

Did Frank go (with you) (to Belle Watling's)?
   일반동사 과거의문문(조동사 Do/Does과거 Did 사용) : Frank went → Did frank go
   동사 (연결마디) 2개 : 동사 + (명사성분 : 전치사구) + (형용사성분 : 전치사구)
같이 와틀링에게 갔나요?

No.
아니

Well, where is he?
   의문사 Where + be동사 의문문
   be동사 의문문(주어, 동사 위치변경) : He is... → Is he...?
그럼 어디 있죠?

He's lying (out on Decatur Road)...
   동사 (연결마디) 1개 : 동사 + (명사성분 : 전치사구)
   동사변화 : be동사 am/are/is + 현재분사 lying ; 현재진행
디케이터 가에 쓰러져 있소

YouTube  해설 동영상

...shot (through the head).
    동사 (연결마디) 1개 : 동사 + (명사성분 : 전치사구)
머리를 맞아

He's (dead).
    동사 (연결마디) 1개 : 동사 + (형용사)
즉사했지

Who is it?
    의문사 Who + be동사 의문문
    be동사 의문문(주어, 동사 위치변경) : It is... → Is it...?
누구시죠?

It's (Miss Watlin').
    동사 (연결마디) 1개 : 동사 + (명사구)
와틀링이에요

Oh, Mrs. Watling! Won't you come (in the house)?
    조동사 부정의문문(주어, 조동사 위치변경) : You won't → Won't you
    동사 (연결마디) 1개 : 동사 + (명사성분 : 전치사구)
와틀링 부인, 들어오세요

Oh, no, I couldn't do (that), Miss Wilkes.
    동사 (연결마디) 1개 : 동사 + (대명사)
    동사변화 : 조동사 could(능력, 추측, 허가) + not + 동사원형 do ; 부정문
그럴 수는 없어요

YouTube  해설 동영상

You come in and sit (a minute) (with me).
  동사 (연결마디) 2개 : 동사 + (명사) + (형용사성분 : 전치사구)
부인이 잠시 들어오세요

How can I thank you (enough) (for what you did for us)?
  의문사 how + 조동사 의문문
  조동사 의문문(주어, 조동사 위치변경) : I can thank → Can I thank
  동사 (연결마디) 2개 : 동사 + (형용사) + (부사성분 : 전치사구)
  (전치사구) for + (what-절)
         (what-절) what you did (for us)
               접속사 : what
               동사 (연결마디) 1개 : 동사 + (명사성분 : 전치사구)
도와주셔서 얼마나 감사한지

How can any of us thank (you) (enough)?
  의문사 how + 조동사 의문문
  조동사 의문문(주어, 조동사 위치변경) : any of us can thank → Can any of us thank
  동사 (연결마디) 2개 : 동사 + (대명사) + (형용사)
...정말 감사해요

I got (your note) (saying you were going to call on me and thank me).
  동사 (연결마디) 2개 : 동사 + (명사구) + (-ing구 : 형용사적 용법)
  동사변화 : get 과거형 got ; 과거지사
  (-ing구) saying (you were going to call on me and thank me)
         동사 (연결마디) 1개 : 동사 + (명사절)
         (명사절) you were going (to call on me and thank me)
               동사 (연결마디) 1개 : 동사 + (to부정사구 : 명사적용법)
               동사변화 : be동사과거 was/were + 현재분사 going ; 과거진행
            (to부정사구) to call (on) (me)
                     동사 (연결마디) 2개 : 동사 + (부사 : 관용 동사구) + (대명사)
                  and thank (me)
                     동사 (연결마디) 1개 : 동사 + (대명사)
찾아와 인사하고 싶다는 쪽지를 받았어요

Why, Miss Wilkes, you must have lost (your mind).
  동사 (연결마디) 1개 : 동사 + (명사구)
  동사변화 : 조동사 must(의무, 강한 추측) + have + 과거분사 lost ; 현재완료
하지만 그러시면 안 돼요

I come (up) here (as soon as it was dark to tell you)...
  동사 (연결마디) 2개 : 동사 + (부사 : 관용 동사구) + (형용사성분 : 전치사구)
  (전치사구) as + 부사 soon + (부사성분 : 전치사구)
         (전치사구) as + (명사절)
               (명사절) it was (dark) (to tell you)
                     동사 (연결마디) 2개 : 동사 + (형용사) + (to부정사구 : 부사적용법)
                  (to부정사구) to tell (you)
                        동사 (연결마디) 1개 : 동사 + (대명사)
쪽지를 받자마자 어둡기를 기다렸죠

YouTube  해설 동영상

...you mustn't even think (of any such thing).
    동사 (연결마디) 1개 : 동사 + (명사성분 : 전치사구)
    동사변화 : 조동사 must(의무, 강한 추측) + not + 동사원형 think ; 부정
    수식어구[부사성분] : even
부인이 그러시면 안 돼요

Why, I'm....
저

Why, you're....
당신께서

Well, it wouldn't be fitting (at all).
    동사 (연결마디) 1개 : 동사 + (부사구)
    동사변화 : would(과거시점미래, 습관, 의지) + not + be + 현재분사 fitting ; 진행예정부정
이렇게 하지 않으셔도

It wouldn't be fitting (to thank a kind woman who saved my husband's life)?
    동사 (연결마디) 1개 : 동사 + (to부정사구 : 명사적용법)
    동사변화 : would(과거시점미래, 습관, 의지) + not + be + 현재분사 fitting ; 진행예정부정
    (to부정사구) to thank (a kind woman) (who saved my husband's life)
            동사 (연결마디) 2개 : 동사 + (명사구) + (형용사성분 : who-절)
            (who-절) who saved (my husband's life)
                동사 (연결마디) 1개 : 동사 + (명사구)
                동사변화 : save 과거형 saved ; 과거지사
남편을 구해준 분께 감사인사도 못 하나요?

Miss Wilkes, there ain't never been (a lady) in this town (nice to me like you were).
    동사 (연결마디) 2개 : 동사 + (명사) + (형용사구)
    동사변화 : am/are/is + 부사 not + 과거분사 been ; 수동태부정
    수식어구[부사성분] : in this town
    (형용사구) 형용사 nice + (부사성분 : 전치사구)
        (전치사구) to + 대명사 me + (형용사성분 : 전치사구)
            (전치사구) like + (명사절)
                (명사절) you were
여기서 부인처럼 저에게 잘 대해주신 분은 없어요

YouTube  해설 동영상

I mean, (about the money) (for the hospital), you know.
  동사 (연결마디) 2개 : 동사 + (명사성분 : 전치사구) + (형용사성분 : 전치사구)
병원에서 제 성금을 받아주신

And I don't forget (a kindness).
  동사 (연결마디) 1개 : 동사 + (명사)
  동사변화 : 조동사 do(does) + 부사 not + 동사원형 forget ; 일반동사 부정문
친절함을 아직도 기억해요

And I got (to thinking about you being left a widow with a little boy)...
  동사 (연결마디) 1개 : 동사 + (명사성분 : 전치사구)
  동사변화 : get 과거형 got ; 과거지사
  (전치사구) to + (-ing구 : 명사적용법)
            (-ing구) thinking (about) (you being left a widow with a little boy)
                    동사 (연결마디) 2개 : 동사 + (부사 : 관용 동사구) + (명사절)
                    (명사절) you being left (a window) (with a little boy)
                            동사 (연결마디) 2개 : 동사 + (명사) + (형용사성분 : 전치사구)
                            동사변화 : being + 과거분사 left ; 수동태현재진행
부인은 애 딸린 과부가 되잖아요

...if Mr. Wilkes got hung...
  접속사 : if (if조건절)
  동사 (연결마디) 없음 : 동사 단독
  동사변화 : got + 과거분사 hung ; (be동사보다 역동적) 과거수동태
윌크스 씨가 교수형을 받으면

...and he's (a nice little boy), your boy is, Miss Wilkes.
  동사 (연결마디) 1개 : 동사 + (명사구)
아드님이 참 예쁘더군요

I got (a boy) myself and so I....
  동사 (연결마디) 1개 : 동사 + (명사)
  동사변화 : get 과거형 got ; 과거지사
내게도 아들이 있어서...

YouTube  해설 동영상

Oh, you have?
그러시군요

Does he live...?
    일반동사 의문문(조동사 Do/Does 사용) : he live → Does he live
어디에 살죠?

Oh, no, ma'am, he ain't (here in Atlanta).
    동사 (연결마디) 1개 : 동사 + (부사구)
    동사변화 : be동사 am/are/is + 부사 not ; be동사 부정문
애틀랜타엔 없어요

He ain't never been (here).
    동사 (연결마디) 1개 : 동사 + (부사)
    동사변화 : am/are/is + 부사 not + 과거분사 been ; 수동태부정
여긴 오지 않죠

He's (off at school).
    동사 (연결마디) 1개 : 동사 + (명사성분 : 전치사구)
학교에 가 있죠

I ain't seen (him) (since he was little).
    동사 (연결마디) 2개 : 동사 + (대명사) + (형용사성분 : 전치사구)
    동사변화 : am/are/is + 부사 not + 과거분사 seen ; 수동태부정
    (전치사구) since + (명사절)
        (명사절) he was (little)
            동사 (연결마디) 1개 : 동사 + (형용사)
            동사변화 : be동사 am/is 과거형 was ; 과거지사
어릴 때 보고 못 봤어요

Well, anyway, if it had been (that Miss Kennedy's husband by himself)...
    접속사 : if (if조건절)
    동사 (연결마디) 1개 : 동사 + (명사구)
    동사변화 : had + 과거분사 been ; be동사 과거완료
만일 케네디 부인의 남편이었다면

YouTube  해설 동영상

...I **wouldn't have lifted** (a finger) (to),
 동사 (연결마디) 2개 : 동사 + (명사) + (형용사성분 : 전치사구)
 동사변화 : 조동사 would(과거시점미래, 습관, 의지) + 부사 not + have + 과거분사 lifted ; 현재완료부정
난 손도 까딱 안 했을 거 에요.

no matter what Captain Butler **said**.
어쨌든 버틀러씨가 말하길

She**'s** (a mighty cold woman).
 동사 (연결마디) 1개 : 동사 + (명사구)
그녀는 차가운 여자예요,

Prancing (about Atlanta) (by herself).
 동사 (연결마디) 2개 : 동사 + (명사성분 : 전치사구) + (형용사성분 : 전치사구)
 동사변화 : prance 현재분사 prancing ; 진행형
혼자서 애틀랜타를 쏘다니다니

She killed her husband **same** (as if she shot him).
 [동사 앞 주어] She killed (her husband)
    동사 (연결마디) 1개 : 동사 + (명사구)
    동사변화 : kill 과거형 killed ; 과거지사
 동사 (연결마디) 1개 : 동사 + (명사성분 : 전치사구)
 (전치사구) as if + (명사절)
    (명사절) she shot (him)
      동사 (연결마디) 1개 : 동사 + (대명사)
      동사변화 : shoot 과거형 shot ; 과거지사
그녀가 남편을 죽인 거나 다름없어요

You **mustn't say** (unkind things) (about my sister-in-law).
 동사 (연결마디) 2개 : 동사 + (명사구) + (형용사성분 : 전치사구)
 동사변화 : 조동사 must(의무, 강한 추측) + not + 동사원형 say ; 부정
제 올케를 욕하지 마세요

Please **don't freeze** (me), Miss Wilkes.
 동사 (연결마디) 1개 : 동사 + (대명사)
 동사변화 : 조동사 Do + 부사 not + 동사원형 freeze ; ~하지마라(명령문)
죄송해요,

YouTube  해설 동영상

I forgot (how you liked her).
  동사 (연결마디) 1개 : 동사 + (명사절)
  동사변화 : forget 과거형 forgot ; 과거지사
  (명사절) how you liked (her)
        의문사 how + 평서문
        동사 (연결마디) 1개 : 동사 + (대명사)
        동사변화 : like 과거형 liked ; 과거지사
부인이 좋아한다는 걸 잊었어요

But she just ain't (in the same class) (with you)
  동사 (연결마디) 2개 : 동사 + (명사성분 : 전치사구) + (형용사성분 : 전치사구)
  동사변화 : be동사 am/are/is + 부사 not ; be동사 부정문
하지만 부인과는 질이 다른 사람이라는 건

and I can't help (it)
  동사 (연결마디) 1개 : 동사 + (대명사)
  동사변화 : 조동사 can(능력, 추측, 허가) + 부사 not + 동사원형 help ; 부정문
변함 없는

if I think (so).
  접속사 : if (if조건절)
  동사 (연결마디) 1개 : 동사 + (대명사)
생각이죠

Well, anyway, I going (to be going).
  동사 (연결마디) 1개 : 동사 + (to부정사구 : 명사적용법)
  동사변화 : go 현재분사 going ; 진행
  (to부정사구) to be going
            동사변화 : be + 현재분사 going ; 진행예정
전 이만 가볼게요

I'm (scared) (somebody'll recognize this carriage)
  동사 (연결마디) 2개 : 동사 + (형용사) + (부사절)
  (부사절) somebody'll recognize (this carriage)
            동사 (연결마디) 1개 : 동사 + (명사구)
            동사변화 : 조동사 will(의지, 습성, 요청) + 동사원형 recognize
누가 이 마차를 알아보면 안 되니까요

if I stayed (here) (any longer).
  접속사 : if (if조건절)
  동사 (연결마디) 2개 : 동사 + (부사) + (부사구)
  동사변화 : stay 과거형 stayed ; 과거지사
너무 오래 머물다

That wouldn't do (you) (no good).
  동사 (연결마디) 2개 : 동사 + (대명사) + (형용사구)
  동사변화 : 조동사 would(과거시점미래, 습관, 의지) + not + 동사원형 do ; 부정
부인에게도 좋을 게 없죠

And Miss Wilkes...
그리고 윌키스 부인

YouTube  해설 동영상

…if you ever see (me) (on the street),
   접속사 : if (if조건절)
   동사 (연결마디) 2개 : 동사 + (대명사) + (형용사성분 : 전치사구)
    수식어구[부사성분] : ever
길에서 만나면

you don't have (to speak to me).
   동사 (연결마디) 1개 : 동사 + (to부정사구 : 명사적용법)
   동사변화 : 조동사 do(does) + 부사 not + 동사원형 have ; 일반동사 부정문
   (to부정사구) to speak (to me)
        동사 (연결마디) 1개 : 동사 + (명사성분 : 전치사구)
아는 척 안 하시더라도

I'll understand.
   동사 (연결마디) 없음 : 동사 단독
   동사변화 : 조동사 will(의지, 습성, 요청) + 동사원형 understand
전 이해합니다

I should be (proud) (to speak to you).
   동사 (연결마디) 2개 : 동사 + (형용사) + (to부정사구 : 부사적용법)
   동사변화 : 조동사 should(~해야 한다, ~할 것이다) + be ; 예정
   (to부정사구) to speak (to you)
        동사 (연결마디) 1개 : 동사 + (명사성분 : 전치사구)
기꺼이 아는 척 하죠

Proud (to be under obligation to you).
   형용사 proud + (to부정사구 : 부사적용법)
   (to부정사구) to be (under obligation) (to you)
        동사 (연결마디) 2개 : 동사 + (명사성분 : 전치사구) + (형용사성분 : 전치사구)
당신에게 신세진 걸 자랑스럽게 생각해요

I hope (we meet again).
   동사 (연결마디) 1개 : 동사 + (명사절)
   (명사절) we meet (again)
        동사 (연결마디) 1개 : 동사 + (부사)
다시 만나길 바래요

Oh, no, ma'am, that wouldn't be fitting.
   동사 (연결마디) 없음 : 동사 단독
   동사변화 : would(과거시점미래, 습관, 의지) + not + be + 현재분사 fitting ; 진행예정부정
그건 아니죠

Good night, Miss Wilkes.
안녕히 계세요

YouTube  해설 동영상

Good night, Mrs. Watling.
잘 가요

And you're (wrong) (about Mrs. Kennedy).
    동사 (연결마디) 2개 : 동사 + (형용사) + (부사성분 : 전치사구)
케네디 부인을 오해하진 마세요

She's (broken hearted) (about her husband).
    동사 (연결마디) 2개 : 동사 + (형용사구) + (부사성분 : 전치사구)
남편 때문에 슬픔에 젖어 있어요

Great balls of fire! It's (Rhett).
    동사 (연결마디) 1개 : 동사 + (고유명사)
맙소사... 레트잖아!

Miss Scarlett, Captain Butler here (to see you).
    명사구 Captain Butler here + (to부정사구 : 형용사적 용법)
   (to부정사구) to see (you)
             동사 (연결마디) 1개 : 동사 + (대명사)
아씨, 버틀러 씨가 왔어요

YouTube  해설 동영상

I **told** (him) (you are prostrate with grief).
　동사 (연결마디) 2개 : 동사 + (대명사) + (명사절)
　동사변화 : tell 과거형 told ; 과거지사
　(명사절) you **are** (prostrate) (with grief)
　　　　　동사 (연결마디) 2개 : 동사 + (형용사) + (부사성분 : 전치사구)
슬픔에 잠겨 계신다고 했는데도

Tell (him) (I'll be right down), Mammy.
　동사 (연결마디) 2개 : 동사 + (대명사) + (명사절)
　(명사절) I'**ll be** (right down)
　　　　　동사 (연결마디) 1개 : 동사 + (형용사구)
　　　　　동사변화 : 조동사 will(의지, 습성, 요청) + be ; 예정
내려간다고 전해

She **says** (she's coming).
　동사 (연결마디) 1개 : 동사 + (명사절)
　동사변화 : say 3인칭단수현재 says
　(명사절) she'**s coming**
　　　　　동사변화 : be동사 am/are/**is** + 현재분사 coming ; 현재진행
내려오신 답니다

I **don't know** (why she's coming).
　동사 (연결마디) 1개 : 동사 + (명사절)
　동사변화 : 조동사 do(does) + 부사 not + 동사원형 know ; 일반동사 부정문
　(명사절) why she'**s coming**
　　　　　의문사 Why + 평서문
　　　　　동사변화 : be동사 am/are/**is** + 현재분사 coming ; 현재진행
왜 만나려는 지는 몰라도

But she'**s** (a-coming).
　동사 (연결마디) 1개 : 동사 + (명사구)
내려오신 답니다

You **don't like** (me), Mammy.
　동사 (연결마디) 1개 : 동사 + (대명사)
　동사변화 : 조동사 do(does) + 부사 not + 동사원형 like ; 일반동사 부정문
유몬 날 싫어하지?

Now **don't** you **argue** (with me),
　일반동사 부정의문문(조동사 Do + not사용) : You argue → Don't you argue
　동사 (연결마디) 1개 : 동사 + (명사성분 : 전치사구)
말 안 해도

you **don't**. You really **don't**.
다 알아

YouTube  해설 동영상

It's (no good), Scarlett.
    동사 (연결마디) 1개 : 동사 + (형용사구)
소용없소, 스칼렛

What?
뭐가요?

The cologne.
향수 말이오

I'm (sure) (I don't know what you mean).
    동사 (연결마디) 2개 : 동사 + (형용사) + (부사절)
    (부사절) I don't know (what you mean)
        동사 (연결마디) 1개 : 동사 + (what-절)
        동사변화 : 조동사 do(does) + 부사 not + 동사원형 know ; 일반동사 부정문
        (what-절) what you mean
            접속사 : what
            동사 (연결마디) 없음 : 동사 단독
무슨 말인지...

I mean (you've been drinking). Brandy. Quite a lot.
    동사 (연결마디) 1개 : 동사 + (명사절)
    (명사절) you've been drinking
        동사 (연결마디) 없음 : 동사 단독
        동사변화 : have(has) + been + 현재분사 drinking ; (be동사 현재완료) 진행
브랜디를 마셨잖소 그것도 상당히 많이

Well, what if I have?
    의문사 what + 평서문
    접속사 : if (if조건절)
    동사 (연결마디) 없음 : 동사 단독
마셨으면요?

Is that (any of your affair)?
    be동사 의문문(주어, 동사 위치변경) : That is... → Is that...?
    동사 (연결마디) 1개 : 동사 + (명사구)
무슨 상관이죠?

YouTube  해설 동영상

Don't drink (alone), Scarlett.
    동사 (연결마디) 1개 : 동사 + (부사)
    동사변화 : 조동사 Do + 부사 not + 동사원형 drink ; ~하지마라(명령문)
혼자 마시진 마시오

People always find (out)
    동사 (연결마디) 1개 : 동사 + (부사 : 관용 동사구)
    수식어구[부사성분] : always
사람들이 알면

and it ruins (the reputation).
    동사 (연결마디) 1개 : 동사 + (명사)
    동사변화 : ruin 3인칭단수현재 ruins
흉볼 거요

What is it?
    의문사 What + be동사 의문문
    be동사 의문문(주어, 동사 위치변경) : It is... → Is it...?
왜 그러지?

This is (more than losing old Frank).
    동사 (연결마디) 1개 : 동사 + (형용사구)
    (형용사구) 형용사구 more than + (-ing구 : 부사적용법)
        (-ing구) losing (old Frank)
            동사 (연결마디) 1개 : 동사 + (명사구)
프랭크를 잃은 슬픔 때문인가?

Oh, Rhett...
레트,

...I'm so (afraid).
    동사 (연결마디) 1개 : 동사 + (형용사)
    수식어구[부사성분] : so
무서워요

YouTube  해설 동영상

I don't believe (it).
　동사 (연결마디) 1개 : 동사 + (대명사)
　동사변화 : 조동사 do(does) + 부사 not + 동사원형 believe ; 일반동사 부정문
못 믿겠소.

You've never been (afraid) (in your life).
　동사 (연결마디) 2개 : 동사 + (형용사) + (부사성분 : 전치사구)
　동사변화 : have/has + 과거분사 been ; be동사 현재완료
　수식어구[부사성분] : never
무서운 게 없는 여자잖소

I'm (afraid) now.
　동사 (연결마디) 1개 : 동사 + (형용사)
　수식어구[부사성분] : now
지금 무서워요

I'm (afraid) (of dying and going to hell).
　동사 (연결마디) 2개 : 동사 + (형용사) + (부사성분 : 전치사구)
　(전치사구) of + (-ing구 : 명사적용법)
　　　　　(-ing구) dying and going (to hell)
　　　　　　　　동사 (연결마디) 1개 : 동사 + (명사성분 : 전치사구)
죽어서 지옥에 갈 까봐 무서워요

You look (pretty healthy),
　동사 (연결마디) 1개 : 동사 + (형용사구)
당신은 건강하오

and maybe there isn't (any hell).
　수식어구[부사성분] : maybe
　동사 (연결마디) 1개 : 동사 + (명사구)
　동사변화 : be동사 am/are/is + 부사 not ; be동사 부정문
그리고 지옥은 없소

Oh, there is. I know (there is).
　동사 (연결마디) 1개 : 동사 + (명사절)
　 (명사절) there is
있어요,

I was raised (on it).
　동사 (연결마디) 1개 : 동사 + (명사성분 : 전치사구)
　동사변화 : be동사과거 was/were + 과거분사 raised ; 과거수동태
어릴 때 들었어요

Well, far be (it) (from me)
　동사 (연결마디) 2개 : 동사 + (대명사) + (형용사성분 : 전치사구)
난 별로인데

to question (the teachings of childhood).
　(to부정사구) 동사 (연결마디) 1개 : 동사 + (명사구)
철없을 때 들은 말을 묻는 건

YouTube  해설 동영상

Tell (me) (what you've done that hell yawns before you).
　동사 (연결마디) 2개 : 동사 + (대명사) + (what-절)
　(what-절) what you**'ve done** (that hell yawns before you)
　　　　동사 (연결마디) 1개 : 동사 + (that-절)
　　　　동사변화 : have/has + 과거분사 done ; 일반동사 현재완료
　　　　(that-절) that hell **yawns** (before you)
　　　　　　　동사 (연결마디) 1개 : 동사 + (명사성분 : 전치사구)
　　　　　　　동사변화 : yawn 3인칭단수현재 yawns
뭘 잘못 했길래 그런 걱정을 하는 거요?

I **ought** never (to have married Frank to begin with).
　동사 (연결마디) 1개 : 동사 + (to부정사구 : 명사적용법)
　수식어구[부사성분] : never
　(to부정사구) to **have married** (Frank) (to begin with)
　　　　동사 (연결마디) 2개 : 동사 + (고유명사) + (to부정사구 : 형용사적 용법)
　　　　동사변화 : have/has + 과거분사 married ; 일반동사 현재완료
　　　　(to부정사구) to **begin** (with)
　　　　　　　동사 (연결마디) 1개 : 동사 + (명사성분 : 전치사구)
프랭크와 결혼하는 게 아니었어요

He **was** (Suellen's beau)
　동사 (연결마디) 1개 : 동사 + (명사구)
그는 수엘렌의 애인이었고

and he **loved** (her), not me.
　동사 (연결마디) 1개 : 동사 + (대명사)
그 애를 사랑했어요

And I **made** (him) (miserable).
　동사 (연결마디) 2개 : 동사 + (대명사) + (형용사)
난 그를 불행하게 만들고

And I **killed** (him).
　동사 (연결마디) 1개 : 동사 + (대명사)
죽게 만들었죠

Yes, I did! I **killed** (him)!
　동사 (연결마디) 1개 : 동사 + (대명사)
내가 죽인 거예요

For the first time (I'm finding out what it is to be sorry for something I've done).
　명사구 the first time + (형용사절)
　(형용사절) I**'m finding** (out) (what it is to be sorry for something I've done)
　　　　동사 (연결마디) 2개 : 동사 + (부사 : 관용 동사구) + (what-절)
　　　　동사변화 : be동사 am/are/is + 현재분사 finding ; 현재진행
　　　　(what-절) what it **is** (to be sorry for something I've done)
　　　　　　　동사 (연결마디) 1개 : 동사 + (to부정사구 : 명사적용법)
　　　　　　　(to부정사구) to **be** (sorry) (for something I've done)
　　　　　　　　　　동사 (연결마디) 2개 : 동사 + (형용사) + (부사성분 : 전치사구)
　　　　　　　　　　(전치사구) for + 명사 something + (형용사절)
　　　　　　　　　　　　　(형용사절) I**'ve done**
이렇게 후회 해보긴 생전 처음이에요

YouTube  해설 동영상

Here. Dry (your eyes).
  동사 (연결마디) 1개 : 동사 + (명사구)
눈물 닦으시오

If you had (it) all (to do over again),
  접속사 : if (if조건절)
  동사 (연결마디) 2개 : 동사 + (대명사) + (to부정사구 : 형용사적 용법)
  동사변화 : have/has 과거형 had ; 과거지사
  (to부정사구) to do (over) again
      동사 (연결마디) 1개 : 동사 + (부사 : 관용 동사구)
      수식어구[부사성분] : again
다시 시작한다 해도

you'd do (no differently).
  동사 (연결마디) 1개 : 동사 + (부사구)
  동사변화 : 조동사 would(과거시점미래, 습관, 의지) + 동사원형 do
당신은 변하지 않을 거요

You're (like the thief who isn't the least bit sorry he stole)...
  동사 (연결마디) 1개 : 동사 + (명사성분 : 전치사구)
  (전치사구) like + (명사구)
      (명사구) the thief (who isn't the least bit sorry he stole)
          명사 the thief + (형용사성분 : who-절)
          (who-절) who isn't (the least bit sorry) (he stole)
              동사 (연결마디) 2개 : 동사 + (명사구) + (형용사절)
              (형용사절) he stole
도둑질은 후회하지 않고

...but he's terribly, terribly (sorry) (he's going to jail).
  동사 (연결마디) 2개 : 동사 + (형용사) + (부사절)
  수식어구[부사성분] : terribly
  (부사절) he's going (to jail)
      동사 (연결마디) 1개 : 동사 + (명사성분 : 전치사구)
      동사변화 : be동사 am/are/is + 현재분사 going ; 현재진행
감옥 갈 일만 걱정하는군

I'm (glad) (Mother's dead).
  동사 (연결마디) 2개 : 동사 + (형용사) + (부사절)
  (부사절) Mother was (dead)
      동사 (연결마디) 1개 : 동사 + (형용사)
어머니가 돌아가신 게 다행이에요

I'm (glad) (she's dead)
  동사 (연결마디) 2개 : 동사 + (형용사) + (부사절)
  (부사절) she was (dead)
      동사 (연결마디) 1개 : 동사 + (형용사)
그래서 다행이에요

so she can't see (me).
  동사 (연결마디) 1개 : 동사 + (대명사)
  동사변화 : 조동사 can(능력, 추측, 허가) + 부사 not + 동사원형 see ; 부정문
이 꼴을 안 보시니까

YouTube  해설 동영상

I always wanted (to be like her, calm and kind) and....
   수식어구[부사성분] : always
   동사 (연결마디) 1개 : 동사 + (to부정사구 : 명사적용법)
   동사변화 : want 과거형 wanted ; 과거지사
   (to부정사구) to be (like her), (calm and kind)
           동사 (연결마디) 2개 : 동사 + (명사성분 : 전치사구) + (형용사구)
어머니처럼 온화한 여성이 되고 싶었는데

And I certainly have turned (out) (disappointing).
   수식어구[부사성분] : certainly
   동사 (연결마디) 2개 : 동사 + (부사 : 관용 동사구) + (명사)
   동사변화 : have/has + 과거분사 turned ; 일반동사 현재완료
형편없는 인간이 돼버렸어요

You know, Scarlett, I think (you're on the verge of a crying jag).
   동사 (연결마디) 1개 : 동사 + (명사절)
   (명사절) you're (on the verge) (of a crying jag)
           동사 (연결마디) 2개 : 동사 + (명사성분 : 전치사구) + (형용사성분 : 전치사구)
술 취한 울보 같군요

So I'll change (the subject)
   동사 (연결마디) 1개 : 동사 + (명사)
   동사변화 : 조동사 will(의지, 습성, 요청) + 동사원형 change
화제를 바꿔

and say (what I came to say).
   동사 (연결마디) 1개 : 동사 + (what-절)
   (what-절) what I came (to say)
        접속사 : what
        동사 (연결마디) 1개 : 동사 + (to부정사구 : 명사적용법)
        (to부정사구) to say
용건을 얘기하겠소

Say (it), then,
빨리 말하고

and get (out)!
나가요

What is it?
   의문사 What + be동사 의문문
   be동사 의문문(주어, 동사 위치변경) : It is... → Is it...?
뭔데요?

YouTube  해설 동영상

That I can't go (on any longer) (without you).
　　동사 (연결마디) 2개 : 동사 + (형용사성분 : 전치사구) + (부사성분 : 전치사구)
　　동사변화 : 조동사 can(능력, 추측, 허가) + 부사 not + 동사원형 go ; 부정문
더 이상은 당신 없이 못 살겠소

You are (the most ill-bred man) (to come here at a time like this with your filthy)—
　　동사 (연결마디) 2개 : 동사 + (명사구) + (to부정사구 : 형용사적 용법)
　　(to부정사구) to come (here) (at a time like this with your filthy)
　　　　　　동사 (연결마디) 2개 : 동사 + (부사 : 관용 동사구) + (명사성분 : 전치사구)
　　　　　　(전치사구) at + 명사 a time + (형용사성분 : 전치사구)
하필 이런 때 찾아와서 그런 얘길 하다니...

I made (up) (my mind that you were the only woman for me)...
　　동사 (연결마디) 2개 : 동사 + (부사 : 관용 동사구) + (명사구)
　　동사변화 : make 과거형 made ; 과거지사
　　(명사구) 명사구 my mind + (형용사성분 : that-절)
　　　　　　(that-절) that you were (the only woman) (for me)
　　　　　　　　　접속사 : that
　　　　　　　　　동사 (연결마디) 2개 : 동사 + (명사구) + (형용사성분 : 전치사구)
　　　　　　　　　동사변화 : be동사 are 과거형 were ; 과거지사
내겐 당신 뿐이었소

...the first day (I saw you at Twelve Oaks).
　　명사구 the first day + (형용사절)
　　(형용사절) I saw (you) (at Twelve Oaks)
　　　　　　동사 (연결마디) 2개 : 동사 + (대명사) + (형용사성분 : 전치사구)
처음 만난 순간부터

Now that you've got (the lumber mill and Frank's money)...
　　접속사 : Now, that
　　동사 (연결마디) 1개 : 동사 + (명사구)
　　동사변화 : have/has + 과거분사 got ; 일반동사 현재완료
이젠 제재소와 유산이 있으니

...you won't come (to me) (as you did to the jail).
　　동사 (연결마디) 2개 : 동사 + (명사성분 : 전치사구) + (형용사성분 : 전치사구)
　　동사변화 : 조동사 will(의지, 습성, 요청) + 부사 not + 동사원형 come ; 부정
　　(전치사구) as + (명사절)
　　　　　　(명사절) you did (to the jail)
　　　　　　　　　동사 (연결마디) 1개 : 동사 + (명사성분 : 전치사구)
돈 때문에 날 찾진 않겠지

YouTube  해설 동영상

So I see (I shall have to marry you).
　　동사 (연결마디) 1개 : 동사 + (명사절)
　　　(명사절) I shall have (to marry you)
　　　　　　동사 (연결마디) 1개 : 동사 + (to부정사구 : 명사적용법)
　　　　　　동사변화 : 조동사 shall(단순미래, 의지 등) + 동사원형 have
　　　　　　(to부정사구) to marry (you)
　　　　　　　　　동사 (연결마디) 1개 : 동사 + (대명사)
그러니 당신과 결혼하겠소

I never heard (of such bad taste).
　　수식어구[부사성분] : never
　　동사 (연결마디) 1개 : 동사 + (명사성분 : 전치사구)
이유치곤 참 괴상하군요

Would you be (more convinced)
　　조동사 의문문(주어, 조동사 위치변경) : You would be → Would you be
　　동사 (연결마디) 1개 : 동사 + (형용사구)
믿어 주겠소?

if I fell (to my knees)?
　　접속사 : if (if조건절)
　　동사 (연결마디) 1개 : 동사 + (명사성분 : 전치사구)
무릎을 꿇으면

Turn (me) (loose), you varmint,
　　동사 (연결마디) 2개 : 동사 + (대명사) + (형용사)
이 손 놓고

and get (out) (of here)!
　　동사 (연결마디) 2개 : 동사 + (부사 : 관용 동사구) + (명사성분 : 전치사구)
어서 나가요

Forgive (me) (for startling you with the impetuosity of my sentiments)...
　　동사 (연결마디) 2개 : 동사 + (대명사) + (형용사성분 : 전치사구)
　　(전치사구) for + (-ing구 : 명사적용법)
　　　　　(-ing구) starting (you) (with the impetuosity of my sentiments)
　　　　　　　　동사 (연결마디) 2개 : 동사 + (대명사) + (형용사성분 : 전치사구)
내 성급함을 용서해주오

...my dear Scarlett. I mean, my dear Mrs. Kennedy.
스칼렛 양 아니, 케네디 부인

YouTube  해설 동영상

But it cannot have escaped (your notice) (that for some time past)...
    동사 (연결마디) 2개 : 동사 + (명사구) + (형용사성분 : that-절)
    동사변화 : can(능력, 추측, 허가) + 부사 not + have + 과거분사 escaped ; 현재완료부정
    (that-절) that for some time past
의심하진 않겠지요?

...the friendship I have felt for you has ripened (into a deeper feeling).
    [동사 앞 주어] the friendship (I have felt for you)
            명사 the friendship + (형용사절)
            (형용사절) I have felt (for you)
                동사 (연결마디) 1개 : 동사 + (명사성분 : 전치사구)
                동사변화 : have/has + 과거분사 felt ; 일반동사 현재완료
    동사 (연결마디) 1개 : 동사 + (명사성분 : 전치사구)
    동사변화 : have/has + 과거분사 ripened ; 일반동사 현재완료
오랜 우정이 진한 감정으로 익은 걸

A feeling (more beautiful, more pure, more sacred).
    명사 a feeling + (형용사구)
아름답고 성스러운 감정입니다

Dare I name (it)?
    조동사 의문문(주어, 조동사 위치변경) : I dare name → Dare I name
    동사 (연결마디) 1개 : 동사 + (대명사)
감히 부를 수 있을까요?

Can it be (love)?
    조동사 의문문(주어, 조동사 위치변경) : It can be → Can it be
    동사 (연결마디) 1개 : 동사 + (명사)
사랑이라고

Get (up) (off your knees).
    동사 (연결마디) 2개 : 동사 + (부사 : 관용 동사구) + (명사성분 : 전치사구)
일어나요,

I don't like (your common jokes).
    동사 (연결마디) 1개 : 동사 + (명사구)
    동사변화 : 조동사 do(does) + 부사 not + 동사원형 like ; 일반동사 부정문
장난은 싫어요

This is (an honorable proposal of marriage)...
    동사 (연결마디) 1개 : 동사 + (명사구)
이건 진지한 청혼이오

YouTube  해설 동영상

...**made** (at what I consider a most opportune moment).
    동사 (연결마디) 1개 : 동사 + (명사성분 : 전치사구)
    동사변화 : make 과거형 made ; 과거지사
    (전치사구) at + (what-절)
          (what-절) what I consider (a most opportune moment)
              접속사 : what
              동사 (연결마디) 1개 : 동사 + (명사구)
당신에겐 절호의 기회이지

I **can't go** (all my life) (waiting to catch you between husbands).
    동사 (연결마디) 2개 : 동사 + (명사구) + (-ing구 : 형용사적 용법)
    동사변화 : 조동사 can(능력, 추측, 허가) + 부사 not + 동사원형 go ; 부정문
    (-ing구) waiting (to catch you between husbands)
          동사 (연결마디) 1개 : 동사 + (to부정사구 : 명사적용법)
          (to부정사구) to catch (you between husbands)
              동사 (연결마디) 1개 : 동사 + (명사구)
당신이 남편을 바꿀 때마다 기다릴 순 없거든

You**'re** (coarse),
    동사 (연결마디) 1개 : 동사 + (형용사)
야비한 사람!

and you**'re** (conceited).
    동사 (연결마디) 1개 : 동사 + (형용사)
자기만 잘난 줄 알지

And I **think** (this conversation has gone far enough).
    동사 (연결마디) 1개 : 동사 + (명사절)
    (명사절) this conversation has gone (far enough)
          동사 (연결마디) 1개 : 동사 + (부사구)
          동사변화 : have/has + 과거분사 gone ; 일반동사 현재완료
이런 대화는 너무 심해요

Besides, I **shall** never **marry** (again).
    동사 (연결마디) 1개 : 동사 + (부사)
    동사변화 : 조동사 shall(단순미래, 의지 등) + 동사원형 marry
    수식어구[부사성분] : never
그러고 난 다시 결혼 안 할 거예요

Oh, yes, you will, and you**'ll marry** (me).
    동사 (연결마디) 1개 : 동사 + (대명사)
    동사변화 : 조동사 will(의지, 습성, 요청) + 동사원형 marry
아니, 나와 하게 될 거요

YouTube  해설 동영상

You? You!
당신하고?

I don't love (you)!
   동사 (연결마디) 1개 : 동사 + (대명사)
   동사변화 : 조동사 do(does) + 부사 not + 동사원형 love ; 일반동사 부정문
사랑하지도 않는 걸요

And I don't like (being married).
   동사 (연결마디) 1개 : 동사 + (-ing구 : 명사적용법)
   동사변화 : 조동사 do(does) + 부사 not + 동사원형 like ; 일반동사 부정문
   (-ing구) being married
        동사변화 : being + 과거분사 married ; 수동태현재진행
그리고 결혼생활도 싫어요

Did you ever think (of marrying just for fun)?
   일반동사 과거의문문(조동사 Do/Does과거 Did 사용) : You thought → Did you think
   동사 (연결마디) 1개 : 동사 + (명사성분 : 전치사구)
   수식어구[부사성분] : ever
   (전치사구) of + (-ing구 : 명사적용법)
        (-ing구) marrying just (for fun)
            동사 (연결마디) 1개 : 동사 + (명사성분 : 전치사구)
            수식어구[부사성분] : just
재미를 위해 한다면 어떻소?

Marriage, fun? Fiddle-dee-dee. Fun for men, you mean.
재미? 엉터리! 남자들이나 재미있겠죠

Hush up! Do you want (them) (to hear you)?
   일반동사 의문문(조동사 Do/Does 사용) : You want → Do you want
   동사 (연결마디) 2개 : 동사 + (대명사) + (to부정사구 : 형용사적 용법)
   (to부정사구) to hear (you)
        동사 (연결마디) 1개 : 동사 + (대명사)
조용해요, 밖에서 들어요

YouTube  해설 동영상

You've been married (to a boy and an old man).
    동사 (연결마디) 1개 : 동사 + (명사성분 : 전치사구)
    동사변화 : have/has + been (be동사 현재완료) + 과거분사 married ; 수동태현재완료
소년이랑 나이 든 사람이랑은 해봤으니

Why not try (a husband of the right age), (with a way with women)?
    의문사 Why + 평서문
    동사 (연결마디) 2개 : 동사 + (명사구) + (형용사성분 : 전치사구)
여자를 잘 아는 알맞은 나이의 난 어떻소?

You're (a fool), Rhett Butler,
    동사 (연결마디) 1개 : 동사 + (명사)
바보로군요,

when you know (I shall always love another man).
    접속사 : when
    동사 (연결마디) 1개 : 동사 + (명사절)
    (명사절) I shall always love (another man)
        동사 (연결마디) 1개 : 동사 + (명사구)
        동사변화 : 조동사 shall(단순미래, 의지 등) + 동사원형 love
        수식어구[부사성분] : always
내가 누굴 사랑하는지 알면서

Stop it! Do you hear (me), Scarlett?
    일반동사 의문문(조동사 Do/Does 사용) : You hear → Do you hear
    동사 (연결마디) 1개 : 동사 + (대명사)
그만해요, 스칼렛!

Stop (it)! No more of that talk.
    동사 (연결마디) 1개 : 동사 + (대명사)
그 얘기는 하지 맙시다

Rhett, don't, I shall faint.
    동사변화 : 조동사 shall(단순미래, 의지 등) + 동사원형 faint
레트, 기절하겠어요

YouTube  해설 동영상

I want (you) (to faint).
   동사 (연결마디) 2개 : 동사 + (대명사) + (to부정사구 : 형용사적 용법)
   (to부정사구) to faint
         동사 (연결마디) 없음 : 동사 단독
기절하시오

This is (what you were meant for).
   동사 (연결마디) 1개 : 동사 + (what-절)
   (what-절) what you were meant (for)
      접속사 : what
      동사 (연결마디) 1개 : 동사 + (명사성분 : 전치사구)
      동사변화 : be동사과거 was/were + 과거분사 meant ; 과거수동태
당신은 이런 걸 바라지?

None of the fools you've known have kissed (you) (like this), have they?
   [동사 앞 주어] None of the fools (you've known)
      명사구 None of the fools + (형용사절)
      (형용사절) you've known
         동사 (연결마디) 없음 : 동사 단독
         동사변화 : have/has + 과거분사 known ; 일반동사 현재완료
   동사 (연결마디) 2개 : 동사 + (대명사) + (형용사성분 : 전치사구)
   동사변화 : have/has + 과거분사 known ; 일반동사 현재완료
   have they? : 부가의문문
어떤 바보가 이런 키스를 해줍디까?

Your Charles, or your Frank, or your stupid Ashley.
찰스? 프랭크? 아니면 애슐리?

Say (you're going to marry me).
   동사 (연결마디) 1개 : 동사 + (명사절)
   (명사절) you're going (to marry me)
      동사 (연결마디) 1개 : 동사 + (to부정사구 : 명사적용법)
      (to부정사구) to marry (me)
         동사 (연결마디) 1개 : 동사 + (대명사)
결혼한다고 말해요

Say "(yes)." Say "(yes)! "
어서!

Yes.
좋아요

YouTube  해설 동영상

Are you (sure) (you meant it)?
    be동사 의문문(주어, 동사 위치변경) : You are... → Are you...?
    동사 (연결마디) 2개 : 동사 + (형용사) + (부사절)
    (부사절) you meant (it)
        동사 (연결마디) 1개 : 동사 + (대명사)
        동사변화 : mean 과거형 meant ; 과거지사
정말이오?

You **don't want** (to take it back)?
    동사 (연결마디) 1개 : 동사 + (to부정사구 : 명사적용법)
    동사변화 : 조동사 do(does) + 부사 not + 동사원형 want ; 일반동사 부정문
    (to부정사구) to take (it) (back)
        동사 (연결마디) 2개 : 동사 + (대명사) + (부사 : 관용 동사구)
취소하는 건 아니겠지?

No.
안 해요

Look (at me)
    동사 (연결마디) 1개 : 동사 + (명사성분 : 전치사구)
자 이제

and **try** (to tell me the truth).
    동사 (연결마디) 1개 : 동사 + (to부정사구 : 명사적용법)
    (to부정사구) to tell (me) (the truth)
        동사 (연결마디) 2개 : 동사 + (대명사) + (명사)
똑바로 말하시오

Did you **say** "(yes)" (because of my money)?
    일반동사 과거의문문(조동사 Do/Does과거 Did 사용) : You said → Did you say
    동사 (연결마디) 2개 : 동사 + (명사) + (형용사성분 : 전치사구)
돈 때문에 허락했소?

Well....
그게

Yes. Partly.
약간은요?

YouTube  해설 동영상

Partly?
약간?

Well, you know, Rhett, money does help,
　동사 (연결마디) 없음 : 동사 단독
　동사변화 : 조동사 do/does/did + 일반동사 help ; 강조
돈도 도움이 되지만

and, of course I am (fond) (of you).
　동사 (연결마디) 2개 : 동사 + (형용사) + (부사성분 : 전치사구)
당신을 좋아하니까

Fond of me.
좋아한다?

Well, if I said (I was madly in love with you),
　접속사 : if (if조건절)
　동사 (연결마디) 1개 : 동사 + (명사절)
　동사변화 : say 과거형 said ; 과거지사
　(명사절) I was madly (in love) (with you)
　　　동사 (연결마디) 2개 : 동사 + (명사성분 : 전치사구) + (형용사성분 : 전치사구)
　　　수식어구[부사성분] : madly
사랑한다고 하면

you'd know (I was lying)...
　동사 (연결마디) 1개 : 동사 + (명사절)
　동사변화 : 조동사 should(~해야 한다, ~할 것이다) + 동사원형 know
　(명사절) I was lying
　　　동사변화 : be동사과거 was/were + 현재분사 lying ; 과거진행
거짓말이 될 거예요

...but you always said (we had a lot in common)....
　동사 (연결마디) 1개 : 동사 + (명사절)
　동사변화 : say 과거형 said ; 과거지사
　(명사절) we had (a lot in common)
　　　동사 (연결마디) 1개 : 동사 + (명사구)
당신도 우린 비슷하다고 했고

Yes, you're (right), my dear.
　동사 (연결마디) 1개 : 동사 + (형용사)
당신 말이 옳소

YouTube  해설 동영상

I'm not in love with you any more than you are with me.

Heaven help the man who ever really loves you.

What kind of a ring would you like, my darling?

Oh, a diamond ring. And do buy a great big one, Rhett.

You shall have the biggest and the most vulgar ring in Atlanta.

I'll take you to New Orleans for the most expensive honeymoon...

I'**m not** (in love) (with you)
    동사 (연결마디) 2개 : 동사 + (명사성분 : 전치사구) + (형용사성분 : 전치사구)
    동사변화 : be동사 am/are/is + 부사 not ; be동사 부정문
나도 당신을 사랑하진 않소

any more than you **are** (with me).
    동사 (연결마디) 1개 : 동사 + (형용사성분 : 전치사구)
당신처럼

Heaven **help** (the man) (who ever really loves you).
    동사 (연결마디) 2개 : 동사 + (명사) + (형용사성분 : who-절)
    (who-절) who ever really **loves** (you)
        수식어구[부사성분] : ever, really
        동사 (연결마디) 1개 : 동사 + (대명사)
신은 당신을 사랑하는 사람을 도울 거요

What kind of a ring **would** you **like**, my darling?
    의문사구 What kind of a ring + 조동사 의문문
    조동사 의문문(주어, 조동사 위치변경) : You would like → Would you like
어떤 반지를 원하지?

Oh, a diamond ring. And **do buy** (a great big one), Rhett.
    동사 (연결마디) 1개 : 동사 + (명사구)
    동사변화 : 조동사 do/does/did + 일반동사 buy ; 강조
다이아몬드 반지요 아주 큰 걸 로요

You **shall have** (the biggest and the most vulgar ring) (in Atlanta).
    동사 (연결마디) 2개 : 동사 + (명사구) + (형용사성분 : 전치사구)
    동사변화 : 조동사 shall(단순미래, 의지 등) + 동사원형 have
애틀랜타에서 가장 크고 야한 걸로 사주지

I'**ll take** (you) to New Orleans (for the most expensive honeymoon)...
    동사 (연결마디) 2개 : 동사 + (대명사) + (형용사성분 : 전치사구)
    동사변화 : 조동사 will(의지, 습성, 요청) + 동사원형 take
    수식어구[부사성분] : to New Orleans
뉴올리언스로 아주 사치스런 신혼여행을 떠납시다

YouTube  해설 동영상

...my ill-gotten gains can buy.
   동사 (연결마디) 없음 : 동사 단독
   동사변화 : 조동사 can(능력, 추측, 허가) + 동사원형 buy
벼락부자가 할 수 있는

Oh, that would be just (heavenly).
   동사 (연결마디) 1개 : 동사 + (형용사)
   동사변화 : 조동사 would(과거시점미래, 습관, 의지) + be ; 예정
신나겠어요

And I think (I'll buy your trousseau for you), too.
   동사 (연결마디) 1개 : 동사 + (명사절)
  (명사절) I'll buy (your trousseau) (for you)
       동사 (연결마디) 2개 : 동사 + (명사구) + (형용사성분 : 전치사구)
       동사변화 : 조동사 will(의지, 습성, 요청) + 동사원형 buy
혼수도 사오리다

Rhett, how (wonderful), but...
   감탄문 = How + (형용사(구))
고마워요, 하지만

...you won't tell (anybody), will you, Rhett?
   동사 (연결마디) 1개 : 동사 + (명사)
   동사변화 : 조동사 will(의지, 습성, 요청) + 부사 not + 동사원형 tell ; 부정
   will you? : 부가의문문
아무한테도 말하지 마세요

Still the little hypocrite.
여전히 위선자로군

YouTube  해설 동영상

Rhett, aren't you going (to kiss me goodbye)?
    be동사 부정의문문(주어, 동사 위치변경) : you aren't → aren't you...?
    동사 (연결마디) 1개 : 동사 + (to부정사구 : 명사적용법)
    (to부정사구) to kiss (me) goodbye
            동사 (연결마디) 1개 : 동사 + (대명사)
작별키스는 안 해줘요?

Don't you think (you've had enough kissing for one afternoon)?
    일반동사 부정의문문(조동사 Do + not사용) : You think → Don't you think
    동사 (연결마디) 1개 : 동사 + (명사절)
    (명사절) you've had (enough) (kissing for one afternoon)
            동사 (연결마디) 2개 : 동사 + (형용사) + (-ing구 : 부사적용법)
            동사변화 : have/has + 과거분사 had ; 일반동사 현재완료
    (-ing구) kissing (for one afternoon)
            동사 (연결마디) 1개 : 동사 + (명사성분 : 전치사구)
지금까지 해 놓고 부족하오?

You're (impossible).
    동사 (연결마디) 1개 : 동사 + (형용사)
야속한 사람!

You can go
    동사변화 : 조동사 can(능력, 추측, 허가) + 동사원형 go
가서

and I don't care
상관없어요

if you never come (back).
    접속사 : if (if조건절)
    수식어구[부사성분] : never
    동사 (연결마디) 1개 : 동사 + (부사 : 관용 동사구)
안 온대도

But I will come (back).
    동사 (연결마디) 1개 : 동사 + (부사 : 관용 동사구)
    동사변화 : 조동사 will(의지, 습성, 요청) + 동사원형 come
그래도 돌아올 거요

YouTube  해설 동영상

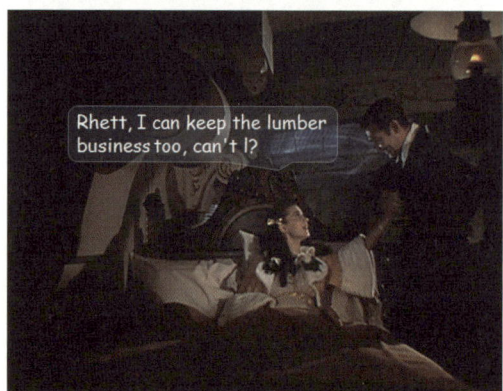
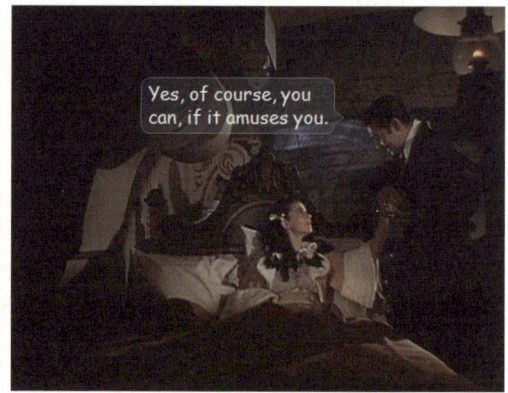
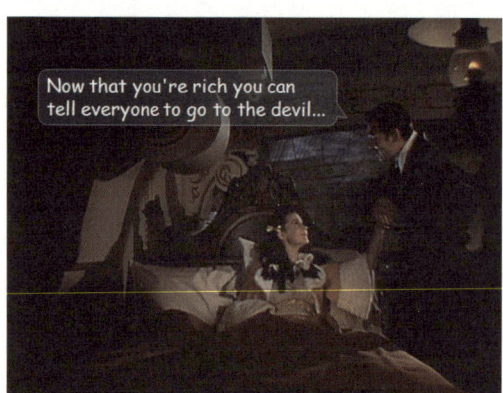

What are you thinking (about), Scarlett?
  의문사 What + be동사 의문문
  동사 (연결마디) 1개 : 동사 + (명사성분 : 전치사구)
무슨 생각을 하고 있소?

I'm thinking (about how rich we are).
  동사 (연결마디) 1개 : 동사 + (명사성분 : 전치사구)
  동사변화 : be동사 am/are/is + 현재분사 thinking ; 현재진행
  (전치사구) about + (명사절)
          (명사절) how rich we are
                  의문사구 how rich + 평서문
우리가 부자라는 생각이요

Rhett, I can keep (the lumber business) too, can't I?
  동사 (연결마디) 1개 : 동사 + (명사구)
  동사변화 : 조동사 can(능력, 추측, 허가) + 동사원형 keep
  can't I? : 부가의문문
제재소는 계속 해도 되죠?

Yes, of course, you can,
그러시오

if it amuses (you).
  접속사 : if (if조건절)
  동사 (연결마디) 1개 : 동사 + (대명사)
  동사변화 : amuse 3인칭단수현재 amuses
원한다면

Now that you're (rich)
  동사 (연결마디) 1개 : 동사 + (형용사)
부자가 됐으니

you can tell (everyone) (to go to the devil)...
  동사 (연결마디) 2개 : 동사 + (명사) + (to부정사구 : 명사적용법)
  동사변화 : 조동사 can(능력, 추측, 허가) + 동사원형 tell
  (to부정사구) to go (to the devil)
              동사 (연결마디) 1개 : 동사 + (명사성분 : 전치사구)
사람 들에게 지옥에나 가라고 해요

...as you've always said (you wanted to).
  동사 (연결마디) 1개 : 동사 + (명사절)
  동사변화 : have/has + 과거분사 said ; 일반동사 현재완료
  (명사절) you wanted (to)
          동사 (연결마디) 1개 : 동사 + (to부정사구 : 명사적용법)
당신 맘대로

YouTube  해설 동영상

But you were (the main one) (I wanted to go to the devil).
   동사 (연결마디) 2개 : 동사 + (명사구) + (형용사절)
   동사변화 : be동사 are 과거형 were ; 과거지사
   (형용사절) I wanted (to go to the devil)
        동사 (연결마디) 1개 : 동사 + (to부정사구 : 명사적용법)
        동사변화 : want 과거형 wanted ; 과거지사
        (to부정사구) to go (to the devil)
            동사 (연결마디) 1개 : 동사 + (명사성분 : 전치사구)
제일 그리고 싶은 사람은 당신인 걸요

Don't scrape (the plate), Scarlett.
   동사 (연결마디) 1개 : 동사 + (명사)
   동사변화 : 조동사 Do + 부사 not + 동사원형 scrape ; ~하지마라(명령문)
접시 긁지 말아요.

I'm (sure) (there's more in the kitchen).
   동사 (연결마디) 2개 : 동사 + (형용사) + (부사절)
   (부사절) there's (more) (in the kitchen)
        동사 (연결마디) 2개 : 동사 + (형용사) + (부사성분 : 전치사구)
더 주문하면 되니까

Oh, Rhett, can I have (one of those chocolate ones) (stuffed with meringue)?
   조동사 의문문(주어, 조동사 위치변경) : I can have → Can I have
   동사 (연결마디) 2개 : 동사 + (명사구) + (형용사구)
저 초콜릿 덮인 머랭 먹을 수 있어요?

If you don't stop (being such a glutton),
   접속사 : if (if조건절)
   동사 (연결마디) 1개 : 동사 + (-ing구 : 명사적용법)
   동사변화 : 조동사 do(does) + 부사 not + 동사원형 stop ; 일반동사 부정문
   (-ing구) being (such a glutton)
        동사 (연결마디) 1개 : 동사 + (명사구)
계속 이러다가

you'll get (as fat) (as Mammy)...
   동사 (연결마디) 2개 : 동사 + (형용사성분 : 전치사구) + (부사성분 : 전치사구)
   동사변화 : 조동사 will(의지, 습성, 요청) + 동사원형 get
유모처럼 뚱보가 되면

...then I'll divorce (you).
   동사 (연결마디) 1개 : 동사 + (대명사)
   동사변화 : 조동사 will(의지, 습성, 요청) + 동사원형 divorce
이혼할 거요

Wouldn't it be (nice)
   조동사 부정의문문(주어, 조동사 위치변경) : It would not be → Wouldn't It be
   동사 (연결마디) 1개 : 동사 + (형용사)
어때?

if you bought (something) (for Mammy), too?
   접속사 : if (if조건절)
   동사 (연결마디) 2개 : 동사 + (명사) + (형용사성분 : 전치사구)
유모 선물도 사는 게

YouTube  해설 동영상

Why should I buy (her) (a present)
   의문사 Why + 조동사 의문문
   조동사 의문문(주어, 조동사 위치변경) : I should buy → Should I buy
   동사 (연결마디) 2개 : 동사 + (대명사) + (명사)
선물을요?

when she called (us) (both mules)?
   접속사 : when
   동사 (연결마디) 2개 : 동사 + (대명사) + (명사구)
   동사변화 : call 과거형 called ; 과거지사
우리를 노새라고 하는데도요?

Mules? Why mules?
왜 노새지?

Yes, she said (we could give ourselves airs, and get ourselves all slicked up)...
   동사 (연결마디) 1개 : 동사 + (명사절)
   동사변화 : say 과거형 said ; 과거지사
   (명사절) we could give (ourselves) (airs)
       동사 (연결마디) 2개 : 동사 + (재귀대명사) + (명사)
       동사변화 : 조동사 could(능력, 추측, 허가) + 동사원형 give
   and get (ourselves) all (slicked up)
       동사 (연결마디) 2개 : 동사 + (재귀대명사) + (과거분사구 : 형용사적 용법)
       (과거분사구) slicked (up)
            동사 (연결마디) 1개 : 동사 + (부사 : 관용 동사구)
미끈하게 꾸밀 수는 있지만 (경주마처럼)

...like racehorses but we were just (mules) (in horse harness)...
   접속사 : but
   동사 (연결마디) 2개 : 동사 + (명사) + (형용사성분 : 전치사구)
   수식어구[부사성분] : just
마구를 찬 노새인 걸

...and we didn't fool (anybody).
   동사 (연결마디) 1개 : 동사 + (명사)
   동사변화 : 조동사과거 did + 부사 not + 동사원형 fool ; 과거부정
누구나 알아본다는 거예요

I never heard (anything) (more true).
   수식어구[부사성분] : never
   동사 (연결마디) 2개 : 동사 + (명사) + (형용사구)
   동사변화 : hear 과거형 heard ; 과거지사
사실이오

YouTube  해설 동영상

Mammy's (a smart old soul)...
   동사 (연결마디) 1개 : 동사 + (명사구)
유모는 똑똑한 사람이군

...and one of the few people (I know whose respect I'd like to have).
   명사구 one of the few people + (형용사절)
      (형용사절) I know (whose respect I'd like to have)
         동사 (연결마디) 1개 : 동사 + (명사구)
         (명사구) 명사구 whose respect + (형용사절)
            (형용사절) I'd like (to have)
               동사 (연결마디) 1개 : 동사 + (to부정사구 : 명사적용법)
               동사변화 : 조동사 would(과거시점미래, 습관, 의지) + 동사원형 like
            (to부정사구) to have
드물게 내가 존경하고 싶은 사람이야

I won't give (her) (a thing).
   동사 (연결마디) 2개 : 동사 + (대명사) + (명사)
   동사변화 : 조동사 will(의지, 습성, 요청) + 부사 not + 동사원형 give ; 부정
그래도 선물은 안 줄 거예요

She doesn't deserve (it).
   동사 (연결마디) 1개 : 동사 + (대명사)
   동사변화 : 조동사 do(does) + 부사 not + 동사원형 deserve ; 일반동사 부정문
원하지도 않을테고

Then I'll take (her) (a petticoat).
   동사 (연결마디) 2개 : 동사 + (대명사) + (명사)
   동사변화 : 조동사 will(의지, 습성, 요청) + 동사원형 take
그럼 내가 속치마를 사주지

I remember (My Mammy always said when she went to heaven)...
   동사 (연결마디) 1개 : 동사 + (명사절)
   (명사절) My mammy always said (when she went to heaven)
       동사 (연결마디) 1개 : 동사 + (명사절)
       수식어구[부사성분] : always
       (명사절) when she went (to heaven)
          접속사 : when
          동사 (연결마디) 1개 : 동사 + (명사성분 : 전치사구)
          동사변화 : go 과거형 went ; 과거지사
내 유모는 늘 말하길 하늘나라에 갈 때

...she wanted (a red taffeta petticoat),
   동사 (연결마디) 1개 : 동사 + (명사구)
   동사변화 : want 과거형 wanted ; 과거지사
유모는 빨강색 속치마를 원했었지

so stiff (that it would stand by itself)...
   형용사 stiff + (부사절)
   (부사절) that it would stand (by itself)
      동사 (연결마디) 1개 : 동사 + (형용사성분 : 전치사구)
      동사변화 : 조동사 would(과거시점미래, 습관, 의지) + 동사원형 stand
빳빳하고

YouTube  해설 동영상

...and so rustle, the Lord would think (it was made of angels' wings).
　　동사 (연결마디) 1개 : 동사 + (명사절)
　　동사변화 : 조동사 would(과거시점미래, 습관, 의지) + 동사원형 think
　　(명사절) it was made (of angels' wings)
　　　　　　동사 (연결마디) 1개 : 동사 + (명사성분 : 전치사구)
　　　　　　동사변화 : be동사과거 was/were + 과거분사 made ; 과거수동태
가벼워서 주님조차 천사의 날개로 착각할 것 같은 걸로

Why, she won't take (it) (from you).
　　동사 (연결마디) 2개 : 동사 + (대명사) + (형용사성분 : 전치사구)
　　동사변화 : 조동사 will(의지, 습성, 요청) + 부사 not + 동사원형 take ; 부정
받지 않을 거예요.

She'd rather die (than wear it).
　　동사 (연결마디) 1개 : 동사 + (부사구)
　　동사변화 : 조동사구 would rather(차라리 ~하고 싶다) + 동사원형 die
　　(부사구) 접속사 than + (명사절)
　　　　　　(명사절) wear (it)
　　　　　　　　　　동사 (연결마디) 1개 : 동사 + (대명사)
그걸 입느니 차라리 죽지

That may be,
그럴 수도

but I'm making (the gesture) just (the same).
　　동사 (연결마디) 2개 : 동사 + (명사) + (명사)
　　동사변화 : be동사 am/are/is + 현재분사 making ; 현재진행
그래도 입히고 말 거요

Wake (up)! Wake (up)!
　　동사 (연결마디) 1개 : 동사 + (부사성분 : 전치사구)
일어나요, 스칼렛

You were having (another nightmare).
　　동사 (연결마디) 1개 : 동사 + (명사구)
　　동사변화 : be동사과거 was/were + 현재분사 having ; 과거진행
또 악몽을 꿨군

Oh, Rhett.
레트,

YouTube  해설 동영상

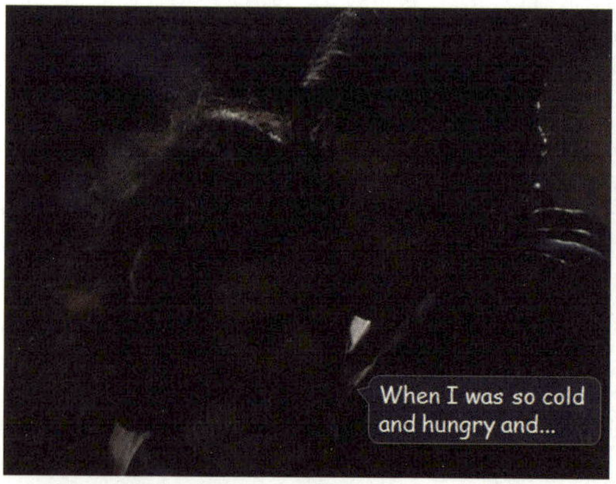

When I was so cold and hungry and...

...and so tired I...

...I couldn't find it. I ran through the mist and I couldn't find it.

Find what, honey?

Oh, I don't know.

I always dream the same dream and I never know.

When I was so (cold and hungry) and...
   접속사 : when
   동사 (연결마디) 1개 : 동사 + (형용사구)
너무 춥고 배고프고

...and so tired I...
지쳤어요

...I couldn't find (it).
   동사 (연결마디) 1개 : 동사 + (대명사)
   동사변화 : 조동사 could(능력, 추측, 허가) + not + 동사원형 find ; 부정문
찾을 수가 없었어요

I ran (through) (the mist)
   동사 (연결마디) 2개 : 동사 + (부사 : 관용 동사구) + (명사)
   동사변화 : run 과거형 ran ; 과거지사
그런데 안개 속을 헤매도

and I couldn't find (it).
   동사 (연결마디) 1개 : 동사 + (대명사)
   동사변화 : 조동사 could(능력, 추측, 허가) + not + 동사원형 find ; 부정문
찾을 수가 없었어요

Find what, honey?
뭘 말이오?

Oh, I don't know.
   동사변화 : 조동사 do(does) + 부사 not + 동사원형 know ; 일반동사 부정문
모르겠어요

I always dream (the same dream)
   수식어구[부사성분] : always
   동사 (연결마디) 1개 : 동사 + (명사구)
항상 같은 꿈인데

and I never know.
알 수가 없어요

YouTube  해설 동영상

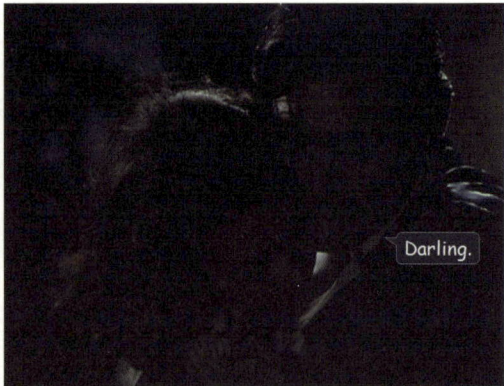

It seems (to be hidden in the mist).
    동사 (연결마디) 1개 : 동사 + (to부정사구 : 명사적용법)
    동사변화 : seem 3인칭단수현재 seems
    (to부정사구) to be (hidden) (in the mist)
            동사 (연결마디) 2개 : 동사 + (형용사) + (부사성분 : 전치사구)
안개에 가려져 있어요

Darling.
내 사랑...

Rhett, do you think (I'll ever dream that I've found it and that I'm safe)?
    일반동사 의문문(조동사 Do/Does 사용) : You think → Do you think
    동사 (연결마디) 1개 : 동사 + (명사절)
    (명사절) I'll ever dream (that I've found it and that I'm safe)
        동사 (연결마디) 1개 : 동사 + (that-절)
        동사변화 : 조동사 will(의지, 습성, 요청) + 동사원형 dream
        (that-절) that I've found (it)
            동사 (연결마디) 1개 : 동사 + (대명사)
            동사변화 : have/has + 과거분사 found ; 일반동사 현재완료
        and that I'm (safe)
            동사 (연결마디) 1개 : 동사 + (형용사)
그걸 찾고 평온해지는 꿈을 꿀 날이 올까요?

Dreams don't work (that way),
    동사 (연결마디) 1개 : 동사 + (명사구)
    동사변화 : 조동사 do(does) + 부사 not + 동사원형 work ; 일반동사 부정문
그런 꿈은 없소,

but when you get used (to being safe and warm)...
    동사 (연결마디) 1개 : 동사 + (명사성분 : 전치사구)
    동사변화 : get + 과거분사 used ; (be동사보다 역동적) 수동태
    (전치사구) to + (-ing구 : 명사적용법)
        (-ing구) being (safe and warm)
            동사 (연결마디) 1개 : 동사 + (형용사구)
하지만 편히 지내다 보면

...you'll stop (dreaming that dream).
    동사 (연결마디) 1개 : 동사 + (-ing구 : 명사적용법)
    동사변화 : 조동사 will(의지, 습성, 요청) + 동사원형 stop
    (-ing구) dreaming (that dream)
        동사 (연결마디) 1개 : 동사 + (명사구)
그런 꿈은 없어지지

And, Scarlett, I'm going (to see that you are safe).
    동사 (연결마디) 1개 : 동사 + (to부정사구 : 명사적용법)
    동사변화 : be동사 am/are/is + 현재분사 going ; 현재진행
    (to부정사구) to see (that you are safe)
        동사 (연결마디) 1개 : 동사 + (that-절)
        (that-절) that you are (safe)
스칼렛, 내가 안전하게 지켜주겠소

YouTube  해설 동영상

Would you do (something) (for me)
   조동사 의문문(주어, 조동사 위치변경) : You would do → Would you do
   동사 (연결마디) 2개 : 동사 + (명사) + (형용사성분 : 전치사구)
들어주겠어요?

if I asked (you)?
   접속사 : if (if조건절)
   동사 (연결마디) 1개 : 동사 + (대명사)
   동사변화 : ask 과거형 asked ; 과거지사
부탁 하나만

You know (I would).
   동사 (연결마디) 1개 : 동사 + (명사절)
   (명사절) I would
물론이지

Will you take (me) (away from here)?
   조동사 의문문(주어, 조동사 위치변경) : You will take → Will you take
   동사 (연결마디) 2개 : 동사 + (대명사) + (형용사성분 : 전치사구)
이곳을 떠나고 싶어요

Don't you like (New Orleans)?
   일반동사 부정의문문(조동사 Do + not사용) : You like → Don't you like
   동사 (연결마디) 1개 : 동사 + (고유명사)
뉴올리언스가 별로요?

Oh, I love (New Orleans),
   동사 (연결마디) 1개 : 동사 + (고유명사)
좋아요,

but I want (to go home)
   동사 (연결마디) 1개 : 동사 + (to부정사구 : 명사적용법)
   (to부정사구) to go (home)
           동사 (연결마디) 1개 : 동사 + (명사)
하지만 고향에 가보고 싶어요

and visit (Tara).
   동사 (연결마디) 1개 : 동사 + (고유명사)
타라에

Will you take (me) (to Tara)?
   조동사 의문문(주어, 조동사 위치변경) : You will take → Will you take
   동사 (연결마디) 2개 : 동사 + (대명사) + (형용사성분 : 전치사구)
데려다 주겠어요?

YouTube  해설 동영상

Yes, Scarlett, of course I will.
좋소, 물론이오

We'll go tomorrow.
   동사변화 : 조동사 will(의지, 습성, 요청) + 동사원형 go
   수식어구[부사성분] : tomorrow
내일 가도록 합시다

You get (your strength) (from this red earth of Tara), Scarlett.
   동사 (연결마디) 2개 : 동사 + (명사구) + (형용사성분 : 전치사구)
당신은 타라의 붉은 땅에서 힘을 얻어

You're (part of it),
   동사 (연결마디) 1개 : 동사 + (명사구)
당신과 타라는

and it's (part of you).
   동사 (연결마디) 1개 : 동사 + (명사구)
하나요

Rhett, I'd give (anything) (to have Tara the way it was before the war).
   동사 (연결마디) 2개 : 동사 + (명사) + (to부정사구 : 형용사적 용법)
   동사변화 : 조동사 would(과거시점미래, 습관, 의지) + 동사원형 give
   (to부정사구) to have (Tara) (the way it was before the war)
           동사 (연결마디) 2개 : 동사 + (고유명사) + (명사구)
           (명사구) 명사 the way + (형용사절)
               (형용사절) it was (before the war)
                   동사 (연결마디) 1개 : 동사 + (명사성분 : 전치사구)
전쟁 전처럼 만들 수만 있다면 뭐든 할 거예요

Would you?
그럼

Then go ahead and make (it) (that way).
   동사 (연결마디) 2개 : 동사 + (대명사) + (명사구)
한 번 해보시오

Spend (whatever you want),
   동사 (연결마디) 1개 : 동사 + (whatever-절)
   (whatever-절) whatever you want
        접속사 : whatever
        동사 (연결마디) 없음 : 동사 단독
얼마가 들더라도

make (it) (as fine)
   동사 (연결마디) 2개 : 동사 + (대명사) + (형용사성분 : 전치사구)
멋지게 만들어 봐요

a plantation (as it ever was).
   명사 a plantation + (형용사성분 : 전치사구)
   (전치사구) as + (명사절)
      (명사절) it ever was
이전 농장만큼

YouTube  해설 동영상

Oh, Rhett.
레트

Rhett, you are (good) (to me).
　동사 (연결마디) 2개 : 동사 + (형용사) + (부사성분 : 전치사구)
레트, 정말 고마워요

And can we still have (our big new house) (in Atlanta)?
　조동사 의문문(주어, 조동사 위치변경) : we can have → Can we have
　동사 (연결마디) 2개 : 동사 + (명사구) + (형용사성분 : 전치사구)
　수식어구[부사성분] : still
애틀랜타에 새 저택도 가질래요

Yes, and it can be (as ornate) (as you want)...
　동사 (연결마디) 2개 : 동사 + (형용사성분 : 전치사구) + (부사성분 : 전치사구)
　동사변화 : 조동사 can(능력, 추측, 허가) + be ; 예정
　(전치사구) as + (명사절)
　　　　(명사절) you want
물론, 맘대로 꾸미시오

...marbled terraces, stained-glass windows and all.
대리석 테라스와 스테인드글라스...

Rhett, won't everyone be (jealous)?
　조동사 부정의문문(주어, 조동사 위치변경) : everyone won't be → Won't everyone be
　동사 (연결마디) 1개 : 동사 + (형용사)
모두 질투하겠죠?

YouTube  해설 동영상

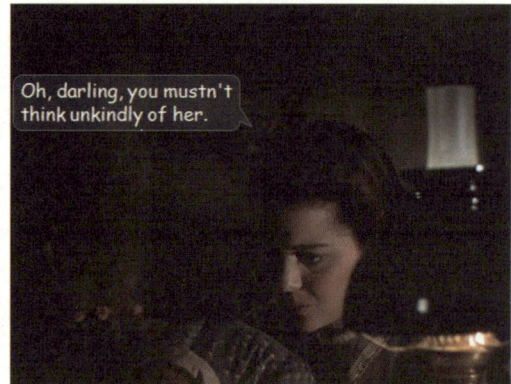
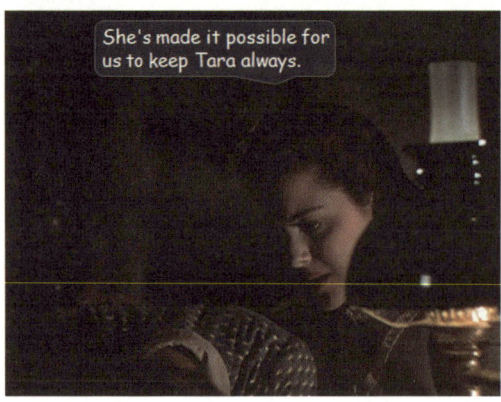

I **want** (everybody who's been mean to me) (to be pea-green with envy).
   동사 (연결마디) 2개 : 동사 + (명사구) + (to부정사구 : 형용사적 용법)
    (명사구) 명사 everybody + (형용사성분 : who-절)
        (who-절) who**'s been** (mean) (to me)
            동사 (연결마디) 2개 : 동사 + (형용사) + (부사성분 : 전치사구)
            동사변화 : have/has + 과거분사 been ; be동사 현재완료
   (to부정사구) to **be** (pea-green) (with envy)
        동사 (연결마디) 2개 : 동사 + (명사구) + (형용사성분 : 전치사구)
날 욕한 사람들을 샘나게 만들고 싶어요

I **don't care**.
신경 안 써

Scarlett**'s** (hateful),
   동사 (연결마디) 1개 : 동사 + (형용사)
스칼렛 언니가 미워!

building (that new house) just (to show off)...
   동사 (연결마디) 2개 : 동사 + (명사구) + (to부정사구 : 형용사적 용법)
   동사변화 : build 현재분사 building ; 진행
   (to부정사구) to **show** (off)
        동사 (연결마디) 1개 : 동사 + (부사 : 관용 동사구)
자랑하려고 큰 집을 짓고

...and even **taking** (our servants).
   수식어구[부사성분] : even
   동사 (연결마디) 1개 : 동사 + (명사구)
   동사변화 : take 현재분사 taking ; 진행
하인들까지 데려갔어

Oh, darling, you **mustn't think** (unkindly of her).
   동사 (연결마디) 1개 : 동사 + (형용사구)
   동사변화 : 조동사 must(의무, 강한 추측) + not + 동사원형 think ; 부정
언니를 원망하면 안 돼

She**'s made** (it) (possible for us)
   동사 (연결마디) 2개 : 동사 + (대명사) + (형용사구)
   동사변화 : have/has + 과거분사 made ; 일반동사 현재완료
우리들을 위해 애썼어

to **keep** (Tara) always.
   (to부정사구) 동사 (연결마디) 1개 : 동사 + (고유명사)
타라를 구하고

Yes, and what good **is** Tara?
   의문사구 What good + be동사 의문문
   be동사 의문문(주어, 동사 위치변경) : Tara is... → Is tara...?
타라가 다 뭐야?

YouTube  해설 동영상

She's had (three husbands)
    동사 (연결마디) 1개 : 동사 + (명사구)
    동사변화 : have/has + 과거분사 had ; 일반동사 현재완료
언니는 세 번이나 결혼했는데

and I'll be (an old maid).
    동사 (연결마디) 1개 : 동사 + (명사구)
    동사변화 : 조동사 will(의지, 습성, 요청) + be ; 예정
나는 노처녀인걸

Great Jehosophat!
아이고 떨려라...

Lordsy, we sure are (rich) now!
    동사 (연결마디) 1개 : 동사 + (형용사)
    수식어구[부사성분] : sure, now
아씨, 이제 우리도 부자예요

It ain't (quality)....
    동사 (연결마디) 1개 : 동사 + (명사)
    동사변화 : be동사 am/are/is + 부사 not ; be동사 부정문
돈만 많으면 뭐해!

But that's (ridiculous).
    동사 (연결마디) 1개 : 동사 + (형용사)
웃기잖아

Why can't I go (in)?
    의문사 Why + 조동사 부정의문문
    조동사 부정의문문(주어, 조동사 위치변경) : I can't go → Can't I go...
    동사 (연결마디) 1개 : 동사 + (부사 : 관용 동사구)
왜 못 들어간다는 거지?

I'm entitled (to at least see what my own child looks like).
    동사 (연결마디) 1개 : 동사 + (to부정사구 : 명사적용법)
    동사변화 : be동사 am/are/is + 과거분사 entitled ; 수동태
    (to부정사구) to at least see (what my own child looks like)
           수식어구[부사성분] : at least
           동사 (연결마디) 1개 : 동사 + (what-절)
           (what-절) what my own child looks (like)
                 접속사 : what
                 동사 (연결마디) 1개 : 동사 + (형용사)
                 동사변화 : look 3인칭단수현재 looks
난 내 자식을 볼 권리가 있어

YouTube  해설 동영상

You control (yourself), Mr. Rhett.
  동사 (연결마디) 1개 : 동사 + (재귀대명사)
진정 하세요

You'll be seeing (it) (for a long time).
  동사 (연결마디) 2개 : 동사 + (대명사) + (형용사성분 : 전치사구)
  동사변화 : 조동사 will(의지, 습성, 요청) + be + 현재분사 seeing ; 진행예정
평생 보실 걸요, 뭐

I'd like (to apologize), Mr. Rhett,
  동사 (연결마디) 1개 : 동사 + (to부정사구 : 명사적용법)
  동사변화 : 조동사 would(과거시점미래, 습관, 의지) + 동사원형 like
  (to부정사구) to apologize
죄송합니다

about it's not being (a boy).
  동사 (연결마디) 1개 : 동사 + (명사)
  동사변화 : am/are/is + 부사 not + being ; 진행부정
아들이 아니라서

Oh, hush (your mouth), Mammy.
  동사 (연결마디) 1개 : 동사 + (명사구)
입 다물어,

Who wants (a boy)?
  동사 (연결마디) 1개 : 동사 + (명사)
  동사변화 : want 3인칭단수현재 wants
누가 아들을 원한대?

Boys aren't (any use) (to anybody).
  동사 (연결마디) 2개 : 동사 + (명사구) + (형용사성분 : 전치사구)
  동사변화 : be동사 am/are/is + 부사 not ; be동사 부정문
아들은 소용없어

Don't you think (I'm proof of that)?
  조동사 부정의문문(주어, 조동사 위치변경) : You don't think → Don't you think
  동사 (연결마디) 1개 : 동사 + (명사절)
  (명사절) I'm (proof of that)
        동사 (연결마디) 1개 : 동사 + (명사구)
내가 그 증거야

Have (a drink of sherry), Mammy.
  동사 (연결마디) 1개 : 동사 + (명사구)
자, 쉐리주 마셔요

Mammy, she is (beautiful), isn't she?
  동사 (연결마디) 1개 : 동사 + (형용사)
  isn't it? : 부가의문문
유모, 아기는 예쁘겠지?

YouTube  해설 동영상

She sure is.
물론이에요

Did you ever see (a prettier one)?
   일반동사 과거의문문(조동사 Do/Does과거 Did 사용) : You saw → Did you see
   동사 (연결마디) 1개 : 동사 + (명사구)
더 예쁜 아이도 봤소?

Well, sir, Miss Scarlett was (mighty night hat pretty) (when she come),
   동사 (연결마디) 2개 : 동사 + (명사구) + (형용사성분 : when-절)
   동사변화 : be동사 am/is 과거형 was ; 과거지사
   (when-절) when she come
          동사 (연결마디) 없음 : 동사 단독
스칼렛 아씨도 예뻤지만

but not quite.
이 애만은 못 해요

Have (another glass), Mammy.
   동사 (연결마디) 1개 : 동사 + (명사구)
한 잔 더 드시오

What's that rustling noise
   의문사 What + be동사 의문문
   be동사 의문문(주어, 동사 위치변경) : that rustling noise is... → Is that rustling noise...?
사각거리는 소리는 뭐지?

I hear?
들리는

Lordsy, Mr. Rhett. That ain't (nothing)
   동사 (연결마디) 1개 : 동사 + (명사)
   동사변화 : be동사 am/are/is + 부사 not ; be동사 부정문
너무해요,

but my red silk petticoat (you had given me).
   명사구 my red silk petticoat + (형용사절)
   (형용사절) you had given (me)
         동사 (연결마디) 1개 : 동사 + (대명사)
         동사변화 : had + 과거분사 given ; 일반동사 과거완료
나리가 선물로 주신 속치마예요

YouTube  해설 동영상

Nothing but your petticoat. I don't believe (it).
   동사 (연결마디) 1개 : 동사 + (대명사)
   동사변화 : 조동사 do(does) + 부사 not + 동사원형 believe ; 일반동사 부정문
속치마라고? 믿을 수 없군.

Let (me) (see).
   동사 (연결마디) 2개 : 동사 + (대명사) + (원형부정사구 : 형용사적용법)
   (원형부정사구) see
            동사 (연결마디) 없음 : 동사 단독
어디 보여줘

Pull (up) (your skirt).
   동사 (연결마디) 2개 : 동사 + (부사 : 관용 동사구) + (명사구)
스커트 들고

Mr. Rhett. You are (bad).
   동사 (연결마디) 1개 : 동사 + (형용사)
심술궂기도 하셔라

Yeah, oh, Lord!
아이고머니나

You sure took (a long enough time) (about wearing it).
   동사 (연결마디) 2개 : 동사 + (명사구) + (형용사성분 : 전치사구)
   동사변화 : take 과거형 took ; 과거지사
   (전치사구) about + (-ing구 : 명사적용법)
         (-ing구) wearing (it)
            동사 (연결마디) 1개 : 동사 + (대명사)
그걸 입는데 오래도 걸렸군

Yes, sir, too long.
네, 오래 걸렸죠

YouTube  해설 동영상

No more mule (in horse's harness)?
   명사구 No more mule + (형용사성분 : 전치사구)
아직도 우리가 노새인가?

Mr. Rhett, Miss Scarlett was (bad) (telling you about that).
   동사 (연결마디) 2개 : 동사 + (형용사) + (-ing구 : 부사적용법)
   동사변화 : be동사 am/is 과거형 was ; 과거지사
   (-ing구) telling (you) (about that)
        동사 (연결마디) 2개 : 동사 + (대명사) + (명사성분 : 전치사구)
아씨가 이르시다니 나빠요

You ain't holding (that) (against old Mammy), is you?
   동사 (연결마디) 2개 : 동사 + (대명사) + (형용사성분 : 전치사구)
   동사변화 : am/are/is + 부사 not + 현재분사 holding ; 현재진행부정
   is you? : 부가의문문
그 일로 화나진 않으셨죠?

No, I ain't holding (it) (against you).
   동사 (연결마디) 2개 : 동사 + (대명사) + (형용사성분 : 전치사구)
   동사변화 : am/are/is + 부사 not + 현재분사 holding ; 현재진행부정
유감은 없소.

I just wanted (to know).
   동사 (연결마디) 1개 : 동사 + (to부정사구 : 명사적용법)
   (to부정사구) to know
   수식어구[부사성분] : just
궁금했을 뿐이오

Have (another glass), Mammy.
   동사 (연결마디) 1개 : 동사 + (명사구)
자, 한잔 더 드시오

Here, take (the whole bottle).
   동사 (연결마디) 1개 : 동사 + (명사구)
한 병 다 마셔요

Dr. Meade says (you may go in now), Captain Butler.
   동사 (연결마디) 1개 : 동사 + (명사절)
   동사변화 : say 3인칭단수현재 says
   (명사절) you may go (in now)
        동사 (연결마디) 1개 : 동사 + (형용사성분 : 전치사구)
        동사변화 : 조동사 may(능력, 추측, 허가) + 동사원형 go
미드 박사님이 들어오셔도 좋대요

YouTube  해설 동영상

This sure is (a happy day) (to me).
　　동사 (연결마디) 2개 : 동사 + (명사구) + (형용사성분 : 전치사구)
행복한 날이에요

I have diapered (three generations) (of this family's girls)...
　　동사 (연결마디) 2개 : 동사 + (명사구) + (형용사성분 : 전치사구)
　　동사변화 : have/has + 과거분사 diapered ; 일반동사 현재완료
이 가문의 3대를 받았어요

...and it sure is (a happy day).
　　동사 (연결마디) 1개 : 동사 + (명사구)
참으로 기쁜 날이죠

Oh, yes, Mammy. The happiest days are (when babies come). I wish....
　　동사 (연결마디) 1개 : 동사 + (when-절)
　　(when-절) when babies come
　　　　　접속사 : when
　　　　　동사 (연결마디) 없음 : 동사 단독
그래, 아기가 태어나는 날은 행복해. 나는

Oh, Mammy, she's (beautiful).
　　동사 (연결마디) 1개 : 동사 + (형용사)
유모, 아기가 예뻐.

What do you suppose (they'll name her)?
　　의문사 What + 일반동사 의문문
　　일반동사 의문문(조동사 Do/Does 사용) : You suppose → Do you suppose
　　동사 (연결마디) 1개 : 동사 + (명사절)
　　(명사절) they'll name (her)
　　　　　동사변화 : 조동사 will(의지, 습성, 요청) + 동사원형 name
이름을 뭐라고 지을까?

Miss Scarlett has told (me) (if it was a girl)...
　　동사 (연결마디) 2개 : 동사 + (대명사) + (명사절)
　　동사변화 : have/has + 과거분사 told ; 일반동사 현재완료
　　(명사절) if it was (a girl)
　　　　　접속사 : if (if조건절)
　　　　　동사 (연결마디) 1개 : 동사 + (명사)
　　　　　동사변화 : be동사 am/is 과거형 was ; 과거지사
아씨는 딸이면

YouTube  해설 동영상

...she's going (to name it Eugenia Victoria).
   동사 (연결마디) 1개 : 동사 + (to부정사구 : 명사적용법)
   동사변화 : be동사 am/are/is + 현재분사 going ; 현재진행
   (to부정사구) to name (it) (Eugenia Victoria)
            동사 (연결마디) 2개 : 동사 + (대명사) + (고유명사)
유지니아 빅토리아로 한댔어요

Yes...
예

...she's (a beautiful baby)...
   동사 (연결마디) 1개 : 동사 + (명사구)
예쁜 아기야

...the most beautiful baby ever.
이 앤 세상에서 제일 예쁜 아기야

Yes.
예

Do you know (that this is your birthday)?
   일반동사 의문문(조동사 Do/Does 사용) : You know → Do you know
   동사 (연결마디) 1개 : 동사 + (명사절)
   (명사절) that this is (your birthday)
         접속사 : that
         동사 (연결마디) 1개 : 동사 + (명사구)
네 생일인 걸 아니?

YouTube  해설 동영상

That you're a week old today?

Yes, I'm going to buy her a pony the likes of which this town has never seen.

Yes, I'm gonna send her to the best schools in Charleston.

Yes. And her'll be received by the best families in the South.

And when it comes time for her to marry...

...well, she'll be a little princess.

That you're (a week old) today?
　동사 (연결마디) 1개 : 동사 + (명사구)
　수식어구[부사성분] : today
오늘이 일주일 된 거 알아?

Yes, I'm going (to buy her a pony)
　동사 (연결마디) 1개 : 동사 + (to부정사구 : 명사적용법)
　동사변화 : be동사 am/are/is + 현재분사 going ; 현재진행
　(to부정사구) to buy (her) (a pony)
　　　　　동사 (연결마디) 2개 : 동사 + (대명사) + (명사)
이 아이에게 조랑말을 사줄 거야

the likes of which (this town has never seen).
　명사구 the likes of which + (형용사절)
　(형용사절) this town has never seen
　　　　　동사변화 : have/has + 과거분사 seen ; 일반동사 현재완료
　　　수식어구[부사성분] : never
이곳에서 볼 수 없던 그런

Yes, I'm going (to send her to the best schools in Charleston).
　동사 (연결마디) 1개 : 동사 + (to부정사구 : 명사적용법)
　동사변화 : be동사 am/are/is + 현재분사 going ; 현재진행
　(to부정사구) to send (her) (to the best schools in Charleston)
　　　　　동사 (연결마디) 2개 : 동사 + (대명사) + (형용사성분 : 전치사구)
찰스턴에서 제일 좋은 학교에도 보내고

Yes. And her'll be received (by the best families) (in the South).
　동사 (연결마디) 2개 : 동사 + (형용사성분 : 전치사구) + (부사성분 : 전치사구)
　동사변화 : 조동사 will(의지, 습성, 요청) + be + 과거분사 received ; 수동태예정
남부의 최고 가문과 사귀게 할 거야

And when it comes (time) for her (to marry)...
　접속사 : when
　동사 (연결마디) 2개 : 동사 + (명사) + (to부정사구 : 형용사적 용법)
　수식어구[부사성분] : for her
　(to부정사구) to marry
　　　　　동사 (연결마디) 없음 : 동사 단독
결혼할 때가 되면

...well, she'll be (a little princess).
　동사 (연결마디) 1개 : 동사 + (명사구)
　동사변화 : 조동사 will(의지, 습성, 요청) + be ; 예정
공주님이 돼있겠지

YouTube  해설 동영상

You certainly are making (a fool of yourself).
　　동사 (연결마디) 1개 : 동사 + (명사구)
　　동사변화 : be동사 am/are/is + 현재분사 making ; 현재진행
정말 철이 없으시군요

And why shouldn't I?
　　의문사 Why + 조동사 부정의문문
　　조동사 부정의문문(주어, 조동사 위치변경) : I shouldn't → Shouldn't I
그럼 어떻소?

She's (the first person) (who's ever completely belonged to me).
　　동사 (연결마디) 2개 : 동사 + (명사구) + (형용사성분 : who-절)
　　(who-절) who's ever completely belonged (to me)
　　　　동사 (연결마디) 1개 : 동사 + (명사성분 : 전치사구)
　　　　동사변화 : be동사 am/are/is + 과거분사 belonged ; 수동태
　　　　수식어구[부사성분] : ever, completely
완전히 내 것이 된 최초의 사람이니까

Great balls of fire!
말도 안 돼!

I had (the baby), didn't I?
　　동사 (연결마디) 1개 : 동사 + (명사)
　　동사변화 : have/has 과거형 had ; 과거지사
　　didn't I? : 부가의문문
아인 내가 낳았어요

It's Melanie. May I come (in)?
　　조동사 의문문(주어, 조동사 위치변경) : I may come → may I come
　　동사 (연결마디) 1개 : 동사 + (부사 : 관용 동사구)
들어가도 돼요?

YouTube  해설 동영상

Come (in), Melly.
   동사 (연결마디) 1개 : 동사 + (부사 : 관용 동사구)
들어와요

Yes, come in and **look** (at my daughter's beautiful blue eyes).
   동사 (연결마디) 1개 : 동사 + (명사성분 : 전치사구)
와서 우리 딸의 파란 눈을 보세요

But, Captain Butler, most babies **have** (blue eyes) (when they're born).
   동사 (연결마디) 2개 : 동사 + (명사구) + (형용사성분 : when-절)
   (when-절) when they're born
        접속사 : when
        동사 (연결마디) 없음 : 동사 단독
        동사변화 : be동사 am/are/is + 과거분사 born ; 수동태
갓 태어났을 땐 다 파란 눈이에요

Don't try (to tell him anything).
   동사 (연결마디) 1개 : 동사 + (to부정사구 : 명사적용법)
   동사변화 : 조동사 Do + 부사 not + 동사원형 try ; ~하지마라(명령문)
   (to부정사구) to tell (him) (anything)
            동사 (연결마디) 2개 : 동사 + (대명사) + (명사)
아무 말 말아요.

He **knows** (everything) (about babies).
   동사 (연결마디) 2개 : 동사 + (명사) + (형용사성분 : 전치사구)
   동사변화 : know 3인칭단수현재 knows
저인 항상 아는 척을 해요

Nevertheless, her eyes **are** (blue)
   동사 (연결마디) 1개 : 동사 + (형용사)
그래도 이 애 눈은 파랗고

and they're going (to stay blue).
   동사 (연결마디) 1개 : 동사 + (to부정사구 : 명사적용법)
   동사변화 : be동사 am/are/is + 현재분사 going ; 현재진행
   (to부정사구) to stay (blue)
            동사 (연결마디) 1개 : 동사 + (형용사)
계속 푸를 거요

As blue (as the bonnie blue flag).
보니의 깃발처럼 파랗네요

YouTube  해설 동영상

That's (it).
　　동사 (연결마디) 1개 : 동사 + (대명사)
그렇지,

That's (what we'll call her).
　　동사 (연결마디) 1개 : 동사 + (what-절)
　　(what-절) what we'll call (her)
　　　　　　접속사 : what
　　　　　　동사 (연결마디) 1개 : 동사 + (대명사)
　　　　　　동사변화 : 조동사 will(의지, 습성, 요청) + 동사원형 call
그렇게 부릅시다

Bonnie Blue Butler.
보니 블루 버틀러

Try (again), Mammy.
　　동사 (연결마디) 1개 : 동사 + (부사)
다시 해봐

Twenty inches.
20인치예요

Twenty inches! I've grown (as big) (as Aunt Pitty).
　　동사 (연결마디) 2개 : 동사 + (형용사성분 : 전치사구) + (부사성분 : 전치사구)
　　동사변화 : have/has + 과거분사 grown ; 일반동사 현재완료
20인치! 너무 뚱뚱해

You've simply got (to make it 18 and a half again), Mammy.
　　수식어구[부사성분] : simply
　　동사 (연결마디) 1개 : 동사 + (to부정사구 : 명사적용법)
　　동사변화 : have/has + 과거분사 got ; 일반동사 현재완료
　　(to부정사구) to make (it) (18 and a half) again
　　　　　　동사 (연결마디) 2개 : 동사 + (대명사) + (형용사구)
　　　　　　수식어구[부사성분] : again
18인치 반으로 만들어봐

YouTube  해설 동영상

You have had (a baby), Miss Scarlett...
　　동사 (연결마디) 1개 : 동사 + (명사)
아기를 낳았으니

...and you ain't never going (to be no 18 and a half inches) again.
　　동사 (연결마디) 1개 : 동사 + (to부정사구 : 명사적용법)
　　동사변화 : am/are/is + 부사 not + 현재분사 going ; 현재진행부정
　　수식어구[부사성분] : never, again
　　(to부정사구) to be (no 18 and a half inches)
　　　　　　동사 (연결마디) 1개 : 동사 + (명사구)
예전과 같을 수는 없어요

Never. And there ain't (nothing) (to do about it).
　　동사 (연결마디) 2개 : 동사 + (명사) + (to부정사구 : 형용사적 용법)
　　동사변화 : be동사 am/are/is + 부사 not ; be동사 부정문
　　(to부정사구) to do (about it)
　　　　　　동사 (연결마디) 1개 : 동사 + (명사성분 : 전치사구)
아예 생각을 마세요

There is (something) (to do about it)!
　　동사 (연결마디) 2개 : 동사 + (명사) + (to부정사구 : 형용사적 용법)
　　(to부정사구) to do (about it)
　　　　　　동사 (연결마디) 1개 : 동사 + (명사성분 : 전치사구)
대책이 있어야 해

I'm just not going (to get old and fat before my time).
　　동사 (연결마디) 1개 : 동사 + (to부정사구 : 명사적용법)
　　동사변화 : am/are/is + 부사 not + 현재분사 going ; 현재진행부정
　　(to부정사구) to get (old)
　　　　　　　동사 (연결마디) 1개 : 동사 + (형용사)
　　　　　　and fat (before my time)
　　　　　　　동사 (연결마디) 1개 : 동사 + (형용사성분 : 전치사구)
죽어도 뚱보가 되긴 싫어

I just won't have (any more babies)!
　　동사 (연결마디) 1개 : 동사 + (명사구)
　　동사변화 : 조동사 will(의지, 습성, 요청) + 부사 not + 동사원형 have ; 부정
이제 아기는 안 낳을래

YouTube  해설 동영상

I heard (Mr. Rhett say that he'll be wanting a son next year).
　동사 (연결마디) 1개 : 동사 + (명사절)
　동사변화 : hear 과거형 heard ; 과거지사
　(명사절) Mr. Rhett say (that he'll be wanting a son next year)
　　　　동사 (연결마디) 1개 : 동사 + (명사절)
　　　　(명사절) that he'll be wanting (a son) next year
　　　　　　접속사 : that
　　　　　　동사 (연결마디) 1개 : 동사 + (명사)
　　　　　　동사변화 : 조동사 will(의지, 습성, 요청) + be + 현재분사 wanting ; 진행예정
　　　　　　수식어구[부사성분] : next year
나리는 내년에 아들을 바라신댔어요

Go tell (Captain Butler) (I've decided not to go out after all).
　동사 (연결마디) 2개 : 동사 + (고유명사) + (명사절)
　동사변화 : (help / go / come 등) + 동사원형 tell
　(명사절) I've decided (not to go out after all)
　　　　동사 (연결마디) 1개 : 동사 + (to부정사구 : 명사적용법)
　　　　동사변화 : have/has + 과거분사 decided ; 일거동사 현재완료
　　　　(to부정사구-부정형) not to go (out) after all
　　　　　　　　동사 (연결마디) 1개 : 동사 + (부사 : 관용 동사구)
　　　　　　　　수식어구[부사성분] : after all
난 안 낳을 거라고 말씀드려

I'll have (supper) (in my room).
　동사 (연결마디) 2개 : 동사 + (명사) + (형용사성분 : 전치사구)
　동사변화 : 조동사 will(의지, 습성, 요청) + 동사원형 have
저녁은 여기서 먹을래

I got (your message).
　동사 (연결마디) 1개 : 동사 + (명사구)
　동사변화 : get 과거형 got ; 과거지사
연락 받았소.

I'll have (them) (bring my supper up here too).
　동사 (연결마디) 2개 : 동사 + (대명사) + (원형부정사구 : 형용사적용법)
　동사변화 : 조동사 will(의지, 습성, 요청) + 동사원형 have
　(원형부정사구) bring (my supper) (up) here too
　　　　　　동사 (연결마디) 2개 : 동사 + (명사구) + (부사 : 관용 동사구)
　수식어구[부사성분] : here, too
내 식사도 이리 가져 오랬지

YouTube  해설 동영상

No objections to that, I hope?
싫은 건 아니겠지?

No.
아뇨,

Yes.
그래요

I mean, I don't care (where you have your supper).
    동사 (연결마디) 1개 : 동사 + (where-절)
    동사변화 : 조동사 do(does) + 부사 not + 동사원형 care ; 일반동사 부정
    (where-절) where you have (your supper)r
          접속사 : where
          동사 (연결마디) 1개 : 동사 + (명사구)
어디서 식사하든 상관없어요

Rhett?
레트...

Yes?
응?

YouTube  해설 동영상

You see...
당신

...well, **I've decided**...
   동사변화 : have/has + 과거분사 decided ; 일반동사 현재완료
결심했어요

...well, I **hope** (I don't have any more children).
   동사 (연결마디) 1개 : 동사 + (명사절)
  (명사절) I **don't have** (any more children)
       동사 (연결마디) 1개 : 동사 + (명사구)
       동사변화 : 조동사 do(does) + 부사 not + 동사원형 have ; 일반동사 부정문
이제...아이는 안 낳겠어요

My pet, as I **told** (you) (before Bonnie was born)...
   접속사 : as
   동사 (연결마디) 2개 : 동사 + (대명사) + (형용사성분 : 전치사구)
   동사변화 : tell 과거형 told ; 과거지사
  (전치사구) before + (명사절)
      (명사절) Bonnie **was born**
         동사변화 : be동사과거 was/were + 과거분사 born ; 과거수동태
보니가 태어나기 전에 말했듯이

...**it's (immaterial)** to me (whether you have one child or 20)!
   동사 (연결마디) 2개 : 동사 + (형용사) + (whether-절)
   수식어구[부사성분] : to me
  (whether-절) whether you **have** (one child or 20)
      접속사 : whether
      동사 (연결마디) 1개 : 동사 + (명사구)
아이가 하나든 스물이든 난 상관없소

YouTube  해설 동영상

No, but you know what I....
무슨 뜻인지

Do you know (what I mean)?
   일반동사 의문문(조동사 Do/Does 사용) : You know → Do you know
   동사 (연결마디) 1개 : 동사 + (what-절)
   (what-절) what I mean
        접속사 : what
        동사 (연결마디) 없음 : 동사 단독
무슨 뜻인지 모르겠어요?

I do. And do you know (I can divorce you for this)?
   일반동사 의문문(조동사 Do/Does 사용) : You know → Do you know
   동사 (연결마디) 1개 : 동사 + (명사절)
   (명사절) I can divorce (you) (for this)
        동사 (연결마디) 2개 : 동사 + (대명사) + (형용사성분 : 전치사구)
이걸로 이혼할 수 있단 건 알지

You're just (low enough) (to think of something like that)!
   동사 (연결마디) 2개 : 동사 + (형용사구) + (to부정사구 : 부사적용법)
   수식어[부사성분] : just
   (to부정사구) to think (of something) (like that)
        동사 (연결마디) 2개 : 동사 + (명사성분 : 전치사구) + (형용사성분 : 전치사구)
그런 얘길 하다니 천박해요

If you had (any chivalry) (in you)
   접속사 : if (if조건절)
   동사 (연결마디) 2개 : 동사 + (명사구) + (형용사성분 : 전치사구)
기사도 정신이 남아있다거나

or would be (nice like), well,
   동사 (연결마디) 1개 : 동사 + (형용사구)
   동사변화 : 조동사 would(과거시점미래, 습관, 의지) + be ; 예정
생각이 있다면

look (at Ashley Wilkes)!
   동사 (연결마디) 1개 : 동사 + (명사성분 : 전치사구)
애슐리를 보세요

Melanie can't have (any more children) and he....
   동사 (연결마디) 1개 : 동사 + (명사구)
   동사변화 : 조동사 can(능력, 추측, 허가) + 부사 not + 동사원형 have ; 부정문
멜라니는 아일 더 못 낳아도...

YouTube  해설 동영상

You've been (to the lumber office) this afternoon, haven't you?
    동사 (연결마디) 1개 : 동사 + (명사성분 : 전치사구)
    동사변화 : have/has + 과거분사 been ; be동사 현재완료
    수식어구[부사성분] : this afternoon
    haven't you? : 부가의문문
오늘 제재소에 갔다 왔지?

What has that got to do with it?
    의문사 What + 조동사 의문문
    조동사 의문문(주어, 조동사 위치변경) : That got to do with it has → Has that got to do with it
    [동사 앞 주어] that got (to do with it)
            동사 (연결마디) 1개 : 동사 + (to부정사구 : 명사적용법)
            동사변화 : get 과거형 got ; 과거지사
            (to부정사구) to do (with it)
                  동사 (연결마디) 1개 : 동사 + (명사성분 : 전치사구)
그게 무슨 상관이에요?

Quite the little gentleman, Ashley. Pray go (on), Mrs. Butler.
    동사 (연결마디) 1개 : 동사 + (부사 : 관용 동사구)
애슐리는 신사지. 계속 하시오

It's (no use).
    동사 (연결마디) 1개 : 동사 + (명사구)
싫어요

You wouldn't understand.
    동사 (연결마디) 없음 : 동사 단독
    동사변화 : 조동사 would(과거시점미래, 습관, 의지) + not + 동사원형 understand ; 부정
당신은 이해 못 하니까

You know, (I'm sorry for you), Scarlett.
    동사 (연결마디) 1개 : 동사 + (명사절)
    (명사절) I'm (sorry) (for you)
            동사 (연결마디) 2개 : 동사 + (형용사) + (부사성분 : 전치사구)
당신도 참 딱하오

Sorry for me?
내가요?

YouTube  해설 동영상

Yes, sorry (for you)
  형용사 sorry + (부사성분 : 전치사구)
그렇소,

because you're throwing (away) (happiness) with both hands...
  동사 (연결마디) 2개 : 동사 + (부사 : 관용 동사구) + (명사)
  동사변화 : be동사 am/are/is + 현재분사 throwing ; 현재진행
  수식어구[부사성분] : with both hands
행복을 두 손으로 밀쳐버리고

...and reaching (out) (for something that will never make you happy).
  동사 (연결마디) 2개 : 동사 + (부사 : 관용 동사구) + (명사성분 : 전치사구)
  동사변화 : reach 현재분사 reaching ; 진행
  (전치사구) for + 명사 something + (형용사성분: that-절)
      (that-절) that will never make (you) (happy)
        동사 (연결마디) 2개 : 동사 + (대명사) + (형용사)
        동사변화 : 조동사 will(의지, 습성, 요청) + 동사원형 make
행복할 수 없는 걸 바라니까

I don't know (what you're talking about).
  동사 (연결마디) 1개 : 동사 + (what-절)
  동사변화 : 조동사 do(does) + 부사 not + 동사원형 know ; 일반동사 부정문
  (what-절) what you're taking (about)
      동사 (연결마디) 1개 : 동사 + (명사성분 : 전치사구)
      동사변화 : be동사 am/are/is + 현재분사 talking ; 현재진행
무슨 뜻인지 모르겠군요

If you were (free)
  접속사 : if (if조건절)
  동사 (연결마디) 1개 : 동사 + (형용사)
당신이 자유롭고

and Miss Melly were (dead)
  동사 (연결마디) 1개 : 동사 + (형용사)
멜라니가 죽어서

and you had (your precious...
  동사 (연결마디) 1개 : 동사 + (명사구)
(애슐리를) 차지하면

...honorable Ashley), do you think (you'd be happy with him)?
  일반동사 의문문(조동사 Do/Does 사용) : You think → Do you think
  동사 (연결마디) 1개 : 동사 + (명사절)
  (명사절) you'd be (happy) (with him)
        동사 (연결마디) 2개 : 동사 + (형용사) + (부사성분 : 전치사구)
행복할 것 같소?

You'd never know (him),
  동사변화 : 조동사 would(과거시점미래, 습관, 의지) + 동사원형 know
당신은 그를 몰라

never even understand (his mind)...
  수식어구[부사성분] : never, even
이해도 못 하지

YouTube  해설 동영상

...any more than you understand (anything) (except money).
　　동사 (연결마디) 2개 : 동사 + (명사) + (형용사성분 : 전치사구)
당신이 이해하는 건 돈뿐이오

Never mind about that! What I want (to know) is—
　　동사 (연결마디) 1개 : 동사 + (to부정사구 : 명사적용법)
　　(to부정사구) to know
상관 마세요 내가 원하는 건…

You may keep (your sanctity), Scarlett.
　　동사 (연결마디) 1개 : 동사 + (명사구)
　　동사변화 : 조동사 may(능력, 추측, 허가) + 동사원형 keep
당신은 성소를 지키시오

It'll work (no hardship) (on me).
　　동사 (연결마디) 2개 : 동사 + (명사구) + (형용사성분 : 전치사구)
　　동사변화 : 조동사 will(의지, 습성, 요청) + 동사원형 work
난 아쉽지 않으니까

Do you mean (to say you don't care)?
　　일반동사 의문문(조동사 Do/Does 사용) : You mean → Do you mean
　　동사 (연결마디) 1개 : 동사 + (to부정사구 : 명사적용법)
　　(to부정사구) to say (you don't care)
　　　　　동사 (연결마디) 1개 : 동사 + (명사절)
　　　　　(명사절) you don't care
　　　　　　　동사변화 : 조동사 do(does) + 부사 not + 동사원형 care ; 일반동사 부정문
상관없단 말이에요?

The world is (full of many things and many people),
　　동사 (연결마디) 1개 : 동사 + (명사구)
세상엔 여자가 많으니

and I shan't be (lonely).
　　동사 (연결마디) 1개 : 동사 + (형용사)
　　동사변화 : 조동사 shall(단순미래, 의지 등) + 부사 not + 동사원형 be ; 부정문
외롭지 않을 거요

I'll find (comfort) elsewhere.
　　동사 (연결마디) 1개 : 동사 + (명사)
　　동사변화 : 조동사 will(의지, 습성, 요청) + 동사원형 find
　　수식어구[부사성분] : elsewhere
위안은 다른 곳에도 있소

YouTube  해설 동영상

Well, that's (fine).
　　동사 (연결마디) 1개 : 동사 + (형용사)
좋아요

But I warn (you).
　　동사 (연결마디) 1개 : 동사 + (대명사)
하지만

Just in case you change (your mind),
　　동사 (연결마디) 1개 : 동사 + (명사구)
당신 맘이 바뀔지도 모르니

I intend (to lock my door).
　　동사 (연결마디) 1개 : 동사 + (to부정사구 : 명사적용법)
　　(to부정사구) to lock (my door)
　　　　　　　동사 (연결마디) 1개 : 동사 + (명사구)
방문을 잠그겠어요

Why bother? If I wanted (to come in),
　　접속사 : if (if조건절)
　　동사 (연결마디) 1개 : 동사 + (to부정사구 : 명사적용법)
　　동사변화 : want 과거형 wanted ; 과거지사
　　(to부정사구) to come (in)
　　　　　　　동사 (연결마디) 1개 : 동사 + (부사 : 관용 동사구)
내가 들어오고 싶을 땐

no lock could keep (me) (out)!
　　동사 (연결마디) 2개 : 동사 + (대명사) + (부사 : 관용 동사구)
　　동사변화 : 조동사 could(능력, 추측, 허가) + 동사원형 keep
자물쇠로도 막지 못할 걸

I always knew (that most women were cheats, hypocritical and hard).
　　수식어구[부사성분] : always
　　동사 (연결마디) 1개 : 동사 + (that-절)
　　동사변화 : know 과거형 knew ; 과거지사
　　(that-절) that most women were (cheats, hypocritical and hard)
　　　　　접속사 : that
　　　　　동사 (연결마디) 1개 : 동사 + (형용사구)
　　　　　동사변화 : be동사 are 과거형 were ; 과거지사
여자들이란 위선자에 사기꾼이라지만 너무 심해!

But this one....
이번엔

YouTube  해설 동영상

Rhett, it ain't (no use).
　동사 (연결마디) 1개 : 동사 + (명사구)
　동사변화 : be동사 am/are/is + 부사 not ; be동사 부정문
레트, 소용없어요

What do you mean?
　의문사 What + 일반동사 의문문
　일반동사 의문문(조동사 Do/Does 사용) : You mean → Do you mean
무슨 뜻이지?

I mean (you're poisoned with her).
　동사 (연결마디) 1개 : 동사 + (명사절)
　(명사절) you're poisoned (with her)
　　　　동사 (연결마디) 1개 : 동사 + (명사성분 : 전치사구)
　　　　동사변화 : be동사 am/are/is + 과거분사 poisoned ; 수동태
당신은 그 여자 독에 빠졌어요

I don't care (what she's done to you),
　동사 (연결마디) 1개 : 동사 + (what-절)
　동사변화 : 조동사 do(does) + 부사 not + 동사원형 care ; 일반동사 부정문
　(what-절) what she's done (to you)
　　　　동사 (연결마디) 1개 : 동사 + (명사성분 : 전치사구)
　　　　동사변화 : have/has + 과거분사 done ; 일반동사 현재완료
그녀가 어떻게 했든

you're still (in love) (with her).
　동사 (연결마디) 2개 : 동사 + (명사성분 : 전치사구) + (형용사성분 : 전치사구)
　수식어구[부사성분] : still
당신이 사랑하는 마음은 변함 없죠

And don't think (it pleasures me none to say it).
　동사 (연결마디) 1개 : 동사 + (명사절)
　동사변화 : 조동사 do(does) + 부사 not + 동사원형 think ; 일반동사 부정문
　(명사절) it pleasures (me) (none to say it)
　　　　동사 (연결마디) 2개 : 동사 + (대명사) + (to부정사구 : 형용사적 용법)
　　　　(부사 none + to부정사구) none to say (it)
　　　　　　　　동사 (연결마디) 1개 : 동사 + (대명사)
이런 말하는 나도 좋진 않아요

Maybe so! But I'm (through with her),
　동사 (연결마디) 1개 : 동사 + (명사성분 : 전치사구)
그 여자와는 끝장이야!

I tell (you)!
　동사 (연결마디) 1개 : 동사 + (대명사)
말하지만

I'm (through).
　동사 (연결마디) 1개 : 동사 + (형용사성분 : 전치사구)
끝장이야!

YouTube  해설 동영상

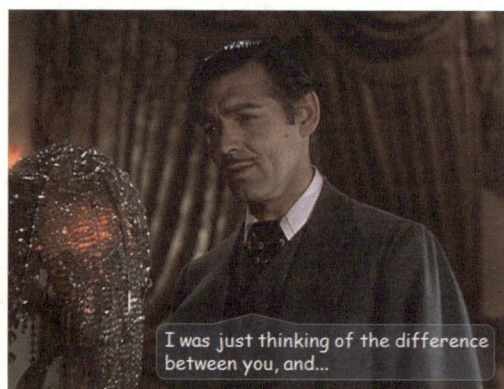

You going (to think of the child).
　　동사 (연결마디) 1개 : 동사 + (to부정사구 : 명사적용법)
　　동사변화 : go 현재분사 going ; 진행
　　(to부정사구) to think (of the child)
　　　　　　　　동사 (연결마디) 1개 : 동사 + (명사성분 : 전치사구)
아이 생각을 해야죠

The child's (worth ten of the mother).
　　동사 (연결마디) 1개 : 동사 + (명사구)
엄마 열보다 나아요

You're (a shrewd woman), Belle, and a very nice one.
　　동사 (연결마디) 1개 : 동사 + (명사구)
당신은 빈틈이 없군 그리고 좋은 사람이야

Yes, Rhett?
그래요?

I was just thinking (of the difference between you), and...
　　동사 (연결마디) 1개 : 동사 + (명사성분 : 전치사구)
　　동사변화 : be동사과거 was/were + 현재분사 thinking ; 과거진행
　　(전치사구) of + 명사 the difference + (형용사성분 : 전치사구)
당신과 아내를 비교해 봤소

...you're both (hard-headed business women)
　　동사 (연결마디) 1개 : 동사 + (명사구)
　　수식어구[부사성분] : both
두 사람 모두 장사를 잘하고

and you're both (successful).
　　동사 (연결마디) 1개 : 동사 + (형용사)
　　수식어구[부사성분] : both
둘 다 성공했지만

But you've got (a heart), Belle...
　　동사 (연결마디) 1개 : 동사 + (명사구)
　　동사변화 : have/has + 과거분사 got ; 일반동사 현재완료
당신에겐 덕이 있어

YouTube  해설 동영상

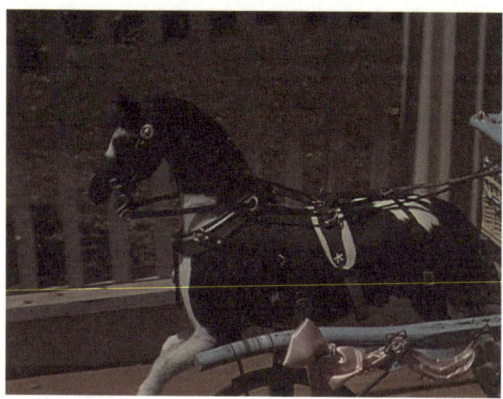

...and you're (honest).
    동사 (연결마디) 1개 : 동사 + (형용사)
그리고 정직해

Goodbye, Rhett.
잘 가요, 레트

Goodbye, Belle.
잘 있어

She'll be (a wonderful horsewoman)!
    동사 (연결마디) 1개 : 동사 + (명사구)
    동사변화 : 조동사 will(의지, 습성, 요청) + be ; 예정
이 앤 말을 잘 탈 거야

YouTube  해설 동영상

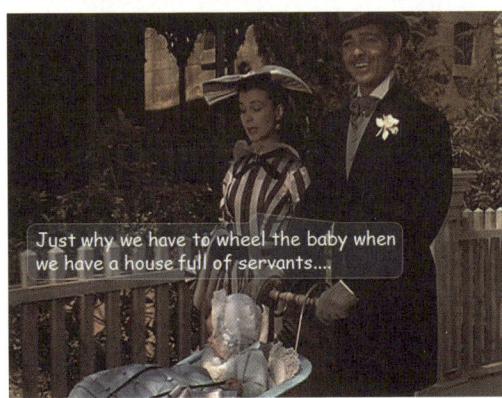

Look (at those hands, and that seat)!
  동사 (연결마디) 1개 : 동사 + (명사성분 : 전치사구)
손하며 앉음새를 보라고

Oh, fiddle-dee-dee!
치!

Just why we have (to wheel the baby)
  의문사 Why + 평서문
  동사 (연결마디) 1개 : 동사 + (to부정사구 : 명사적용법)
  (to부정사구) to wheel (the baby)
            동사 (연결마디) 1개 : 동사 + (명사)
왜 우리가 이래야 하죠?

when we have (a house) (full of servants)....
  접속사 : when
  동사 (연결마디) 2개 : 동사 + (명사) + (형용사구)
하인도 많은데

Good morning, Mrs. Merriwether.
안녕하세요, 메리웨더 부인

Good morning, Captain Butler.
안녕하세요, 버틀러 씨?

Good morning, Scarlett.
안녕, 스칼렛

YouTube  해설 동영상

Making (fools of ourselves) (in front of these old buffaloes)!
    동사 (연결마디) 2개 : 동사 + (명사구) + (형용사성분 : 전치사구)
    동사변화 : make 현재분사 making ; 진행
사람들 앞에서 놀림감이나 되겠군요

If you'd thought (of your position) years ago,
    접속사 : if (if조건절)
    동사 (연결마디) 1개 : 동사 + (명사성분 : 전치사구)
    동사변화 : had + 과거분사 thought ; 일반동사 과거완료
    수식어구[부사성분] : years ago
당신이 전에 행동을 바로 했다면

you wouldn't have (to do this).
    동사 (연결마디) 1개 : 동사 + (to부정사구 : 명사적용법)
    동사변화 : 조동사 would(과거시점미래, 습관, 의지) + not + 동사원형 have ; 부정
    (to부정사구) to do (this)
            동사 (연결마디) 1개 : 동사 + (대명사)
나오지 않아도 됐어

But as it is, we'll cultivate (every female dragon) (of the old guard in this town).
    동사 (연결마디) 2개 : 동사 + (명사구) + (형용사성분 : 전치사구)
    동사변화 : 조동사 will(의지, 습성, 요청) + 동사원형 cultivate
    (전치사구) of + 명사구 the old guard + (형용사성분 : 전치사구)
이렇게 이곳 사람들에게 잘 보이러

Good morning, Mrs. Whiting.
안녕하십니까, 화이팅 부인

Good morning, Captain Butler. Good morning, Scarlett.
안녕하세요? 버틀러 씨, 안녕, 스칼렛

So the millionaire speculator's turning (respectable)!
    동사 (연결마디) 1개 : 동사 + (형용사)
    동사변화 : be동사 am/are/is + 현재분사 turning ; 현재진행
백만장자 투기꾼이면 존경받을 만 하죠

YouTube  해설 동영상

All of our money can't buy (what I want for Bonnie).
    동사 (연결마디) 1개 : 동사 + (what-절)
    동사변화 : 조동사 can(능력, 추측, 허가) + 부사 not + 동사원형 buy ; 부정문
    (what-절) what I want (for Bonnie)
        접속사 : what
        동사 (연결마디) 1개 : 동사 + (명사성분 : 전치사구)
돈으로 보니에게 필요한 걸 다 살 순 없어,

Oh, I'll admit (I've been at fault, too).
    동사 (연결마디) 1개 : 동사 + (명사절)
    동사변화 : 조동사 will(의지, 습성, 요청) + 동사원형 admit
    (명사절) I've been (at fault), too
        동사 (연결마디) 1개 : 동사 + (명사성분 : 전치사구)
        동사변화 : have/has + 과거분사 been ; be동사 현재완료
        수식어구[부사성분] : too
내 잘못도 있지

But Bonnie's going (to have a place among decent people).
    동사 (연결마디) 1개 : 동사 + (to부정사구 : 명사적용법)
    동사변화 : be동사 am/are/is + 현재분사 going ; 현재진행
    (to부정사구) to have (a place) (among decent people)
        동사 (연결마디) 2개 : 동사 + (명사) + (형용사성분 : 전치사구)
보니는 점잖은 사람들과 어울려야 해

Yes, even if we both have (to crawl on our bellies to every fat old cat).
    접속사구 : even if (~일지라도)
    동사 (연결마디) 1개 : 동사 + (to부정사구 : 명사적용법)
    (to부정사구) to crawl (on our bellies) (to every fat old cat)
        동사 (연결마디) 2개 : 동사 + (명사성분 : 전치사구) + (형용사성분 : 전치사구)
우리가 늙은 고양이들 앞에서 기는 한이 있더라도 말야

Good morning, Mrs. Meade.
안녕하세요, 미드 부인?

Good morning, Captain Butler. Good morning, Scarlett.
안녕하세요? 버틀러 씨 안녕, 스칼렛?

YouTube  해설 동영상

Mrs. Merriwether, I've always had (a great regard) (for your knowledge).
　　동사 (연결마디) 2개 : 동사 + (명사구) + (형용사성분 : 전치사구)
　　동사변화 : have/has + 과거분사 had ; 일반동사 현재완료
메리웨더 부인, 아시는 게 많으니

I wonder (if you could give me some advice).
　　동사 (연결마디) 1개 : 동사 + (명사절)
　　(명사절) if you could give (me) (some advice)
　　　　　접속사 : if (if조건절)
　　　　　동사 (연결마디) 2개 : 동사 + (대명사) + (명사구)
　　　　　동사변화 : 조동사 could(능력, 추측, 허가) + 동사원형 give
좀 가르쳐 주십시오

Why, certainly, Captain Butler.
뭔데 그러죠?

My Bonnie sucks (her thumb).
　　동사 (연결마디) 1개 : 동사 + (명사구)
　　동사변화 : suck 3인칭단수현재 sucks
보니가 손가락을 빠는데

I can't make (her) (stop it).
　　동사 (연결마디) 2개 : 동사 + (대명사) + (원형부정사구 : 형용사적용법)
　　동사변화 : 조동사 can(능력, 추측, 허가) + 부사 not + 동사원형 make ; 부정문
　　(원형부정사구) stop (it)
　　　　　동사 (연결마디) 1개 : 동사 + (대명사)
고칠 수가 없어요

You should make (her) (stop it).
　　동사 (연결마디) 2개 : 동사 + (대명사) + (원형부정사구 : 형용사적용법)
　　동사변화 : 조동사 should(~해야 한다, ~할 것이다) + 동사원형 make
　　(원형부정사구) stop (it)
　　　　　동사 (연결마디) 1개 : 동사 + (대명사)
고쳐줘야 해요

It'll ruin (the shape of her mouth).
　　동사 (연결마디) 1개 : 동사 + (명사구)
　　동사변화 : 조동사 will(의지, 습성, 요청) + 동사원형 ruin
입 모양이 망가지니까요

I know, I know.
그러니까요

YouTube  해설 동영상

She has such (a beautiful mouth), too.
    동사 (연결마디) 1개 : 동사 + (명사구)
    수식어구[부사성분] : such, too
네, 입이 얼마나 예쁜데요

I tried (putting soap under her nails).
    동사 (연결마디) 1개 : 동사 + (-ing구 : 명사적용법)
    동사변화 : try 과거형 tried ; 과거지사
    (-ing구) putting (soap) (with her nails)
        동사 (연결마디) 2개 : 동사 + (명사) + (형용사성분 : 전치사구)
손톱에 비누를 발라봤지만

Soap! Bah!
그건 안돼요,

Put (quinine) (on her thumb)
    동사 (연결마디) 2개 : 동사 + (명사) + (형용사성분 : 전치사구)
키니네를 바르면

and she'll stop (sucking it) quick enough.
    동사 (연결마디) 1개 : 동사 + (-ing구 : 명사적용법)
    동사변화 : 조동사 will(의지, 습성, 요청) + 동사원형 stop
    (-ing구) sucking (it)
        동사 (연결마디) 1개 : 동사 + (대명사)
금새 고쳐지죠

Quinine! I never would have (thought of it).
    동사 (연결마디) 1개 : 동사 + (명사구)
    수식어구[부사성분] : never
    동사변화 : 조동사 would(과거시점미래, 습관, 의지) + 동사원형 have
그 생각을 못 했군요

I can't thank (you) (enough), Mrs. Merriwether.
    동사 (연결마디) 2개 : 동사 + (대명사) + (형용사)
    동사변화 : 조동사 can(능력, 추측, 허가) + 부사 not + 동사원형 thank ; 부정문
정말 고맙습니다

You've taken (a great load) (off my mind)! Good morning.
    동사 (연결마디) 2개 : 동사 + (명사구) + (형용사성분 : 전치사구)
    동사변화 : have/has + 과거분사 taken ; 일반동사 현재완료
큰 걱정을 덜었답니다. 안녕히 가세요

YouTube  해설 동영상

Good morning, Dolly.
안녕하세요?

Wasn't that (Captain Butler)?
   be동사 부정의문문(주어, 동사 위치변경) : That <u>wasn't</u> → <u>Wasn't</u> that...?
   동사 (연결마디) 1개 : <u>동사</u> + (고유명사)
저 사람 혹시 버틀러 씨 아녜요?

Good morning, Caroline. I was just thinking.
   동사 (연결마디) 없음 : <u>동사</u> 단독
   동사변화 : be동사과거 was/were + 현재분사 thinking ; 과거진행
이런 생각을 했어요

There must be (a great deal of good) (in a man who could love a child so much).
   동사 (연결마디) 2개 : <u>동사</u> + (명사구) + (형용사성분 : 전치사구)
   동사변화 : 조동사 must(의무, 강한 추측) + be ; 예정
   (전치사구) in + 명사 a man + (형용사성분 : who-절)
        (who-절) who <u>could love</u> (a child) (so much)
            동사 (연결마디) 2개 : <u>동사</u> + (명사) + (형용사구)
            동사변화 : 조동사 could(능력, 추측, 허가) + 동사원형 love
아이를 저렇게 생각하는 사람은 악하지 않을 거라고요

But of course there is!
그렇고 말고요

Oh, did I tell (you) (that Fanny Elsing told Dr. Meade that Captain Butler)...
   일반동사 과거의문문(조동사 Do/Does과거 Did 사용) : I <u>told</u> → <u>Did</u> I tell
   동사 (연결마디) 2개 : <u>동사</u> + (대명사) + (that-절)
   (that-절) that Fanny Elsing <u>told</u> (Dr. Meade) (that Captain Butler)
        동사 (연결마디) 2개 : <u>동사</u> + (명사구) + (that-절)
        동사변화 : tell 과거형 told ; 과거지사
우리 남편이 패니 엘싱한테 들었는데 버틀러 씨가

YouTube  해설 동영상

...finally admitted (he was honored by the Confederate Congress)...
    동사 (연결마디) 1개 : 동사 + (명사절)
    동사변화 : admit 과거형 admitted ; 과거지사
    (명사절) he was honored (by the Confederate Congress)
        동사 (연결마디) 1개 : 동사 + (명사성분 : 전치사구)
        동사변화 : be동사과거 was/were + 과거분사 honored ; 과거수동태
훈장까지 탔대요

...for his services at the Battle of Franklin?
프랭클린전투에서

No! And did I tell (you), Caroline, that Captain Butler...
    일반동사 과거의문문(조동사 Do/Does과거 Did 사용) : I told → Did I tell
그래요? 내가 이 얘길 했나요?

...made (a stupendous contribution) (to the Association for the Beautification)...
    동사 (연결마디) 2개 : 동사 + (명사구) + (형용사성분 : 전치사구)
    동사변화 : make 3인칭단수현재 made
버틀러 씨가 큰돈을 냈대요

...of the Graves of the Glorious Dead?
전사자 묘지단장에도

No!
어쩜...

YouTube  해설 동영상

My little grand baby, Napoleon Picard, is giving (a party) (for Bonnie) next week.
   동사 (연결마디) 2개 : 동사 + (명사) + (형용사성분 : 전치사구)
   동사변화 : be동사 am/are/is + 현재분사 giving ; 현재진행
   수식어구[부사성분] : next week
우리 손주 나폴레옹 피카드가 보니를 위해 파티를 열 거예요

Why, Dolly Merriwether, you know right well (it was my idea)...
   동사 (연결마디) 1개 : 동사 + (명사절)
   수식어구[부사성분] : right, well
   (명사절) it was (my idea)
       동사 (연결마디) 1개 : 동사 + (명사구)
       동사변화 : be동사 am/is 과거형 was ; 과거지사
내 아이디어예요

...to give (a party) (for Bonnie Butler)!
   (to부정사구) 동사 (연결마디) 2개 : 동사 + (명사) + (형용사성분 : 전치사구)
보니에게 파티를 열자는 건

Why Caroline Meade....
아니, 미드 부인...

Now watch (Daddy) (put your pony over), Bonnie. Now watch.
   동사 (연결마디) 2개 : 동사 + (명사) + (원형부정사구 : 형용사적용법)
   (원형부정사구) put (your pony) (over)
       동사 (연결마디) 2개 : 동사 + (명사구) + (형용사)
장애물 넘는 걸 봐라 보니, 잘 봐!

Daddy, let (me)! Let me!
   동사 (연결마디) 1개 : 동사 + (대명사)
나도 해볼래, 아빠

YouTube  해설 동영상

All right, darling. Put (her) (on), Pork!
　동사 (연결마디) 2개 : 동사 + (대명사) + (부사성분 : 전치사구)
그래라. 태워 줘, 포크

Up we go.
어서 타자,

Oh, there!
됐다!

Lordsy mercy! There he goes (again)!
　동사 (연결마디) 1개 : 동사 + (부사)
　동사변화 : go 3인칭단수현재 goes
맙소사, 또 시작이시네

Grip tightly (with your legs) and sit close.
다리를 바짝 붙이고

Lean (forward)
몸을 앞으로 숙여

and be (sure) (you go with him).
　동사 (연결마디) 2개 : 동사 + (형용사) + (부사절)
　(부사절) you go (with him)
　　　　동사 (연결마디) 1개 : 동사 + (형용사성분 : 전치사구)
겁내지 말고

Hold (your reins) properly (in a firm hand). Up!
　동사 (연결마디) 2개 : 동사 + (명사구) + (형용사성분 : 전치사구)
　수식어구[부사성분] : properly
고삐도 잘 잡고, 뛰어

YouTube  해설 동영상

That was (fine)!
   동사 (연결마디) 1개 : 동사 + (형용사)
   동사변화 : be동사 am/is 과거형 was ; 과거지사
그래,

I knew (you'd do it)!
   동사 (연결마디) 1개 : 동사 + (명사절)
   동사변화 : know 과거형 knew ; 과거지사
   (명사절) you'd do (it)
        동사 (연결마디) 1개 : 동사 + (대명사)
        동사변화 : 조동사 would(과거시점미래, 습관, 의지) + 동사원형 do
아주 잘 했다

When you get (a little older),
   접속사 : when
   동사 (연결마디) 1개 : 동사 + (형용사구)
조금 더 크면

I'll take (you) (to Kentucky and Virginia).
   동사 (연결마디) 2개 : 동사 + (대명사) + (형용사성분 : 전치사구)
   동사변화 : 조동사 will(의지, 습성, 요청) + 동사원형 take
켄터키랑 버지니아에도 데려가마

You'll be (the greatest horse woman) (in the South).
   동사 (연결마디) 2개 : 동사 + (명사구) + (형용사성분 : 전치사구)
   동사변화 : 조동사 will(의지, 습성, 요청) + be ; 예정
넌 남부 제일의 기수가 될 거야,

Give (your daddy) (a kiss).
   동사 (연결마디) 2개 : 동사 + (명사구) + (명사)
뽀뽀해다오

Mr. Rhett! Mr. Rhett!
나리!

Mr. Rhett!
나리!

YouTube  해설 동영상

Did you see (her), Mammy?
    일반동사 과거의문문(조동사 Do/Does과거 Did 사용) : You saw → Did you see
    동사 (연결마디) 1개 : 동사 + (대명사)
봤지, 유모?

Wasn't she (wonderful)?
    be동사과거 부정의문문(주어, 동사 위치변경) : She wasn't → Wasn't she...?
    동사 (연결마디) 1개 : 동사 + (형용사)
우리 보니 참 잘 타지?

Mr. Rhett, I have told (you) and told you (it just ain't fitting)...
    동사 (연결마디) 2개 : 동사 + (대명사) + (명사절)
    동사변화 : have/has + 과거분사 told ; 일반동사 현재완료
    (명사절) it just ain't fitting
        동사변화 : am/are/is + 부사 not + 현재분사 fitting ; 현재진행부정
보기에 안 좋아요

...for a girl child (to ride astraddle with her dress flying up)!
    명사구 a girl child + (to부정사구 : 형용사적 용법)
    (to부정사구) to ride (astraddle) (with her dress flying up)
        동사 (연결마디) 2개 : 동사 + (형용사) + (부사성분 : 전치사구)
        (전치사구) with + 명사구 her dress + (-ing구 : 형용사적 용법)
        (-ing구) flying (up)
        동사 (연결마디) 1개 : 동사 + (부사 : 관용 동사구)
여자가 치마를 날리면서 말을 타는 건

All right, Mammy. I'll teach (her) (to ride sidesaddle).
    동사 (연결마디) 2개 : 동사 + (대명사) + (to부정사구 : 명사적용법)
    동사변화 : 조동사 will(의지, 습성, 요청) + 동사원형 teach
    (to부정사구) to ride (sidesaddle)
        동사 (연결마디) 1개 : 동사 + (형용사)
좋아, 그럼 옆으로 타는 걸 가르치지

And I'll buy (her) (a blue velvet riding habit).
    동사 (연결마디) 2개 : 동사 + (대명사) + (명사구)
    동사변화 : 조동사 will(의지, 습성, 요청) + 동사원형 buy
그리고 푸른 벨벳으로 된 승마복도 사줄 거야

She'll love (that).
    동사 (연결마디) 1개 : 동사 + (대명사)
    동사변화 : 조동사 will(의지, 습성, 요청) + 동사원형 love
보니도 좋아할 거야

A nice black broadcloth is (what little girls wear).
    동사 (연결마디) 1개 : 동사 + (명사구)
얌전한 검은색으로 하세요

YouTube  해설 동영상

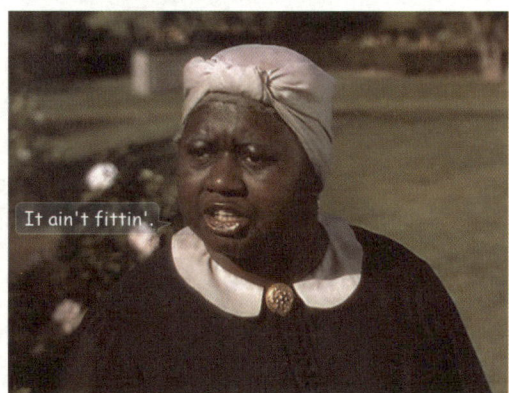

Now, Mammy, be (reasonable).
   동사 (연결마디) 1개 : 동사 + (형용사)
유모, 그건 안 되겠어

Well, I don't think (it's fitting), but....
   동사 (연결마디) 1개 : 동사 + (명사절)
   동사변화 : 조동사 do(does) + 부사 not + 동사원형 think ; 일반동사 부정문
   (명사절) it's fitting
        동사변화 : be동사 am/are/is + 현재분사 fitting ; 현재진행
옳지 못해요

It ain't fitting, it just ain't fitting.
   동사변화 : am/are/is + 부사 not + 현재분사 fitting ; 현재진행부정
난 맘에 안 든다구요

It ain't fitting.
   동사변화 : am/are/is + 부사 not + 현재분사 fitting ; 현재진행부정
안 들어요...

Why, Scarlett!
스칼렛,

What are you doing (downtown) (at this time of day)?
   의문사 What + be동사 의문문
   be동사 의문문(주어, 동사 위치변경) : You are doing ... → Are you doing...?
   동사 (연결마디) 2개 : 동사 + (명사) + (형용사성분 : 전치사구)
이 시간에 웬일이오?

YouTube  해설 동영상

Ashley, I just--
애슐리, 그게...

Why aren't you helping (Melly get ready for my surprise birthday party)?
  의문사 Why + be동사 부정의문문
  be동사 부정의문문(주어, 동사 위치변경) : you aren't → aren't you...?
  동사 (연결마디) 1개 : 동사 + (명사절)
  (명사절) Melly get (ready) (for my surprise birthday party)
        동사 (연결마디) 2개 : 동사 + (형용사) + (부사성분 : 전치사구)
멜라니가 내 생일파티 준비하는 거 도와주지 않고?

Why, Ashley Wilkes, you aren't supposed (to know anything about that).
  동사 (연결마디) 1개 : 동사 + (to부정사구 : 명사적용법)
  동사변화 : am/are/is + 부사 not + 과거분사 supposed ; 수동태부정
  (to부정사구) to know (anything) (about that)
        동사 (연결마디) 2개 : 동사 + (명사) + (형용사성분 : 전치사구)
당신은 모르는 줄 알았는데요

Melly'd be so (disappointed)
  동사 (연결마디) 1개 : 동사 + (형용사)
  동사변화 : 조동사 would(과거시점미래, 습관, 의지) + be ; 예정
  수식어구[부사성분] : so
실망할 거예요

if you weren't surprised.
  접속사 : if (if조건절)
  동사변화 : was/were + 부사 not + 과거분사 surprised ; 과거수동태부정
당신이 놀라지 않으면

I won't let (on).
  동사 (연결마디) 1개 : 동사 + (부사 : 관용 동사구)
  동사변화 : 조동사 will(의지, 습성, 요청) + 부사 not + 동사원형 let ; 부정
그럴 일은 없소.

I'll be (the most surprised man) (in Atlanta).
  동사 (연결마디) 2개 : 동사 + (명사구) + (형용사성분 : 전치사구)
  동사변화 : 조동사 will(의지, 습성, 요청) + be ; 예정
난 애틀랜타에서 가장 행복한 사나이가 될 거요

As long as you're (here),
  접속사구 : as long as
  동사 (연결마디) 1개 : 동사 + (부사)
왔으니

let (me) (show you the books)...
  동사 (연결마디) 2개 : 동사 + (대명사) + (원형부정사구 : 형용사적용법)
  (원형부정사구) show (you) (the books)
        동사 (연결마디) 2개 : 동사 + (대명사) + (명사)
장부나 봐요

YouTube  해설 동영상

...so you can see just (how bad a business man I really am).
   동사 (연결마디) 1개 : 동사 + (명사구)
   동사변화 : 조동사 can(능력, 추측, 허가) + 동사원형 see
   (명사구) 의문사구 how bad + (명사구)
       (명사구) 명사구 a business man + (형용사절)
          (형용사절) I really am
내 장사 솜씨가 얼마나 형편없는지

Oh, don't (let's fool with any books today).
   동사 (연결마디) 1개 : 동사 + (명사절)
   (명사절) let (us) (fool with any books today)
       동사 (연결마디) 2개 : 동사 + (대명사) + (원형부정사구 : 형용사적용법)
       (원형부정사구) fool (with any books) today
          동사 (연결마디) 1개 : 동사 + (명사성분 : 전치사구)
오늘은 다 귀찮아요

When I'm wearing (a new bonnet),
   접속사 : when
   동사 (연결마디) 1개 : 동사 + (명사구)
   동사변화 : be동사 am/are/is + 현재분사 wearing ; 현재진행
새 옷을 입으면

all the figures (I ever knew)...
   명사구 all the figures + (형용사절)
   (형용사절) I ever knew
       동사변화 : know 과거형 knew ; 과거지사
       수식어구[부사성분] : ever
알고 있던 숫자들이

...go right slap (out of my head).
   동사 (연결마디) 1개 : 동사 + (명사성분 : 전치사구)
   동사변화 : (help / go / come 등) + 일반동사 slap
머리에 들어오지 않거든요

The figures are well lost (when the bonnet's as pretty as that one).
   동사 (연결마디) 1개 : 동사 + (when-절)
   동사변화 : be동사 am/are/is + 과거분사 lost ; 수동태
   (when-절) when the bonnet's (as pretty) (as that one)
       접속사 : when
       동사 (연결마디) 2개 : 동사 + (형용사성분 : 전치사구) + (부사성분 : 전치사구)
그렇게 예쁜 옷을 입었으니 숫자가 도망가지

Scarlett, you know,
당신은

you get (prettier) (all the time).
   동사 (연결마디) 2개 : 동사 + (형용사) + (부사구)
날로 아름답소

You haven't changed (a bit) (since the day of our last barbecue at Twelve Oaks)...

YouTube  해설 동영상

동사 (연결마디) 2개 : 동사 + (명사) + (형용사성분 : 전치사구)
　　동사변화 : have/has + 부사 not + 과거분사 changed ; 현재완료부정
　　(전치사구) since + 명사구 the day of our last barbecue + (형용사성분 : 전치사구)
열두 참나무 집 마지막 파티 때와 똑같아요

...where you sat (under a tree) (surrounded by dozens of beaux).
　　접속사 : where
　　동사 (연결마디) 2개 : 동사 + (명사성분 : 전치사구) + (과거분사구 : 형용사적 용법)
　　동사변화 : set 과거형 sat ; 과거지사
　　(과거분사구) surrounded (by dozens of beaux)
　　　　　　　동사 (연결마디) 1개 : 동사 + (형용사성분 : 전치사구)
나무 밑에 앉아 청년들에게 둘러싸였을 때

That girl doesn't exist (anymore).
　　동사 (연결마디) 1개 : 동사 + (부사)
　　동사변화 : 조동사 do/does + 부사 not + 동사원형 exist ; 일반동사 부정문
그 소녀는 이제 없어요

Nothing's turned (out) (as I expected), Ashley.
　　동사 (연결마디) 2개 : 동사 + (부사 : 관용 동사구) + (명사성분 : 전치사구)
　　동사변화 : be동사과거 was/were + 과거분사 turned ; 과거수동태
　　(전치사구) as + (명사절)
　　　　　　(명사절) I expected
　　　　　　　　　동사 (연결마디) 없음 : 동사 단독
　　　　　　　　　동사변화 : expect 과거형 expected ; 과거지사
모든 게 생각대로 되지 않았죠

Nothing.
아무 것도요

Yes, we've travelled (a long road) (since the old days), haven't we, Scarlett?
　　동사 (연결마디) 2개 : 동사 + (명사구) + (형용사성분 : 전치사구)
　　동사변화 : have/has + 과거분사 travelled ; 일반동사 현재완료
　　haven't we? : 부가의문문
그 날 이후 우린 먼 길을 왔소

YouTube  해설 동영상

Oh, the lazy days...
그 한가롭던 날들

...the warm, still country twilights...
따스한 석양...

...the high, soft negro laughter from the quarters...
흑인들의 부드러운 웃음소리

...the golden warmth and security of those days.
그 시절은 모든 게 안전하고 따스했지

Don't look (back), Ashley.
   동사 (연결마디) 1개 : 동사 + (부사 : 관용 동사구)
   동사변화 : 조동사 Do + 부사 not + 동사원형 look ; ~하지마라(명령문)
뒤돌아보지 말아요, 애슐리

Don't look (back).
   동사 (연결마디) 1개 : 동사 + (부사 : 관용 동사구)
   동사변화 : 조동사 Do + 부사 not + 동사원형 look ; ~하지마라(명령문)
뒤돌아보지 말아요

YouTube  해설 동영상

It drags (at your heart) (till you can't do anything, but look back).
　　동사 (연결마디) 2개 : 동사 + (명사성분 : 전치사구) + (형용사성분 : 전치사구)
　　동사변화 : drag 3인칭단수현재 drags
　　(전치사구) till + (명사절)
　　　　　　(명사절) you can't do (anything)
　　　　　　　　　동사 (연결마디) 1개 : 동사 + (명사)
　　　　　　　　　동사변화 : 조동사 can(능력, 추측, 허가) + 부사 not + 동사원형 do ; 부정문
　　　　　　　　　but look (back)
　　　　　　　　　동사 (연결마디) 1개 : 동사 + (부사 : 관용 동사구)
과거에 얽매여 있는 한 당신은 아무 것도 할 수 없어요

I didn't mean (to make you sad), my dear.
　　동사 (연결마디) 1개 : 동사 + (to부정사구 : 명사적용법)
　　동사변화 : 조동사과거 did + 부사 not + 동사원형 mean ; 과거부정
　　(to부정사구) to make (you) (sad)
　　　　　　　동사 (연결마디) 2개 : 동사 + (대명사) + (형용사)
당신을 슬프게 하고 싶진 않았소

I'd never want (you) (to be anything but completely happy).
　　동사 (연결마디) 2개 : 동사 + (대명사) + (to부정사구 : 형용사적 용법)
　　동사변화 : 조동사 would(과거시점미래, 습관, 의지) + 동사원형 want
　　(to부정사구) to be (anything) (but completely happy)
　　　　　　　　동사 (연결마디) 2개 : 동사 + (명사) + (형용사구)
당신이 행복하기만을 바랄 뿐이오

Oh, Ashley!
애슐리!

YouTube  해설 동영상

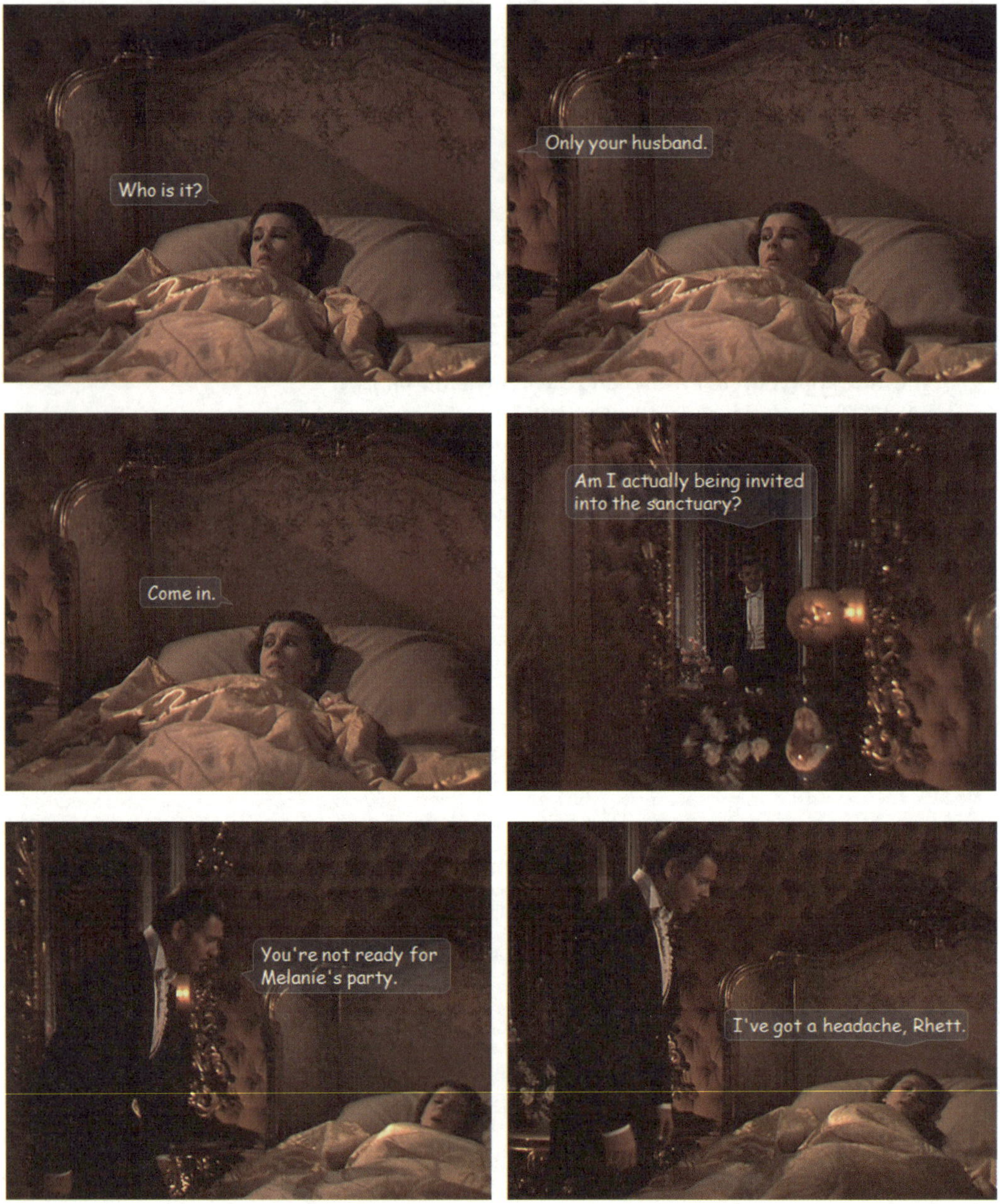

Who is it?
  의문사 Who + be동사 의문문
  be동사 의문문(주어, 동사 위치변경) : It is... → Is it...?
누구에요?

Only your husband.
당신 남편이오

Come (in).
  동사 (연결마디) 1개 : 동사 + (부사 : 관용 동사구)
들어와요

Am I actually being invited (into the sanctuary)?
  be동사 의문문(주어, 동사 위치변경) : I am... → am I...?
  동사 (연결마디) 1개 : 동사 + (명사성분 : 전치사구)
  동사변화 : be동사 am/are/is + being + 과거분사 invited ; 수동태현재진행
  수식어구[부사성분] : actually
성소에 초대받은 건가?

You're not (ready) (for Melanie's party).
  동사 (연결마디) 2개 : 동사 + (형용사) + (부사성분 : 전치사구)
  동사변화 : be동사 am/are/is + 부사 not ; be동사 부정문
파티에 갈 준비도 안 했군

I've got (a headache), Rhett.
  동사 (연결마디) 1개 : 동사 + (명사)
  동사변화 : have/has + 과거분사 got ; 일반동사 현재완료
머리가 아파요

YouTube  해설 동영상

You go (without me),
   동사 (연결마디) 1개 : 동사 + (형용사성분 : 전치사구)
가서

and make (my excuses) (to Melanie).
   동사 (연결마디) 2개 : 동사 + (명사구) + (형용사성분 : 전치사구)
멜라니에게 말해주세요

What (a white-livered little coward you are)!
   감탄문 = What + (명사(구))
         (명사구) 명사구 a white-livered little coward + (형용사절)
             (형용사절) you are
간이 콩알만 해져 있군,

Get (up)!
   동사 (연결마디) 1개 : 동사 + (부사 : 관용 동사구)
일어나

You're going (to that party)
   동사 (연결마디) 1개 : 동사 + (명사성분 : 전치사구)
   동사변화 : be동사 am/are/is + 현재분사 going ; 현재진행
파티에 가는 거야

and you'll have (to hurry).
   동사 (연결마디) 1개 : 동사 + (to부정사구 : 명사적용법)
   동사변화 : 조동사 will(의지, 습성, 요청) + 동사원형 have
   (to부정사구) to hurry
서둘러야 해

Has India dared (to).
   현재완료 의문문(have동사 위치변경) : India has dared... → Has india dared...?
인디아가 말을...-

Yes, my dear. India has!
그래, 인디아가

Every woman and man in town knows (the story)!
   동사 (연결마디) 1개 : 동사 + (명사)
마을 사람 모두가 알아

YouTube  해설 동영상

You **should kill** (them), (spreading lies).
  동사 (연결마디) 2개 : 동사 + (대명사) + (-ing구 : 형용사적 용법)
  동사변화 : 조동사 should(~해야 한다, ~할 것이다) + 동사원형 kill
  (-ing구) spreading (lies)
      동사 (연결마디) 1개 : 동사 + (명사)
거짓을 퍼뜨리다니 혼 내줘요!

I **have** (a strange way) (of not killing people who tell the truth).
  동사 (연결마디) 2개 : 동사 + (명사구) + (형용사성분 : 전치사구)
  (전치사구) of + (-ing구 : 명사적용법)
      (-ing구) not killing (people) (who tell the truth)
          동사 (연결마디) 2개 : 동사 + (명사) + (형용사성분 : who-절)
      (who-절) who tell (the truth)
          동사 (연결마디) 1개 : 동사 + (명사)
그들은 사실을 말했을 뿐이오

There**'s** (no time) (to argue) now. Get up!
  동사 (연결마디) 2개 : 동사 + (명사구) + (to부정사구 : 형용사적 용법)
  (to부정사구) to argue
이럴 때가 아니지, 일어나

I **won't go**!
  동사변화 : 조동사 will(의지, 습성, 요청) + 부사 not + 동사원형 go ; 부정
못가요

I **can't go**
  동사변화 : 조동사 can(능력, 추측, 허가) + 부사 not + 동사원형 go ; 부정문
못 나가요

until this misunderstanding **is cleared** (up).
  접속사 : until
  동사 (연결마디) 1개 : 동사 + (부사 : 관용 동사구)
  동사변화 : be동사 am/are/is + 과거분사 cleared ; 수동태
오해가 풀리기 전에

You **won't cheat** (Miss Melly) (out of the satisfaction of publicly)...
  동사 (연결마디) 2개 : 동사 + (명사구) + (형용사성분 : 전치사구)
  동사변화 : 조동사 will(의지, 습성, 요청) + 부사 not + 동사원형 cheat ; 부정
사람들 앞에서 멜라니를 속이려 마오

...**ordering** (you) (out of her house).
  동사 (연결마디) 2개 : 동사 + (대명사) + (형용사성분 : 전치사구)
  동사변화 : order 현재분사 ordering ; 진행
당신을 쫓아 내더라도

YouTube 해설 동영상

There was (nothing wrong).
    동사 (연결마디) 1개 : 동사 + (명사구)
잘못한 거 없어요.

India hates (me) so.
    동사 (연결마디) 1개 : 동사 + (대명사)
인디아는 날 미워해요

I can't go, Rhett.
    동사변화 : 조동사 can(능력, 추측, 허가) + 부사 not + 동사원형 go ; 부정문
못 가겠어요

I couldn't face (it).
    동사 (연결마디) 1개 : 동사 + (대명사)
    동사변화 : 조동사 could(능력, 추측, 허가) + not + 동사원형 face ; 부정문
갈 수 없어요

If you don't show (your face) tonight,
    동사 (연결마디) 1개 : 동사 + (명사구)
    동사변화 : 조동사 do/does + 부사 not + 동사원형 show ; 일반동사 부정문
오늘밤에 안 가면

you'll never be (able) (to as long as you live).
    동사 (연결마디) 2개 : 동사 + (형용사) + (부사성분 : 전치사구)
    동사변화 : 조동사 will(의지, 습성, 요청) + be ; 예정
    (전치사구) to + (명사절)
            (명사절) as long as you live
                접속사구 as long as
평생 사람들 얼굴 못 봐

While that wouldn't bother (me),
    접속사 : while
    동사변화 : 조동사 would(과거시점미래, 습관, 의지) + not + 동사원형 bother ; 부정
난 괜찮지만

you're ruining (Bonnie's chances).
    동사변화 : be동사 am/are/is + 현재분사 running ; 현재진행
보니를 생각해야지

You're going (to that party),
    동사변화 : be동사 am/are/is + 현재분사 going ; 현재진행
파티에 가.

if only for her sake. Now, get dressed!
    접속사구 : if only (이면 좋을텐데)
    동사변화 : get + 과거분사 dressed ; (be동사보다 역동적) 수동태
보니를 위해서 옷 입어!

Wear that! Nothing modest or matronly will do (for this occasion).
    형용사구 : modest or matronly
    동사 (연결마디) 1개 : 동사 + (명사성분 : 전치사구)
    동사변화 : 조동사 will(의지, 습성, 요청) + 동사원형 do
이런 상황에 고상한 건 필요 없지

YouTube  해설 동영상

And put (on) (plenty of rouge).
    동사 (연결마디) 2개 : 동사 + (부사 : 관용 동사구) + (명사구)
루즈도 진하게 칠해.

I want (you) (to look your part tonight).
    동사 (연결마디) 2개 : 동사 + (대명사) + (to부정사구 : 형용사적 용법)
    (to부정사구) to look (your part) tonight
            동사 (연결마디) 1개 : 동사 + (명사구)
            수식어구[부사성분] : tonight
한껏 멋을 부리라고

"For he's (a jolly good fellow) For he's a jolly good fellow"
    동사 (연결마디) 1개 : 동사 + (명사구)
그는 재미있는 친구 함께 있으면 즐거워

"For he's (a jolly good fellow) (Which nobody can deny)"
    동사 (연결마디) 2개 : 동사 + (명사구) + (형용사성분 : which-절)
    (which-절) which nobody can deny
            접속사 : which
            동사 (연결마디) 없음 : 동사 단독
            동사변화 : 조동사 can(능력, 추측, 허가) + 동사원형 deny
모두가 좋아 한다네

"Which nobody can deny Which nobody can deny"
    접속사 : which
    동사 (연결마디) 없음 : 동사 단독
    동사변화 : 조동사 can(능력, 추측, 허가) + 동사원형 deny
모두가 좋아 한다네

"For he's (a jolly good fellow)...."
    동사 (연결마디) 1개 : 동사 + (명사구)
재미있는 친구 함께

Good night, Scarlett.
잘 놀아, 스칼렛.

YouTube  해설 동영상

But Rhett, you can't--
당신은요?

You go (into the arena) alone.
    동사 (연결마디) 1개 : 동사 + (명사성분 : 전치사구)
    수식어구[부사성분] : alone
경기장엔 혼자 가는 거야.

The lions are (hungry) (for you).
    동사 (연결마디) 2개 : 동사 + (형용사) + (부사성분 : 전치사구)
사자들이 굶주려 있군

Oh, Rhett, don't leave (me). Don't.
    동사 (연결마디) 1개 : 동사 + (대명사)
    동사변화 : 조동사 Do + 부사 not + 동사원형 leave ; ~하지마라(명령문)
가지 마세요, 제발

You're not (afraid)?
    동사 (연결마디) 1개 : 동사 + (형용사)
    동사변화 : be동사 am/are/is + 부사 not ; be동사 부정문
겁나는 건 아니겠지?

"Which nobody can deny Which nobody can deny"
    접속사 : which
    동사 (연결마디) 없음 : 동사 단독
    동사변화 : 조동사 can(능력, 추측, 허가) + 동사원형 deny
부정하는 사람은 없어

YouTube  해설 동영상

"For he's (a jolly good fellow) For he's a jolly good fellow"
  동사 (연결마디) 1개 : 동사 + (명사구)
그는 재미있는 친구 함께 있으면 즐거워

What (a lovely dress), Scarlett, darling.
  감탄문 = What + (명사(구))
예쁜 드레스예요, 스칼렛

India wasn't (able) (to come tonight).
  동사 (연결마디) 2개 : 동사 + (형용사) + (to부정사구 : 부사적용법)
  동사변화 : be동사 was/were + 부사 not ; be동사 과거 부정문
  (to부정사구) to come tonight
      동사 (연결마디) 없음 : 동사 단독
      수식어구[부사성분] : tonight
인디아는 안 왔어요

Will you be (an angel)?
  조동사 의문문(주어, 조동사 위치변경) : You will be → Will you be
  동사 (연결마디) 1개 : 동사 + (명사)
부탁 좀 할 게요

YouTube  해설 동영상

I do need (you) (to help me receive my guests).
　　동사 (연결마디) 2개 : 동사 + (대명사) + (to부정사구 : 형용사적 용법)
　　동사변화 : 조동사 do/does/did + 일반동사 need ; 강조
　　(to부정사구) to help (me) (receive my guest)
　　　　　　　　동사 (연결마디) 2개 : 동사 + (대명사) + (원형부정사구 : 형용사적용법)
　　　　　　　　(원형부정사구) receive (my guest)
　　　　　　　　　　　　　동사 (연결마디) 1개 : 동사 + (명사구)
손님 접대하는 일 좀 도와줘요

Mrs. Meade...
미드 부인,

...here's (our darling Scarlett).
　　동사 (연결마디) 1개 : 동사 + (명사구)
스칼렛이 왔어요

Good evening.
어서 와요

Good evening.
안녕하세요?

Why Scarlett!
스칼렛

YouTube  해설 동영상

Good evening, Miss Scarlett. Good evening, Mrs. Butler.
안녕하세요 스칼렛양, 안녕하세요 버틀러부인

Ashley, aren't you going (to get our Scarlett a glass of punch)?
   be동사 부정의문문(주어, 동사 위치변경) : you aren't → aren't you…?
   동사 (연결마디) 1개 : 동사 + (to부정사구 : 명사적용법)
   (to부정사구) to get (our Scarlett) (a glass of punch)
              동사 (연결마디) 2개 : 동사 + (명사구) + (명사구)
애슐리, 스칼렛에게 펀치 한잔 갖다 줘요

Did you have (a good time) tonight (at Miss Melly's party), child?
   일반동사 과거의문문(조동사 Do/Does과거 Did 사용) : You had → Did you have
   동사 (연결마디) 2개 : 동사 + (명사구) + (형용사성분 : 전치사구)
   수식어구[부사성분] : tonight
오늘 파티는 즐거우셨나요?

Yes, yes.
그래,

Now, Mammy, be sure and leave (word)…
   동사 (연결마디) 1개 : 동사 + (명사)
말해줘

…if Captain Butler asks (for me)
   접속사 : if (if조건절)
   동사 (연결마디) 1개 : 동사 + (명사성분 : 전치사구)
   동사변화 : ask 3인칭단수현재 asks
버틀러 씨가 날 찾으면

when he comes (back),
   접속사 : when
   동사 (연결마디) 1개 : 동사 + (부사 : 관용 동사구)
   동사변화 : come 3인칭단수현재 comes
돌아 와서

I'm (asleep).
   동사 (연결마디) 1개 : 동사 + (형용사)
잔다고

YouTube  해설 동영상

Yes, ma'am.
알았어요

Come in, Mrs. Butler.
이리 오시오, 버틀러 부인

Come here.
어서 와요

Sit down!
앉으시오

There's (no reason) (why you shouldn't have your nightcap)
    동사 (연결마디) 2개 : 동사 + (명사구) + (형용사성분 : why-절)
    (why-절) why you shouldn't have (your nightcap)
        접속사 : why
        동사 (연결마디) 1개 : 동사 + (명사구)
        동사변화 : 조동사 should(~해야 한다, ~할 것이다) + not + 동사 원형 have ; 부정
밤술을 못 할 건 없지

even if I am (here).
    접속사구 : even if (~일지라도)
    동사 (연결마디) 1개 : 동사 + (부사)
내가 있다고

I didn't want (a drink).
    동사 (연결마디) 1개 : 동사 + (명사)
    동사변화 : 조동사과거 did + 부사 not + 동사원형 want ; 과거부정
술 생각나서 온 게 아니라

I heard (a noise) and—
    동사 (연결마디) 1개 : 동사 + (명사)
    동사변화 : hear 과거형 heard ; 과거지사
소리가 나서...

YouTube  해설 동영상

You heard (nothing) (of the kind).
　　동사 (연결마디) 2개 : 동사 + (명사) + (형용사성분 : 전치사구)
　　동사변화 : hear 과거형 heard ; 과거지사
아무 소리도 안 냈어

You wouldn't have come (down)
　　동사 (연결마디) 1개 : 동사 + (부사 : 관용 동사구)
　　동사변화 : 조동사 would(과거시점미래, 습관, 의지) + 부사 not + have + 과거분사 come ; 현재완료부정
안 내려왔겠지?

if you'd thought (I was here).
　　접속사 : if (if조건절)
　　동사 (연결마디) 1개 : 동사 + (명사절)
　　동사변화 : had + 과거분사 thought ; 일반동사 과거완료
　　(명사절) I was (here)
　　　　　동사 (연결마디) 1개 : 동사 + (부사)
　　　　　동사변화 : be동사 am/is 과거형 was ; 과거지사
내가 있는 줄 알았으면

You must need (a drink) badly.
　　동사 (연결마디) 1개 : 동사 + (명사)
　　동사변화 : 조동사 must(의무, 강한 추측) + 동사원형 need
　　수식어구[부사성분] : badly
술 생각이 간절했던 거야.

I do not!
아니에요

Take (it).
　　동사 (연결마디) 1개 : 동사 + (대명사)
마셔.

Don't give (yourself) (airs).
　　동사 (연결마디) 2개 : 동사 + (재귀대명사) + (명사)
　　동사변화 : 조동사 Do + 부사 not + 동사원형 give ; ~하지마라(명령문)
잘난체는

I know (you drink on the quiet),
　　동사 (연결마디) 1개 : 동사 + (명사절)
　　(명사절) you drink (on the quiet)
　　　　　동사 (연결마디) 1개 : 동사 + (형용사성분 : 전치사구)
혼자 술 마시는 거 알고 있소

and I know (how much you drink).
　　접속사 : and
　　동사 (연결마디) 1개 : 동사 + (명사절)
　　(명사절) how much you drink
　　　　　의문사구 how much + 평서문
　　　　　동사 (연결마디) 없음 : 동사 단독
얼마나 마시는지도

YouTube  해설 동영상

Do you think (I care if you like your brandy)?
   일반동사 의문문(조동사 Do/Does 사용) : You think → Do you think
   동사 (연결마디) 1개 : 동사 + (명사절)
   (명사절) I care (if you like your brandy)
         동사 (연결마디) 1개 : 동사 + (명사절)
         (명사절) if you like (your brandy)
               접속사 : if (if조건절)
               동사 (연결마디) 1개 : 동사 + (명사구)
당신이 브랜디를 마신다고 내가 싫어하는 줄 아오?

You're (drunk),
   동사 (연결마디) 1개 : 동사 + (형용사)
취했군요,

and I'm going (to bed)!
   동사 (연결마디) 1개 : 동사 + (명사성분 : 전치사구)
   동사변화 : be동사 am/are/is + 현재분사 going ; 현재진행
가서 자겠어요

I'm very (drunk)...
   동사 (연결마디) 1개 : 동사 + (형용사)
   수식어구[부사성분] : very
많이 취했지

...and I intend (getting still drunker)
   동사 (연결마디) 1개 : 동사 + (-ing구 : 명사적용법)
   (-ing구) getting still (drunker)
         동사 (연결마디) 1개 : 동사 + (명사)
         수식어구[부사성분] : still
더 마실 생각이오

before the evening's (over)...
   접속사 : before
   동사 (연결마디) 1개 : 동사 + (형용사)
오늘밤엔

...but you're not going (to bed), not yet!
   동사 (연결마디) 1개 : 동사 + (명사성분 : 전치사구)
   동사변화 : am/are/is + 부사 not + 현재분사 going ; 현재진행부정
   수식어구[부사성분] : not yet
당신은 가면 안 돼, 아직은

Sit down!
앉아!

YouTube  해설 동영상

So she stood (by you), did she?
    동사 (연결마디) 1개 : 동사 + (형용사성분 : 전치사구)
    did she? : 부가의문문
윌크스 부인이 당신 편을 들었군?

How does it feel (to have the woman you've wronged cloak your sins for you)?
    의문사 How + 일반동사 의문문
    일반동사 의문문(조동사 Do/Does 사용) : It feels → Does it feel
    동사 (연결마디) 1개 : 동사 + (to부정사구 : 명사적용법)
    (to부정사구) to have (the woman you've wronged cloak your sins for you)
            동사 (연결마디) 1개 : 동사 + (명사절)
            (명사절) the woman you've wronged cloak (your sins) (for you)
                  [동사 앞 주어] the woman (you've wronged)
                      명사 the woman + (형용사절)
                      (형용사절) you've wronged
                            동사변화 : have/has + 과거분사 wronged ; 일반동사 현재완료
            동사 (연결마디) 2개 : 동사 + (명사구) + (형용사성분 : 전치사구)
당신이 배반한 여자가 당신 죄를 가려줬어

You're wondering
    동사변화 : be동사 am/are/is + 현재분사 wondering ; 현재진행
궁금했겠지?

if she knows all (about you and Ashley).
    동사 (연결마디) 1개 : 동사 + (명사성분 : 전치사구)
멜라니가 모든 걸 알고 있는지

You're wondering
    동사변화 : be동사 am/are/is + 현재분사 wondering ; 현재진행
생각했을 테고

if she did (it) just (to save her face).
    동사 (연결마디) 2개 : 동사 + (대명사) + (to부정사구 : 형용사적 용법)
    (to부정사구) to save (her face)
            동사 (연결마디) 1개 : 동사 + (명사구)
또 자신의 체면을 위해서 그랬나

You're thinking that
    동사변화 : be동사 am/are/is + 현재분사 thinking ; 현재진행
생각하겠지?

she's (a fool) (for doing it)
    동사 (연결마디) 2개 : 동사 + (명사) + (형용사성분 : 전치사구)
그 여자가 바보라고

even if it did save (your hide).
    접속사구 : even if (~일지라도)
    동사 (연결마디) 1개 : 동사 + (명사구)
    동사변화 : 조동사 do/does/did + 일반동사 save ; 강조
당신을 감쌌더라도

I will not listen.
    동사변화 : 조동사 will(의지, 습성, 요청) + 부사 not + 동사원형 listen ; 부정
듣지 않겠어요.

YouTube  해설 동영상

Yes, you'll listen!
　동사 (연결마디) 없음 : 동사 단독
　동사변화 : 조동사 will(의지, 습성, 요청) + 동사원형 listen
들어야 해

Miss Melly's (a fool),
　동사 (연결마디) 1개 : 동사 + (명사)
멜라니는 바보지만

but not (the kind) (you think).
　동사 (연결마디) 2개 : 동사 + (명사) + (형용사절)
　(형용사절) you think
　　　동사 (연결마디) 없음 : 동사 단독
당신 생각과는 달라

It's just (that there's too much honor in her)
　동사 (연결마디) 1개 : 동사 + (that-절)
　(that-절) that there's too (much honor) (in her)
　　　접속사 : that
　　　동사 (연결마디) 2개 : 동사 + (명사구) + (형용사성분 : 전치사구)
　수식어구[부사성분] : just, too
너무나 고귀해서

to ever conceive (of dishonor)...(in anyone she loves).
　(to부정사구) 동사 (연결마디) 2개 : 동사 + (명사성분 : 전치사구) + (형용사성분 : 전치사구)
　　　수식어구[부사성분] : ever
　　　(전치사구) in + 명사 anyone + (형용사절)
　　　　　(형용사절) she loves
사랑하는 사람의 불명예를 인정 안하지

And she loves (you).
　접속사 : and
　동사 (연결마디) 1개 : 동사 + (대명사)
　동사변화 : love 3인칭단수현재 loves
게다가 당신을 사랑해

Though just why she does,
　접속사 : though
　의문사 Why + 평서문
　동사 (연결마디) 없음 : 동사 단독
왜 그러는 건지

I'm (sure) (I don't know)!
　동사 (연결마디) 2개 : 동사 + (형용사) + (부사절)
　(부사절) I don't know
　　　동사 (연결마디) 없음 : 동사 단독
　　　동사변화 : 조동사 do/does + 부사 not + 동사원형 know ; 일반동사 부정문
정말 알 수 없지만

YouTube  해설 동영상

If you weren't so (drunk and insulting),
    접속사 : if (if조건절)
    동사 (연결마디) 1개 : 동사 + (형용사구)
    동사변화 : be동사 was/were + 부사 not ; be동사 과거 부정문
    수식어구[부사성분] : so
취해서 날 모욕하지 않았다면

I could explain (everything).
    동사 (연결마디) 1개 : 동사 + (명사)
    동사변화 : 조동사 could(능력, 추측, 허가) + 동사원형 explain
다 설명해드릴 텐데

As it is though---
오늘은...-

If you get (out of that chair) once more!
    접속사 : if (if조건절)
    동사 (연결마디) 1개 : 동사 + (명사성분 : 전치사구)
    수식어구[부사성분] : once more
한번만 더 일어나 봐!

Of course, the comic figure in all this is (the long suffering Mr. Wilkes)!
    동사 (연결마디) 1개 : 동사 + (명사구)
    수식어구[부사성분] : of course
물론 가장 우스꽝스러운 사람은 고통 받는 윌크스야

Mr. Wilkes, who can't be mentally (faithful) (to his wife)...
    동사 (연결마디) 2개 : 동사 + (형용사) + (부사성분 : 전치사구)
    동사변화 : 조동사 can(능력, 추측, 허가) + 부사 not + be ; 예정부정
    수식어구[부사성분] : mentally
아내에게 정신적으로 충실치도 못하고

...and won't be (unfaithful) (to her) technically.
    동사 (연결마디) 2개 : 동사 + (형용사) + (부사성분 : 전치사구)
    동사변화 : 조동사 will(의지, 습성, 요청) + 부사 not + 동사원형 be ; 부정
    수식어구[부사성분] : technically
불충할 재주도 없지

YouTube  해설 동영상

Why doesn't he make (up) (his mind)?
   의문사 Why + 일반동사 부정의문문
   일반동사 부정의문문(조동사 Does + not사용) : He make → Doesn't he make
   동사 (연결마디) 2개 : 동사 + (부사 : 관용 동사구) + (명사구)
왜 결단을 내리지 못할까?

Rhett, you....
레트!

Observe (my hands), my dear.
   동사 (연결마디) 1개 : 동사 + (명사구)
내 손을 잘 봐

I could tear (you) (to pieces with them).
   동사 (연결마디) 2개 : 동사 + (대명사) + (형용사성분 : 전치사구)
   동사변화 : 조동사 could(능력, 추측, 허가) + 동사원형 tear
당신을 갈가리 찢어버릴 수도 있어

And I'd do (it),
   접속사 : and
   동사 (연결마디) 1개 : 동사 + (대명사)
   동사변화 : 조동사 would(과거시점미래, 습관, 의지) + 동사원형 do
할 거야

if it'd take (Ashley) (out of your mind) forever.
   접속사 : if (if조건절)
   동사 (연결마디) 2개 : 동사 + (고유명사) + (형용사성분 : 전치사구)
   동사변화 : 조동사 would(과거시점미래, 습관, 의지) + 동사원형 take
   수식어구[부사성분] : forever
영원히 애슐리 생각을 지울 수만 있다면

YouTube  해설 동영상

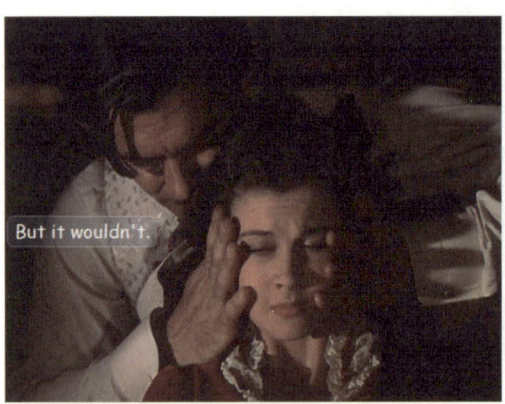

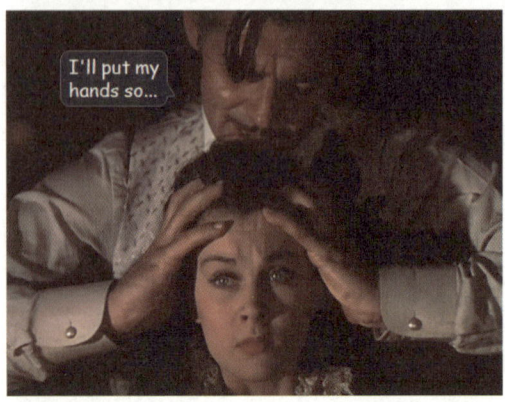

But it wouldn't.
  접속사 : but
  동사변화 : 조동사 would(과거시점미래, 습관, 의지) + not ; 부정
그렇게 할 거야

So I'll remove (him) (from your mind) forever this way.
  동사 (연결마디) 2개 : 동사 + (대명사) + (형용사성분 : 전치사구)
  동사변화 : 조동사 will(의지, 습성, 요청) + 동사원형 remove
  수식어구[부사성분] : forever, this way
그래서 이렇게 영원히 지울 거야

I'll put (my hands) so...
  동사 (연결마디) 1개 : 동사 + (명사구)
  동사변화 : 조동사 will(의지, 습성, 요청) + 동사원형 put
이 손으로

...one on each side of your head...
머리를 눌러

...and I'll smash (your skull) (between them) like a walnut.
  동사 (연결마디) 2개 : 동사 + (명사구) + (형용사성분 : 전치사구)
  동사변화 : 조동사 will(의지, 습성, 요청) + 동사원형 smash
  수식어구[부사성분] : like a walnut
호두처럼 으스러뜨리는 거야

And that'll block (him) (out).
  접속사 : and
  동사 (연결마디) 2개 : 동사 + (대명사) + (부사 : 관용 동사구)
  동사변화 : 조동사 will(의지, 습성, 요청) + 동사원형 block
그럼 그 자를 생각 못 하겠지

YouTube  해설 동영상

Take (your hands) (off me), you drunken fool.
    동사 (연결마디) 2개 : 동사 + (명사구) + (형용사성분 : 전치사구)
손 치워, 이 주정뱅이!

You know (I've always admired your spirit), my dear.
    동사 (연결마디) 1개 : 동사 + (명사절)
    (명사절) I've always admired (your spirit)
        동사 (연결마디) 1개 : 동사 + (명사구)
        동사변화 : have/has + 과거분사 admired ; 일반동사 현재완료
        수식어구[부사성분] : always
난 늘 당신의 용기에 감탄하지

Never more than now, when you're cornered.
    접속사 : when
    동사 (연결마디) 없음 : 동사 단독
    동사변화 : be동사 am/are/is + 과거분사 cornered ; 수동태
이렇게 궁지에 몰렸을 때조차

I'm not cornered.
    동사변화 : am/are/is + 부사 not + 과거분사 cornered ; 수동태부정
난 안 몰렸어

And you'll never corner (me),
    동사 (연결마디) 1개 : 동사 + (대명사)
    동사변화 : 조동사 will(의지, 습성, 요청) + 동사원형 corner
    수식어구[부사성분] : never
당신 따위에 궁지에 몰리거나

Rhett Butler, or frighten (me)!
    동사 (연결마디) 1개 : 동사 + (대명사)
겁내지 않아

You've lived (in dirt) so long,
    동사 (연결마디) 1개 : 동사 + (명사성분 : 전치사구)
    동사변화 : have/has + 과거분사 lived ; 일반동사 현재완료
    수식어구[부사성분] : so long
당신은 더러운 곳에 오래 살아서

you can't understand (anything else).
    동사 (연결마디) 1개 : 동사 + (명사구)
    동사변화 : 조동사 can(능력, 추측, 허가) + 부사 not + 동사원형 understand ; 부정문
다른 건 이해 못해

YouTube  해설 동영상

And you're (jealous) (of something you can't understand). Good night!
　　동사 (연결마디) 2개 : 동사 + (형용사) + (부사성분 : 전치사구)
　　(전치사구) of + 명사 something + (형용사절)
　　　　　　(형용사절) you can't understand
　　　　　　　　　동사변화 : 조동사 can(능력, 추측, 허가) + 부사 not + 동사원형 understand ; 부정문
이해 못하는 사람을 질투하진 말아요, 잘 자요

Jealous, am I?
질투라고?

Yes, I suppose (I am).
　　동사 (연결마디) 1개 : 동사 + (명사절)
　 (명사절) I am
그럴지도 모르지

Even though I know (you've been faithful to me all along).
　　접속사구 : even though (~에도 불구하고)
　　동사 (연결마디) 1개 : 동사 + (명사절)
　　(명사절) you've been (faithful) (to me) all along
　　　　　　동사 (연결마디) 2개 : 동사 + (형용사) + (부사성분 : 전치사구)
　　　　　　동사변화 : have/has + 과거분사 been ; be동사 현재완료
　　　　　　수식어구[부사성분] : all along
그래도 당신이 정절을 지켰다는 건 알아

How do I know?
　　의문사 How + 일반동사 의문문
　　일반동사 의문문(조동사 Do/Does 사용) : I know → Do I know
어떻게 아냐고?

Because I know (Ashley Wilkes, and his honorable breed).
　　접속사 : because
　　동사 (연결마디) 1개 : 동사 + (명사구)
애슐리란 자는 남부의 명예로운

YouTube  해설 동영상

They're (gentlemen)!
　　동사 (연결마디) 1개 : 동사 + (명사)
신사이니까

And that's (more than I can say for you or for me)!
　　동사 (연결마디) 1개 : 동사 + (명사절)
　　(명사절) more than I can say (for you or for me)
　　　　　접속사구 : more than
　　　　　동사 (연결마디) 1개 : 동사 + (명사성분 : 전치사구)
　　　　　동사변화 : 조동사 can(능력, 추측, 허가) + 동사원형 say
말 할 수 있는 그 이상이지

We're not (gentlemen),
　　동사 (연결마디) 1개 : 동사 + (명사)
　　동사변화 : be동사 am/are/is + 부사 not ; be동사 부정문
하지만 우린 신사도 아니고

and we have (no honor), have we?
　　동사 (연결마디) 1개 : 동사 + (명사구)
　　 have we? : 부가의문문
지켜야 할 명예도 없지

It's not (that easy), Scarlett.
　　동사 (연결마디) 1개 : 동사 + (명사구)
　　동사변화 : be동사 am/are/is + 부사 not ; be동사 부정문
쉽진 않을 거요, 스칼렛

YouTube  해설 동영상

You turned (me) (out)
   동사 (연결마디) 2개 : 동사 + (대명사) + (부사 : 관용 동사구)
   동사변화 : turn 과거형 turned ; 과거지사
당신은 날 밀어내고

while you chased (Ashley Wilkes).
   접속사 : while
   동사 (연결마디) 1개 : 동사 + (고유명사)
   동사변화 : chase 과거형 chased ; 과거지사
애슐리를 쫓아다녔어

While you dreamed (of Ashley Wilkes).
   접속사 : while
   동사 (연결마디) 1개 : 동사 + (명사성분 : 전치사구)
   동사변화 : dream 과거형 dreamed ; 과거지사
애슐리를 꿈꿨겠지만

This is (one night) (you're not turning me out)!
   동사 (연결마디) 2개 : 동사 + (명사구) + (형용사절)
   (형용사절) you're not turning (me) (out)
          동사 (연결마디) 2개 : 동사 + (대명사) + (부사 : 관용 동사구)
          동사변화 : am/are/is + 부사 not + 현재분사 turning ; 현재진행부정
하지만 오늘밤에는 그러지 못할 거야

How are you feeling this morning, Mammy?
   의문사 How + be동사 의문문
   be동사 의문문(주어, 동사 위치변경) : You are feeling ... → Are you feeling...?
   수식어구[부사성분] : this morning
오늘 기분이 어때, 유모?

YouTube  해설 동영상

Well, this misery in my back ain't so (good).
　　동사 (연결마디) 1개 : 동사 + (형용사)
　　동사변화 : be동사 am/are/is + 부사 not ; be동사 부정문
　　수식어구[부사성분] : so
등이 아무래도 안 좋아요

You acting mighty (happy) this morning, Miss Scarlett.
　　동사 (연결마디) 1개 : 동사 + (형용사)
　　동사변화 : act 현재분사 acting ; 진행
　　수식어구[부사성분] : mighty, this morning
오늘은 행복해 보이시네요

I am, Mammy. I am.
그래, 유모

"Oh, she wept (with delight)
　　동사 (연결마디) 1개 : 동사 + (명사성분 : 전치사구)
　　동사변화 : weep 과거형 wept ; 과거지사
나도 기뻐 웃고

when he gave (her) (a smile)"
　　접속사 : when
　　동사 (연결마디) 2개 : 동사 + (대명사) + (명사)
　　동사변화 : give 과거형 gave ; 과거지사
그이가 웃으면

"And trembled (with fear) (at his frown)."
　　동사 (연결마디) 2개 : 동사 + (명사성분 : 전치사구) + (형용사성분 : 전치사구)
　　동사변화 : tremble 과거형 trembled ; 과거지사
그이가 찡그리면 난 걱정했지

Hello.
잘 잤소?

YouTube  해설 동영상

I'd like (to extend my apologies for my conduct of last night).
　　동사 (연결마디) 1개 : 동사 + (to부정사구 : 명사적용법)
　　동사변화 : 조동사 would(과거시점미래, 습관, 의지) + 동사원형 like
　　(to부정사구) to extend (my apologies) (for my conduct of last night)
　　　　　　　동사 (연결마디) 2개 : 동사 + (명사구) + (형용사성분 : 전치사구)
어젯밤 내 행동을 사과하고 싶소

Oh, but Rhett....
레트...

I was very (drunk)...
　　동사 (연결마디) 1개 : 동사 + (형용사)
　　동사변화 : be동사 am/is 과거형 was ; 과거지사
　　수식어구[부사성분] : very
술에 취해서

...and quite swept (off) (my feet) by your charms.
　　동사 (연결마디) 2개 : 동사 + (부사 : 관용 동사구) + (명사구)
　　동사변화 : sweep 과거형 swept ; 과거지사
　　수식어구[부사성분] : quite, by your charms
당신의 매력에 끌렸었소

Well, you needn't bother (to apologize).
　　동사 (연결마디) 1개 : 동사 + (to부정사구 : 명사적용법)
　　동사변화 : 법조동사 need + 부사 not + 동사원형 bother
　　(to부정사구) to apologize
사과할 필요 없어요

Nothing you ever do surprises (me)!
　　[동사 앞 주어] Nothing (you ever do)
　　　　　　　명사 Nothing + (형용사절)
　　　　　　　　(형용사절) you ever do
　　동사 (연결마디) 1개 : 동사 + (대명사)
　　동사변화 : surprise 3인칭단수현재 surprises
놀래게 한 거 없고요

I've been thinking (things) (over),
　　동사 (연결마디) 2개 : 동사 + (명사) + (부사 : 관용 동사구)
　　동사변화 : have(has) + been + 현재분사 thinking ; (be동사 현재완료) 진행
스칼렛, 곰곰 생각해봤는데

and I really believe that...
그게

YouTube  해설 동영상

...it would be (better) (for both of us)...
   동사 (연결마디) 2개 : 동사 + (형용사) + (부사성분 : 전치사구)
   동사변화 : 조동사 would(과거시점미래, 습관, 의지) + be ; 예정
서로를 위해

...if we admitted (we'd made a mistake)
   접속사 : if (if조건절)
   동사 (연결마디) 1개 : 동사 + (명사절)
   동사변화 : admit 과거형 admitted ; 과거지사
   (명사절) we'd made (a mistake)
        동사 (연결마디) 1개 : 동사 + (명사)
        동사변화 : had + 과거분사 made ; 일반동사 과거완료
잘못을 인정하고

and got (a divorce).
   동사 (연결마디) 1개 : 동사 + (명사)
   동사변화 : get 과거형 got ; 과거지사
이혼하는 게 좋겠소

A divorce? -Yes.
이혼이요? 그렇소

There's (no point) (in our holding onto each other), is there?
   동사 (연결마디) 2개 : 동사 + (명사구) + (형용사성분 : 전치사구)
   (전치사구) in + 명사구 our holding + (형용사성분 : 전치사구)
   is there? : 부가의문문
괜히 서로를 붙잡아 둘 필요 없지 않겠소?

I'll provide (for you) amply.
   동사 (연결마디) 1개 : 동사 + (명사성분 : 전치사구)
   동사변화 : 조동사 will(의지, 습성, 요청) + 동사원형 provide
   수식어구[부사성분] : amply
넉넉히 준비 하겠소

You've (plenty of grounds).
   동사 (연결마디) 1개 : 동사 + (명사구)
위자료는 충분할거요

Just give (me) (Bonnie).
   수식어구[부사성분] : just
   동사 (연결마디) 2개 : 동사 + (대명사) + (고유명사)
보니만은 내게 주시오

You can say (what you please),
   동사 (연결마디) 1개 : 동사 + (what-절)
   동사변화 : 조동사 can(능력, 추측, 허가) + 동사원형 say
   (what-절) what you please
양보할 수 있잖소

I won't contest (it).
   동사 (연결마디) 1개 : 동사 + (대명사)
   동사변화 : 조동사 will(의지, 습성, 요청) + 부사 not + 동사원형 contest ; 부정
다투기 싫소

YouTube 해설 동영상

Thank you very much.
고맙지만

But I **wouldn't dream** (of disgracing the family) (with a divorce).
　동사 (연결마디) 2개 : 동사 + (명사성분 : 전치사구) + (형용사성분 : 전치사구)
　동사변화 : 조동사 would(과거시점미래, 습관, 의지) + not + 동사원형 dream ; 부정
　(전치사구) of + (-ing구 : 명사적용법)
　　　　　(-ing구) disgracing (the family)
　　　　　　　동사 (연결마디) 1개 : 동사 + (명사)
이혼으로 가문을 더럽히고 싶진 않아요

You'**d disgrace** (it) (quick enough)
　동사 (연결마디) 2개 : 동사 + (대명사) + (형용사구)
　동사변화 : 조동사 would(과거시점미래, 습관, 의지) + 동사원형 disgrace
기꺼이 했을 테지

if Ashley **were** (free).
　접속사 : if (가정법if절), if ~ were (가정법과거)
　동사 (연결마디) 1개 : 동사 + (형용사)
애슐리가 홀몸이면

It **makes** (my head spin) (to think how quickly you'd divorce me).
　동사 (연결마디) 2개 : 동사 + (명사구) + (to부정사구 : 형용사적 용법)
　동사변화 : make 3인칭단수현재 makes
　(to부정사구) to think (how quickly you'd divorce me)
　　　　　　동사 (연결마디) 1개 : 동사 + (명사절)
　　　　　　(명사절) how quickly you'**d divorce** (me)
　　　　　　　　의문사구 how quickly + 평서문
　　　　　　　　동사 (연결마디) 1개 : 동사 + (대명사)
　　　　　　　　동사변화 : 조동사 would(과거시점미래, 습관, 의지) + 동사원형 divorce
내 머리가 돌 정도로 서둘러 댔을 거야

Wouldn't you, Scarlett?
내 말이 틀렸소?

YouTube  해설 동영상

Well, answer (me).
    동사 (연결마디) 1개 : 동사 + (대명사)
대답해요,

Wouldn't you?
안 그렇소?

Will you please go now,
    조동사 의문문(주어, 조동사 위치변경) : You will go → Will you go
    수식어구[부사성분] : please, now
좀 가세요

and leave (me) alone?
    동사 (연결마디) 1개 : 동사 + (대명사)
    수식어구[부사성분] : alone
날 좀 내버려둬요

Yes, I'm going.
    동사변화 : be동사 am/are/is + 현재분사 going ; 현재진행
난 떠나오.

That's (what I came to tell you).
    동사 (연결마디) 1개 : 동사 + (what-절)
    (what-절) what I came (to tell you)
        접속사 : what
        동사 (연결마디) 1개 : 동사 + (to부정사구 : 형용사적 용법)
        (to부정사구) to tell (you)
            동사 (연결마디) 1개 : 동사 + (대명사)
그 말을 하러 왔소

I'm going (on a very extended trip) (to London),
    동사 (연결마디) 2개 : 동사 + (명사성분 : 전치사구) + (형용사성분 : 전치사구)
    동사변화 : be동사 am/are/is + 현재분사 going ; 현재진행
런던에 가서 좀 오래 있을 건데

and I'm leaving today.
    동사변화 : be동사 am/are/is + 현재분사 leaving ; 현재진행
오늘 떠날 거요

And I'm taking (Bonnie) (with me).
    동사 (연결마디) 2개 : 동사 + (고유명사) + (형용사성분 : 전치사구)
    동사변화 : be동사 am/are/is + 현재분사 taking ; 현재진행
보니도 데리고 갈 테니

YouTube  해설 동영상

So you'll please get (her little duds) (packed right away).
　　동사 (연결마디) 2개 : 동사 + (명사구) + (과거분사구 : 형용사적 용법)
　　동사변화 : 조동사 will(의지, 습성, 요청) + 동사원형 get
　　수식어구[부사성분] : please
　　(과거분사구) packed (right away)
　　　　　　　동사 (연결마디) 1개 : 동사 + (부사구)
그 애 짐을 싸줘요

You'll never take (my child) (out of this house).
　　동사 (연결마디) 2개 : 동사 + (명사구) + (형용사성분 : 전치사구)
　　동사변화 : 조동사 will(의지, 습성, 요청) + 동사원형 take
　　수식어구[부사성분] : never
내 아이는 데려갈 수 없어요

She's (my child), too, Scarlett.
　　동사 (연결마디) 1개 : 동사 + (명사구)
　　수식어구[부사성분] : too
내 아이이기도 하오

You're making (a mistake),
　　동사 (연결마디) 1개 : 동사 + (명사)
　　동사변화 : be동사 am/are/is + 현재분사 making ; 현재진행
착각하는 거요

if you think (I'm leaving her here)...
　　접속사 : if (if조건절)
　　동사 (연결마디) 1개 : 동사 + (명사절)
　　(명사절) I'm leaving (her) here
　　　　　　동사 (연결마디) 1개 : 동사 + (대명사)
아이를 맡길 거라 생각했다면

...with a mother (who hasn't the decency to consider her own reputation).
　　명사 a mother + (형용사성분 : who-절)
　　(who-절) who hasn't (the decency) (to consider her own reputation)
　　　　　　동사변화 : have/has + 부사 not ; have동사 부정문
　　　　　　동사 (연결마디) 2개 : 동사 + (명사) + (to부정사구 : 형용사적 용법)
　　　　　　(to부정사구) to consider (her own reputation)
　　　　　　　　　　동사 (연결마디) 1개 : 동사 + (명사구)
자신의 명예도 지킬 줄 모르는 엄마에게

You're (a fine one) (to talk).
　　동사 (연결마디) 2개 : 동사 + (명사구) + (to부정사구 : 형용사적 용법)
　　(to부정사구) to talk
그 말 잘했어요

YouTube  해설 동영상

You think (I'll let that child out of this house)...
   동사 (연결마디) 1개 : 동사 + (명사절)
   (명사절) I'll let (that child) (out of this house)
         동사 (연결마디) 2개 : 동사 + (명사구) + (형용사성분 : 전치사구)
         동사변화 : 조동사 will(의지, 습성, 요청) + 동사원형 let
그 애를 데리고

...**when** you'**ll** probably **have** (her) (around with people like that Belle)?
   접속사 : when
   동사 (연결마디) 2개 : 동사 + (대명사) + (형용사성분 : 전치사구)
   동사변화 : 조동사 will(의지, 습성, 요청) + 동사원형 have
   (전치사구) around with + 명사 people + (형용사성분 : 전치사구)
벨 같은 여자한테 갈 모양인데

If you **were** (a man)
   접속사 : if (가정법if절), if ~ were (가정법과거)
   동사 (연결마디) 1개 : 동사 + (명사)
남자였으면

I'**d break** (your neck) (for that).
   동사 (연결마디) 2개 : 동사 + (명사구) + (형용사성분 : 전치사구)
   동사변화 : 조동사 would(과거시점미래, 습관, 의지) + 동사원형 break
목을 부러뜨렸을 거야

As it is, I'**ll thank** (you) (to shut your stupid mouth).
   동사 (연결마디) 2개 : 동사 + (대명사) + (to부정사구 : 형용사적 용법)
   동사변화 : 조동사 will(의지, 습성, 요청) + 동사원형 thank
   (to부정사구) to shut (your stupid mouth)
         동사 (연결마디) 1개 : 동사 + (명사구)
그러니 입 다물고 있어 주면 고맙겠어

As for you, giving (yourself) (pious airs) about your motherhood....
   동사 (연결마디) 2개 : 동사 + (재귀대명사) + (명사구)
   동사변화 : give 현재분사 giving ; 진행
   동사 (연결마디) 1개 : 동사 + (대명사)
   수식어구[부사성분] : about your motherhood
훌륭한 엄마인 척 하는데

Why, a cat'**s** (a better mother) (than you are).
   동사 (연결마디) 2개 : 동사 + (명사구) + (형용사성분 : 전치사구)
   (전치사구) than + (명사절)
       (명사절) you **are**
고양이도 당신보다는 자식을 생각할 거요

YouTube  해설 동영상

You have (her things) (packed)
  동사 (연결마디) 2개 : 동사 + (명사구) + (과거분사구 : 형용사적 용법)
   (과거분사구) packed
        동사 (연결마디) 없음 : 동사 단독
애의 짐을 싸요

and ready for me in an hour,
한 시간 안에

or I warn (you)....
  동사 (연결마디) 1개 : 동사 + (대명사)
말했어

I've always thought (a good lashing with a buggy whip would benefit you immensely).
  동사 (연결마디) 1개 : 동사 + (명사절)
  동사변화 : have/has + 과거분사 thought ; 일반동사 현재완료
  (명사절) a good lashing with a buggy whip would benefit (you) immensely
        동사 (연결마디) 1개 : 동사 + (대명사)
        동사변화 : 조동사 would(과거시점미래, 습관, 의지) + 동사원형 benefit
  수식어구[부사성분] : always, immensely
난 늘 당신에게 채찍질이 필요하다고 생각해 왔소

Excuse me, Mr. Rhett.
죄송합니다, 나리

Hello, Uncle Rhett.
안녕하세요?

Hello, hello, Beau.
그래, 잘 놀았니?

Daddy, Daddy!
아빠,

YouTube  해설 동영상

Where have you been?
  의문사 where + 현재완료 의문문
  현재완료 의문문(have동사 위치변경) : You have been... → Have you been...?
어디 갔었어?

I've been waiting (for you) all morning.
  동사 (연결마디) 1개 : 동사 + (명사성분 : 전치사구)
  동사변화 : have(has) + been + 현재분사 waiting ; (be동사 현재완료) 진행
  수식어구[부사성분] : all morning
아침 내내 기다렸어

Well, I've been hunting (for a rabbit skin) (to wrap my little Bonnie in).
  동사 (연결마디) 2개 : 동사 + (명사성분 : 전치사구) + (to부정사구 : 형용사적 용법)
  동사변화 : have(has) + been + 현재분사 hunting ; (be동사 현재완료) 진행
  (to부정사구) to wrap (my little Bonnie) (in)
            동사 (연결마디) 2개 : 동사 + (명사구) + (부사 : 관용 동사구)
우리 보니 입히려고 토끼 사냥 갔었지

Give (your best sweetheart) (a kiss).
  동사 (연결마디) 2개 : 동사 + (명사구) + (명사)
아빠에게 뽀뽀해 다오

I'm going (to take you on a long trip to fairyland)!
  동사 (연결마디) 1개 : 동사 + (to부정사구 : 명사적용법)
  동사변화 : be동사 am/are/is + 현재분사 going ; 현재진행
  (to부정사구) to take (you) (on a long trip to fairyland)
            동사 (연결마디) 2개 : 동사 + (대명사) + (형용사성분 : 전치사구)
보니, 아빠가 널 데리고 요정나라로 갈 거란다

Where? Where?
거기가 어딘데?

I'm going (to show you the Tower of London, where the little princes were)...
  동사 (연결마디) 1개 : 동사 + (to부정사구 : 명사적용법)
  동사변화 : be동사 am/are/is + 현재분사 going ; 현재진행
  (to부정사구) to show (you) (the Tower of London where the little princess were)
            동사 (연결마디) 2개 : 동사 + (대명사) + (명사구)
            (명사구) 명사구 the tower of London + (형용사성분 : where-절)
                    (where-절) where the little princess were
                              접속사 : where
                              동사 (연결마디) 없음 : 동사 단독
공주님이 사는 런던탑에도 가고

YouTube  해설 동영상

...and London Bridge.
런던 다리도 보고

London Bridge!
런던 다리?

<u>Will</u> it <u>be falling</u> (down)?
   조동사 의문문(주어, 조동사 위치변경) : it <u>will be</u> → <u>Will</u> it <u>be</u>
   동사 (연결마디) 1개 : <u>동사</u> + (부사 : 관용 동사구)
   동사변화 : 조동사 will(의지, 습성, 요청) + be + 현재분사 falling ; 진행예정
무너질까?

Well, it <u>will</u>
그렇게 될 거다

if you <u>want</u> (it) (to), darling.
   접속사 : if (if조건절)
   동사 (연결마디) 2개 : <u>동사</u> + (대명사) + (to부정사구 : 형용사적 용법)
네가 원한다면

Daddy, dark!
아빠, 캄캄해!

Dark!
캄캄해!

YouTube  해설 동영상

Daddy! Dark!
아빠 어두워!

It's all right. Who put (out) (that light)? Nurse!
  동사 (연결마디) 2개 : 동사 + (부사 : 관용 동사구) + (명사구)
누가 불을 끈 거야! 간호원!

Daddy, dark!
아빠...캄캄해

There. Yes, yes.
괜찮아, 이제 괜찮아

What's the matter (with my Bonnie)?
  의문사 What + be동사 의문문
  be동사 의문문(주어, 동사 위치변경) : the matter is... → Is the matter...?
  동사 (연결마디) 1개 : 동사 + (명사성분 : 전치사구)
왜 그러니, 보니?

A bear.
곰이야

YouTube  해설 동영상

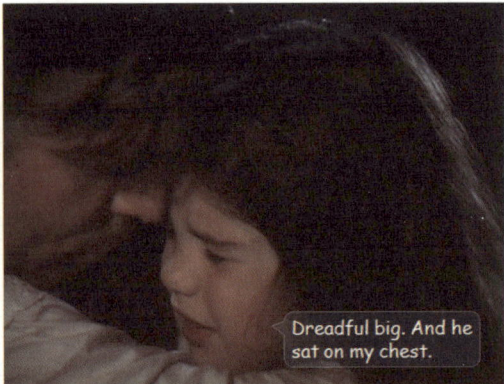
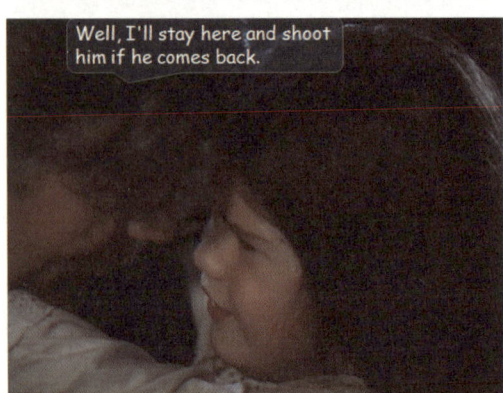

Oh, a bear? A big bear?
큰곰이더냐?

Dreadful big. And he sat (on my chest).
  동사 (연결마디) 1개 : 동사 + (명사성분 : 전치사구)
  동사변화 : sit 과거형 sat ; 과거지사
아주 커, 내 배에 앉았어

Well, I'll stay here and shoot (him)
  동사 (연결마디) 1개 : 동사 + (대명사)
  동사변화 : 조동사 will(의지, 습성, 요청) + 동사원형 stay and shoot
  수식어구[부사성분] : here
아빠가 총으로 쏘마

if he comes (back).
  접속사 : if (if조건절)
  동사 (연결마디) 1개 : 동사 + (부사 : 관용 동사구)
곰이 또 나오면

Good evening, Mr. Butler.
오셨어요, 버틀러 씨?

Haven't I told (you) never (to leave her alone in the dark)?
  현재완료 부정의문문(have동사 위치변경) : I haven't told... → Haven't I told...?
  동사 (연결마디) 2개 : 동사 + (대명사) + (to부정사구 : 명사적용법)
  (to부정사구) to leave (her) alone (in the dark)
        동사 (연결마디) 2개 : 동사 + (대명사) + (형용사성분 : 전치사구)
  수식어구[부사성분] : never, alone
어두운 방에 혼자 두지 말라고 했을 텐데요

If you'll pardon (me), sir,
  접속사 : if (if조건절)
  동사 (연결마디) 1개 : 동사 + (대명사)
  동사변화 : 조동사 will(의지, 습성, 요청) + 동사원형 pardon
송구하지만

children are often (afraid) (of the dark),
  동사 (연결마디) 2개 : 동사 + (형용사) + (부사성분 : 전치사구)
아이들은 어둠을 무서워하지만

but they get (over) (it).
  동사 (연결마디) 2개 : 동사 + (부사 : 관용 동사구) + (대명사)
곧 나아진답니다

YouTube  해설 동영상

If you just let (her scream) (for a night or two).
    접속사 : if (if조건절)
    동사 (연결마디) 2개 : 동사 + (명사구) + (형용사성분 : 전치사구)
    수식어구[부사성분] : just
하루 이틀 울다가는...

Let (her scream)!
    동사 (연결마디) 1개 : 동사 + (명사구)
애를 울려?

Either you're (a fool)
    수식어구[부사성분] : Either
    동사 (연결마디) 1개 : 동사 + (명사)
당신은 바보에다

or the most inhuman woman (I've ever seen)!
    접속사 : or
    명사구 the most inhuman woman + (형용사절)
        (형용사절) I've ever seen
            동사변화 : have/has + 과거분사 seen ; 일반동사 현재완료
            수식어구[부사성분] : ever
비인간적이군

Of course, sir, if you want (her) (to grow up nervous and cowardly).
    접속사 : if (if조건절)
    동사 (연결마디) 2개 : 동사 + (대명사) + (to부정사구 : 형용사적 용법)
    (to부정사구) to grow (up) (nervous and cowardly)
            동사 (연결마디) 2개 : 동사 + (부사 : 관용 동사구) + (형용사구)
애가 겁쟁이로 자라기를 바라나요?

Cowardly!
겁쟁이!

There isn't (a cowardly bone) (in her body).
    동사 (연결마디) 2개 : 동사 + (명사구) + (형용사성분 : 전치사구)
    동사변화 : be동사 am/are/is + 부사 not ; be동사 부정문
이 아이의 핏속에 겁쟁이는 없소.

You're discharged!
    동사변화 : be동사 am/are/is + 과거분사 discharged ; 수동태
당신은 해고요

As you say, sir.
알겠습니다

YouTube  해설 동영상

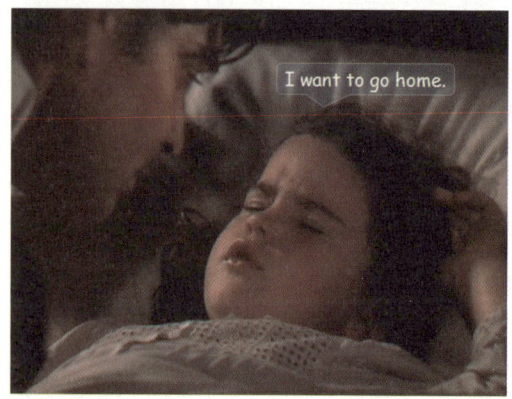

Where is Mother?
   의문사 Where + be동사 의문문
   be동사 의문문(주어, 동사 위치변경) : Mother is... → Is mother...?
엄마는 어딨어?

Aren't you (happy) here (in London with me)?
   be동사 부정의문문(주어, 동사 위치변경) : You aren't → Aren't you...?
   동사 (연결마디) 2개 : 동사 + (형용사) + (부사성분 : 전치사구)
런던에 있는게 재미없니?

I want (to go home).
   동사 (연결마디) 1개 : 동사 + (to부정사구 : 명사적용법)
  (to부정사구) to go (home)
           동사 (연결마디) 1개 : 동사 + (부사)
집에 가고 싶어

Miss Bonnie!
보니 아가씨!

And Captain Butler!
나리!

YouTube  해설 동영상

Miss Scarlett!
스칼렛 아씨!

Hello, Mammy.
안녕, 유모?

Honey, child!
보니 아가씨!

Miss Scarlett! They're (back)! They're (back), Miss Scarlett!
  동사 (연결마디) 1개 : 동사 + (형용사)
어머나! 아씨, 두 분이 돌아 오셨어요

Bonnie!
보니!

Bonnie! Bonnie, baby!
보니!

YouTube  해설 동영상

Darling, baby!
내 아가!

Are you (glad) (to be home)?
    be동사 의문문(주어, 동사 위치변경) : You are... → Are you...?
    동사 (연결마디) 2개 : 동사 + (형용사) + (to부정사구 : 부사적용법)
    (to부정사구) to be (home)
                  동사 (연결마디) 1개 : 동사 + (부사)
집에 오니까 좋니?

Daddy gave (me) (a kitten).
    동사 (연결마디) 2개 : 동사 + (대명사) + (명사)
    동사변화 : give 과거형 gave ; 과거지사
아빠가 고양이를 줬어

What (a little, lovely kitten)!
    감탄문 = What + (명사(구))
예쁘구나.

London's (a horrid place).
    동사 (연결마디) 1개 : 동사 + (명사구)
런던은 무서운 곳이야.

Oh, my darling.
그랬구나

YouTube  해설 동영상

Where's my pony?
　　의문사 Where + be동사 의문문
　　be동사 의문문(주어, 동사 위치변경) : my pony is... → Is my pony...?
조랑말은 어디 있지?

I want (to go out and see my pony).
　　동사 (연결마디) 1개 : 동사 + (to부정사구 : 명사적용법)
　　(to부정사구) to go (out) and see (my pony)
　　　　　　　동사 (연결마디) 2개 : 동사 + (부사 : 관용 동사구) + (명사구)
보고 싶어.

You go (out)
　　동사 (연결마디) 1개 : 동사 + (부사 : 관용 동사구)
밖에 나가

and see (your pony).
　　동사 (연결마디) 1개 : 동사 + (명사구)
보렴

Where's my pony?
　　의문사 Where + be동사 의문문
　　be동사 의문문(주어, 동사 위치변경) : my pony is... → Is my pony...?
내 조랑말은 어딨어?

I want (to go out and see my pony).
　　동사 (연결마디) 1개 : 동사 + (to부정사구 : 명사적용법)
　　(to부정사구) to go (out) and see (my pony)
　　　　　　　동사 (연결마디) 2개 : 동사 + (부사 : 관용 동사구) + (명사구)
빨리 보고 싶어

YouTube  해설 동영상

You run (along) (with Mammy).
    동사 (연결마디) 2개 : 동사 + (부사 : 관용 동사구) + (명사성분 : 전치사구)
유모랑 나가보렴

Come on, honey child. Go with Mammy.
이리 와요,

Mammy sure has missed (you), honey.
    수식어구[부사성분] : sure
    동사 (연결마디) 1개 : 동사 + (대명사)
    동사변화 : have/has + 과거분사 missed ; 일반동사 현재완료
유모도 아가씨를 보고 싶었답니다

Mrs. Butler, I believe.
버틀러 부인!

Mammy said (you'd come back).
    동사 (연결마디) 1개 : 동사 + (명사절)
    동사변화 : say 과거형 said ; 과거지사
    (명사절) you'd come (back)
        동사 (연결마디) 1개 : 동사 + (부사 : 관용 동사구)
        동사변화 : had + 과거분사 come ; 일반동사 과거완료
오셨군요

But only to bring Bonnie.
    접속사 : but
    (부사 only + to부정사구) only to bring (Bonnie)
        동사 (연결마디) 1개 : 동사 + (고유명사)
보니를 데려다 주려고

YouTube  해설 동영상

Apparently any mother, even a bad one, is (better for a child) (than none).
    동사 (연결마디) 2개 : 동사 + (형용사구) + (부사성분 : 전치사구)
아무리 나쁜 엄마라도 없는 것 보단 있는 게 낫지

You mean (you're going away again)?
    동사 (연결마디) 1개 : 동사 + (명사절)
    (명사절) you're going (away) again
        동사 (연결마디) 1개 : 동사 + (부사 : 관용 동사구)
        동사변화 : be동사 am/are/is + 현재분사 going ; 현재진행
        수식어구[부사성분] : again
또 떠나시려고요?

What (perception), Mrs. Butler.
  감탄문 = What + (명사(구))
어떻게 알았소

Right away.
곧 떠날 거요

In fact, I left (my bags) (at the station).
    동사 (연결마디) 2개 : 동사 + (명사구) + (형용사성분 : 전치사구)
    동사변화 : leave 과거형 left ; 과거지사
가방도 정거장에 두고 왔지

You're looking (pale).
    동사 (연결마디) 1개 : 동사 + (형용사)
    동사변화 : be동사 am/are/is + 현재분사 looking ; 현재진행
창백해 보이는데

Is there (a shortage of rouge)?
    be동사 의문문(주어, 동사 위치변경) : There is... → Is there...?
    동사 (연결마디) 1개 : 동사 + (명사구)
루즈가 떨어졌소?

YouTube  해설 동영상

Or can this wanness mean (you've been missing me)?
  접속사 : or
  조동사 의문문(주어, 조동사 위치변경) : You can mean → Can you mean
  동사 (연결마디) 1개 : 동사 + (명사절)
  (명사절) you've been missing (me)
      동사 (연결마디) 1개 : 동사 + (대명사)
      동사변화 : have(has) + been + 현재분사 missing ; (be동사 현재완료) 진행
설마 내가 보고 싶었던 건 아니겠지?

If I'm (pale),
  접속사 : if (if조건절)
  동사 (연결마디) 1개 : 동사 + (형용사)
창백한 건

it's (your fault).
  동사 (연결마디) 1개 : 동사 + (명사구)
당신 때문이에요

Not because I've been missing (you), but because....
  동사 (연결마디) 1개 : 동사 + (대명사)
  동사변화 : have(has) + been + 현재분사 missing ; (be동사 현재완료) 진행
그리웠던 게 아니고...

Pray continue, Mrs. Butler.
계속 하시죠

It's (because I'm going to have a baby).
  동사 (연결마디) 1개 : 동사 + (명사절)
  (명사절) because I'm going (to have a baby)
      접속사 : because
      동사 (연결마디) 1개 : 동사 + (to부정사구 : 명사적용법)
      동사변화 : be동사 am/are/is + 현재분사 going ; 현재진행
      (to부정사구) to have (a baby)
           동사 (연결마디) 1개 : 동사 + (명사)
아이를 가졌기 때문이에요

Indeed?
정말?

YouTube  해설 동영상

And who's the happy father?
   의문사 Who + be동사 의문문
   be동사 의문문(주어, 동사 위치변경) : the happy father is... → Is the happy father...?
그 행복한 아버지는 누굴까?

You know (it's yours).
   동사 (연결마디) 1개 : 동사 + (명사절)
  (명사절) It's (yours)
        동사 (연결마디) 1개 : 동사 + (대명사)
당신 아이란 말이에요

I don't want (it) (any more than you do).
   동사 (연결마디) 2개 : 동사 + (대명사) + (형용사구)
   동사변화 : 조동사 do/does + 부사 not + 동사원형 want ; 일반동사 부정문
  (형용사구) 형용사구 any more + (부사성분 : 전치사구)
       (전치사구) than + (명사절)
            (명사절) you do
나도 원하지 않아요

No woman would want (the child) (of a cad like you).
   동사 (연결마디) 2개 : 동사 + (명사) + (형용사성분 : 전치사구)
   동사변화 : 조동사 would(과거시점미래, 습관, 의지) + 동사원형 want
어떤 여자가 당신 같은 사람의 애를 원할까?

I wish (it were anybody's child but yours).
   동사 (연결마디) 1개 : 동사 + (명사절)
  (명사절) it were (anybody's child) (but yours)
       동사 (연결마디) 2개 : 동사 + (명사구) + (형용사성분 : 전치사구)
       동사변화 : be동사 과거형 were ; 가정법
차라리 다른 사람의 애라면...

Well, cheer up. Maybe you'll have (an accident).
   수식어구[부사성분] : maybe
   동사 (연결마디) 1개 : 동사 + (명사)
   동사변화 : 조동사 will(의지, 습성, 요청) + 동사원형 have
그럼 유산시켜버리구려

YouTube  해설 동영상

Is she (better)?
    be동사 의문문(주어, 동사 위치변경) : She is... → Is she...?
    동사 (연결마디) 1개 : 동사 + (형용사)
깨어났나요?

Has she asked (for me)?
    현재완료 의문문(have동사 위치변경) : She has asked... → Has she asked...?
    동사 (연결마디) 1개 : 동사 + (명사성분 : 전치사구)
저를 찾지는 않던가요?

YouTube  해설 동영상

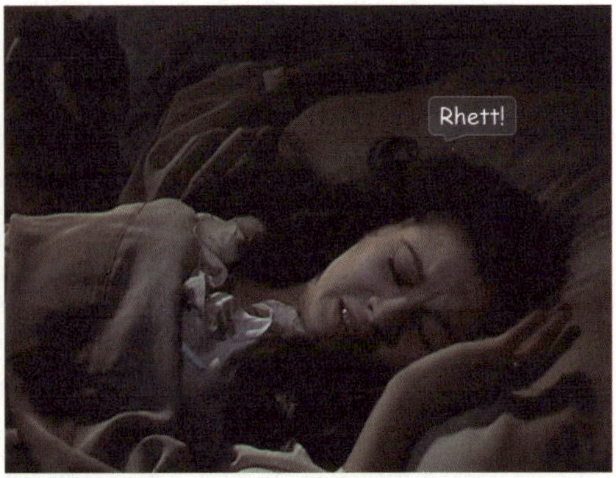

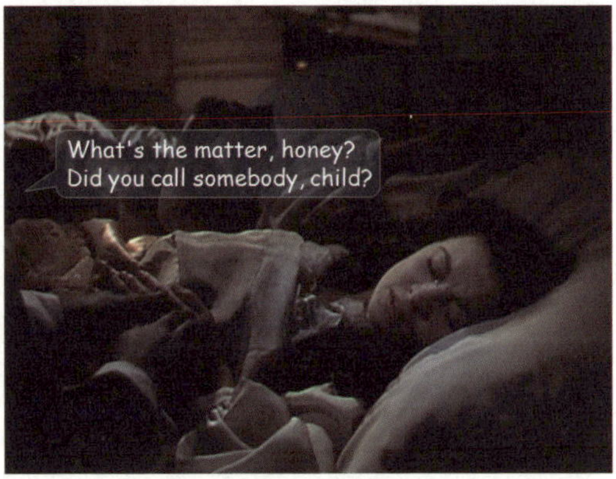

Don't you understand?
　　일반동사 부정의문문(조동사 Do + not사용) : You understand → Don't you understand
뭔 말 인지

She's (delirious).
　　동사 (연결마디) 1개 : 동사 + (형용사)
아직 혼수 상태예요

Rhett!
레트!

I want (Rhett)!
　　동사 (연결마디) 1개 : 동사 + (고유명사)
레트를 원해

What's the matter, honey?
　　의문사 What + be동사 의문문
　　be동사 의문문(주어, 동사 위치변경) : the matter is... → Is the matter...?
뭐라구요?

Did you call (somebody), child?
　　일반동사 과거의문문(조동사 Do/Does과거 Did 사용) : You called → Did you call
누구를 찾았나요?

It's (no use).
　　동사 (연결마디) 1개 : 동사 + (명사구)
소용없어,

It's (no use).
　　동사 (연결마디) 1개 : 동사 + (명사구)
다 소용없어

YouTube  해설 동영상

Dr. Meade's left.

Scarlett's dead!

Oh, no, she's much better.

Really she is.

There, there, Captain Butler. You're beside yourself.

Dr. Meade's left.
   동사변화 : have/has + 과거분사 left ; 일반동사 현재완료
미드 박사님은 가셨어요

Scarlett's (dead)!
   동사 (연결마디) 1개 : 동사 + (형용사)
죽었군요

Oh, no, she's much (better).
   동사 (연결마디) 1개 : 동사 + (형용사)
   수식어구[부사성분] : much
아뇨, 많이 나아졌어요

Really she is.
정말이에요

There, there, Captain Butler. You're (beside yourself).
   동사 (연결마디) 1개 : 동사 + (명사성분 : 전치사구)
괴로워 마세요, 버틀러 씨

YouTube  해설 동영상

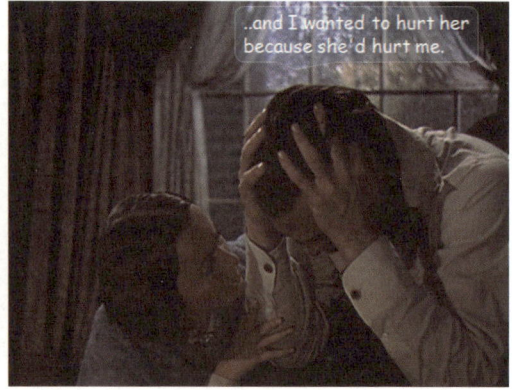

She'll very soon be (well) again,
    동사 (연결마디) 1개 : 동사 + (형용사)
    동사변화 : 조동사 will(의지, 습성, 요청) + be ; 예정
    수식어구[부사성분] : very soon, again
스칼렛은 곧 건강해질 거예요

I promise (you).
    동사 (연결마디) 1개 : 동사 + (대명사)
그럼요

No, you don't understand.
    동사변화 : 조동사 do/does + 부사 not + 동사원형 understand ; 일반동사 부정문
당신은 몰라요,

She never wanted (this baby).
    동사 (연결마디) 1개 : 동사 + (명사구)
    수식어구[부사성분] : never
스칼렛은 아이를 원하지 않았어요

Not want (a baby)?
    동사 (연결마디) 1개 : 동사 + (명사)
원치 않았다구요

Why, every woman wants (a baby)!
    동사 (연결마디) 1개 : 동사 + (명사)
    동사변화 : want 3인칭단수현재 wants
아이를 원치 않는 여자는 없어요

Yes, you want (children),
    동사 (연결마디) 1개 : 동사 + (명사)
당신은 원하지만,

but she doesn't. Not my children.
    동사변화 : 조동사 do(does) + 부사 not ; 부정문
아내는 내 아이를 원치 않습니다

She told (me) (she didn't want any more children)...
    동사 (연결마디) 2개 : 동사 + (대명사) + (명사절)
    (명사절) she didn't want (any more children)
        동사 (연결마디) 1개 : 동사 + (명사구)
        동사변화 : 조동사과거 did + 부사 not + 동사원형 have ; 과거부정
아이를 더 안 낳겠다고 말했었죠

..and I wanted (to hurt her)
    동사 (연결마디) 1개 : 동사 + (to부정사구 : 명사적용법)
    (to부정사구) to hurt (her)
        동사 (연결마디) 1개 : 동사 + (대명사)
나도 아프게 하고 싶었소

because she'd hurt (me).
    접속사 : because
    동사 (연결마디) 1개 : 동사 + (대명사)
    동사변화 : had + 과거분사 hurt ; 일반동사 과거완료
아내가 내게 상처 준 만큼

YouTube  해설 동영상

I wanted to and I did.
그랬죠

Hush. You mustn't tell (me) (these things). It's not fit.
    동사 (연결마디) 2개 : 동사 + (대명사) + (명사구)
    동사변화 : 조동사 must(의무, 강한 추측) + not + 동사원형 tell ; 부정
아뇨, 그런 말씀 마세요

I didn't know (about this baby)
    동사 (연결마디) 1개 : 동사 + (명사성분 : 전치사구)
    동사변화 : 조동사과거 did + 부사 not + 동사원형 have ; 과거부정
아이를 가진지 몰랐었소

until the other day (when she fell).
    접속사 : until
    명사구 the other day + (형용사성분 : when-절)
        (when-절) when she fell
            접속사 : when
            동사변화 : fall 과거형 fell ; 과거지사
계단에서 구르기 전까진

If I'd known,
    접속사 : if (if조건절)
    동사변화 : had + 과거분사 known ; 일반동사 과거완료
알았다면

I'd have come (straight) home
    동사 (연결마디) 1개 : 동사 + (형용사)
    동사변화 : 조동사 would(과거시점미래, 습관, 의지) + have + 과거분사 come ; 현재완료
    수식어구[부사성분] : home
돌아왔을 거요

whether she wanted (me) (or not)!
    접속사 : whether
    동사 (연결마디) 2개 : 동사 + (대명사) + (부사구)
    동사변화 : want 과거형 wanted ; 과거지사
그녀가 원하든 원하지 않든

Well, of course you would.
물론 그러셨겠죠

And then when she told (me),
    접속사 : and, then, when
    동사 (연결마디) 1개 : 동사 + (대명사)
아기 얘길 듣고

there on the steps,
계단에서

what did I do?
    의문사 What + 일반동사 과거의문문
    일반동사 과거의문문(조동사 Do/Does과거 Did 사용) : I did → Did I do
내가 어떻게 한 줄 압니까?

YouTube  해설 동영상

What did I say? I laughed and I said--
난 웃으면서..

But you didn't mean (it).
　동사 (연결마디) 1개 : 동사 + (대명사)
　동사변화 : 조동사과거 did + 부사 not + 동사원형 mean ; 과거부정
진심이 아니었잖아요

I know (you didn't mean it).
　동사 (연결마디) 1개 : 동사 + (명사절)
　(명사절) you didn't mean (it)
　　　동사 (연결마디) 1개 : 동사 + (대명사)
　　　동사변화 : 조동사과거 did + 부사 not + 동사원형 mean ; 과거부정
제가 알아요

Oh, but I did mean (it).
　동사 (연결마디) 1개 : 동사 + (대명사)
　동사변화 : 조동사 do/does/did + 일반동사 mean ; 강조
진심이었소

I was (crazy) (with jealousy).
　동사 (연결마디) 2개 : 동사 + (형용사) + (부사성분 : 전치사구)
　동사변화 : be동사 am/is 과거형 was ; 과거지사
난 질투심에 미쳤었죠

She's never cared (for me).
　동사 (연결마디) 1개 : 동사 + (명사성분 : 전치사구)
　동사변화 : have/has + 과거분사 cared ; 일반동사 현재완료
날 사랑하지 않는 그녀

I thought (I could make her care),
　동사 (연결마디) 1개 : 동사 + (명사절)
　(명사절) I could make (her care)
　　　동사 (연결마디) 1개 : 동사 + (명사구)
　　　동사변화 : 조동사 could(능력, 추측, 허가) + 동사원형 make
날 사랑하게 만들고 싶었는데

but I couldn't.
안 됐어요

You're so (wrong).
　동사 (연결마디) 1개 : 동사 + (형용사)
틀렸어요

Scarlett loves (you) (a great deal),
　동사 (연결마디) 2개 : 동사 + (대명사) + (형용사구)
　동사변화 : love 3인칭단수현재 loves
스칼렛은 당신을 무척 사랑해요.

much more than she knows.
　동사변화 : know 3인칭단수현재 knows
깨닫지 못하는 것 뿐이죠

YouTube  해설 동영상

If that were (only true)
　접속사 : if (가정법if절), if ~ were (가정법과거)
　동사 (연결마디) 1개 : 동사 + (명사구)
그렇다면

I could wait (forever).
　동사 (연결마디) 1개 : 동사 + (부사)
　동사변화 : 조동사 could(능력, 추측, 허가) + 동사원형 wait
영원히 기다릴 겁니다

If she'd only forgive (me),
　접속사 : if (if조건절)
　동사 (연결마디) 1개 : 동사 + (대명사)
　동사변화 : 조동사 would(과거시점미래, 습관, 의지) + 동사원형 forgive
아내가 저를 용서 한다면요

forget (this) ever (happened).
　동사 (연결마디) 2개 : 동사 + (명사) + (과거분사구 : 형용사적 용법)
　수식어구[부사성분] : ever
　(과거분사구) happened
이번 일을 잊고

She will.
그럴 거 에요

You must be (patient).
　동사 (연결마디) 1개 : 동사 + (형용사)
　동사변화 : 조동사 must(의무, 강한 추측) + be ; 예정
인내심을 갖고 참아보세요

Oh, no, it's not (possible).
　동사 (연결마디) 1개 : 동사 + (형용사)
　동사변화 : be동사 am/are/is + 부사 not ; be동사 부정문
불가능하오

You don't understand.
　동사변화 : 조동사 do/does + 부사 not + 동사원형 understand ; 일반동사 부정문
아뇨, 당신은 모릅니다

If you only knew (who she really loved)...
　접속사 : if (if조건절)
　동사 (연결마디) 1개 : 동사 + (명사절)
　동사변화 : know 과거형 knew ; 과거지사
　(명사절) who she really loved
　　　접속사 : who
　　　동사 (연결마디) 없음 : 동사 단독
　　　동사변화 : love 과거형 loved ; 과거지사
　수식어구[부사성분] : only, really
스칼렛이 누굴 사랑하고 있는지

YouTube  해설 동영상

...you wouldn't believe (it).
　　동사 (연결마디) 1개 : 동사 + (대명사)
　　동사변화 : 조동사 would(과거시점미래, 습관, 의지) + not + 동사원형 believe ; 부정
당신은 못 믿을 거예요

Surely you haven't listened (to idle gossip).
　　수식어구[부사성분] : surely
　　동사 (연결마디) 1개 : 동사 + (명사성분 : 전치사구)
　　동사변화 : have/has + 부사 not + 과거분사 listened ; 현재완료부정
헛소문을 믿어서는 안 돼요

No, Captain Butler, I wouldn't believe (it).
　　동사 (연결마디) 1개 : 동사 + (대명사)
　　동사변화 : 조동사 would(과거시점미래, 습관, 의지) + not + 동사원형 believe ; 부정
네, 전 믿지 않습니다

There, there. Scarlett's going (to get well)
　　동사 (연결마디) 1개 : 동사 + (to부정사구 : 명사적용법)
　　동사변화 : be동사 am/are/is + 현재분사 going ; 현재진행
　　(to부정사구) to get (well)
　　　　　　동사 (연결마디) 1개 : 동사 + (형용사)
스칼렛은 건강해질 거고

and there can be (other babies).
　　동사 (연결마디) 1개 : 동사 + (명사구)
　　동사변화 : 조동사 can(능력, 추측, 허가) + be ; 예정
아이는 또 가지면 돼요

Oh no, no, she couldn't (even if she wanted to),
　　동사 (연결마디) 1개 : 동사 + (명사절)
　　동사변화 : 조동사 could(능력, 추측, 허가) + not ; 부정문
　　(명사절) even if she wanted (to)
　　　　　　접속사구 : even if (~일지라도)
　　　　　　동사 (연결마디) 1개 : 동사 + (to부정사구 : 명사적용법)
원해도 가질 순 없을 거요

after what she's been (through).
접속사 : after
　　동사 (연결마디) 1개 : 동사 + (부사 : 관용 동사구)
　　동사변화 : have/has + 과거분사 been ; be동사 현재완료
저런 일을 당했으니

But of course she could.
아니에요

YouTube  해설 동영상

I'm going to...

No, Miss Melly, you must n't risk it. It's too dangerous.

Children are life renewing itself, Captain Butler...

...and when life does that danger seems very unimportant.

I've never before known anyone who was really brave.

I pray God things go well with you, Miss Melly.

I'm going (to).
   동사 (연결마디) 1개 : 동사 + (to부정사구 : 명사적용법)
   동사변화 : be동사 am/are/is + 현재분사 going ; 현재진행
저도 가질 건데요

No, Miss Melly, you must not risk (it).
   동사 (연결마디) 1개 : 동사 + (대명사)
   동사변화 : 조동사 must(의무, 강한 추측) + not + 동사원형 risk ; 부정
안됩니다 당신에게는 무리예요

It's too (dangerous).
   동사 (연결마디) 1개 : 동사 + (형용사)
   수식어구[부사성분] : too
위험해요

Children are (life) (renewing itself), Captain Butler...
   동사 (연결마디) 2개 : 동사 + (명사) + (-ing구 : 형용사적 용법)
   (-ing구) renewing (itself)
        동사 (연결마디) 1개 : 동사 + (재귀대명사)
아기는 인생을 새롭게 해주죠

...and when life does (that danger seems very unimportant).
   접속사 : when
   동사 (연결마디) 1개 : 동사 + (명사절)
   (명사절) that danger seems very (unimportant)
        동사 (연결마디) 1개 : 동사 + (형용사)
        동사변화 : seem 3인칭단수현재 seems
위험 따위는 중요하지 않아요

I've never before known (anyone) (who was really brave).
   동사 (연결마디) 2개 : 동사 + (명사) + (형용사성분 : who-절)
   동사변화 : have/has + 과거분사 known ; 일반동사 현재완료
   (who-절) who was really (brave)
        동사 (연결마디) 1개 : 동사 + (형용사)
        수식어구[부사성분] : never, before, really
당신처럼 용감한 분은 처음입니다

I pray (God) (things go well with you), Miss Melly.
   동사 (연결마디) 2개 : 동사 + (명사) + (명사절)
   (명사절) things go (well) (with you)
        동사 (연결마디) 2개 : 동사 + (형용사) + (부사성분 : 전치사구)
잘 되길 기도하겠어요

YouTube  해설 동영상

And I want (to thank you for all you've done for me and for Scarlett).
    동사 (연결마디) 1개 : 동사 + (to부정사구 : 명사적용법)
    (to부정사구) to thank (you) (for all you've done for me and for Scarlett)
            동사 (연결마디) 2개 : 동사 + (대명사) + (형용사성분 : 전치사구)
            (전치사구) for + 명사 all + (형용사절)
                  (형용사절) you've done (for me and for Scarlett)
                        동사 (연결마디) 1개 : 동사 + (명사성분 : 전치사구)
저와 스칼렛에게 잘해 주셔서 고맙습니다

From my heart, I thank (you).
    동사 (연결마디) 1개 : 동사 + (대명사)
진심으로 감사드려요

Miss Scarlett's feeling (a heap) (better) today, Mr. Rhett.
    동사 (연결마디) 2개 : 동사 + (명사) + (형용사)
    동사변화 : be동사 am/are/is + 현재분사 feeling ; 현재진행
아씨께서 오늘은 기분이 좋으신 것 같아요

Thank you, Mammy.
그래요

I've come (to ask your forgiveness)...
    동사 (연결마디) 1개 : 동사 + (to부정사구 : 명사적용법)
    동사변화 : have/has + 과거분사 come ; 일반동사 현재완료
    (to부정사구) to ask (your forgiveness)
            동사 (연결마디) 1개 : 동사 + (명사구)
용서해 주시오

...in the hope (that we can give our life together another chance).
    명사 the hope + (형용사성분 : that-절)
    (that-절) that we can give (our life) together (another chance)
        접속사 : that
        동사 (연결마디) 2개 : 동사 + (명사구) + (명사구)
        동사변화 : 조동사 can(능력, 추측, 허가) + 동사원형 give
        수식어구[부사성분] : together
다시 같이 잘해봤으면 하오

YouTube  해설 동영상

Our life together?
같이?

When did we ever have (a life) (together)?
　의문사 When + 일반동사 과거의문문
　일반동사 과거의문문(조동사 Do/Does과거 Did 사용) : we had → Did we have
　동사 (연결마디) 2개 : 동사 + (명사) + (부사)
우리가 언제 같이 했었나요?

Yes, you're (right).
　동사 (연결마디) 1개 : 동사 + (형용사)
당신 말이 옳소만

But I'm (sure) (if we could only try again),
　동사 (연결마디) 2개 : 동사 + (형용사) + (부사절)
　(부사절) if we could only try (again)
　　　　접속사 : if (if조건절)
　　　　동사 (연결마디) 1개 : 동사 + (부사)
　　　　동사변화 : 조동사 could(능력, 추측, 허가) + 동사원형 try
　　　　수식어구[부사성분] : only
다시 노력하면

we could be (happy).
　동사 (연결마디) 1개 : 동사 + (형용사)
　동사변화 : 조동사 could(능력, 추측, 허가) + be ; 예정
행복해질 수 있을 거요

Well, what is there (to make us happy now)?
　의문사 What + be동사 의문문
　be동사 의문문(주어, 동사 위치변경) : There is... → Is there...?
　동사 (연결마디) 1개 : 동사 + (to부정사구 : 명사적용법)
　(to부정사구) to make (us) (happy) now
　　　　　동사 (연결마디) 2개 : 동사 + (대명사) + (형용사)
　　　　　수식어구[부사성분] : now
우리에게 행복할 게 뭐가 있죠?

Well, there's (Bonnie) and...
　동사 (연결마디) 1개 : 동사 + (고유명사)
보니가 있잖소

YouTube  해설 동영상

...and I love (you), Scarlett.
사랑하오, 스칼렛

When did you discover (that)?
   의문사 When + 일반동사 과거의문문
   일반동사 과거의문문(조동사 Do/Does과거 Did 사용) : You discovered → Did you discover
   동사 (연결마디) 1개 : 동사 + (대명사)
그걸 언제 알았나요?

I've always loved (you),
   동사 (연결마디) 1개 : 동사 + (대명사)
   동사변화 : have/has + 과거분사 loved ; 일반동사 현재완료
   수식어구[부사성분] : always
늘 사랑했지만

but you've never given (me) (a chance to show it).
   동사 (연결마디) 2개 : 동사 + (대명사) + (명사구)
   동사변화 : have/has + 과거분사 given ; 일반동사 현재완료
   (명사구) 명사 a chance + (to부정사구 : 형용사적 용법)
        (to부정사구) to show (it)
                동사 (연결마디) 1개 : 동사 + (대명사)
   수식어구[부사성분] : never
당신은 기회를 주지 않았지

Well, and just what do you want (me) (to do)?
   의문사 What + 일반동사 의문문
   일반동사 의문문(조동사 Do/Does 사용) : You want → Do you want
   동사 (연결마디) 2개 : 동사 + (대명사) + (to부정사구 : 형용사적 용법)
   (to부정사구) to do
내가 어떻게 하길 바라죠?

To begin with, give (up) (the mill), Scarlett.
   동사 (연결마디) 2개 : 동사 + (부사 : 관용 동사구) + (명사)
먼저 공장을 그만 두시오

We'll go (away).
   동사 (연결마디) 1개 : 동사 + (부사 : 관용 동사구)
   동사변화 : 조동사 will(의지, 습성, 요청) + 동사원형 go
떠납시다

YouTube  해설 동영상

We'll take (Bonnie)
  동사 (연결마디) 1개 : 동사 + (고유명사)
  동사변화 : 조동사 will(의지, 습성, 요청) + 동사원형 take
보니를 데리고

and we'll have (another honeymoon).
  동사 (연결마디) 1개 : 동사 + (명사구)
  동사변화 : 조동사 will(의지, 습성, 요청) + 동사원형 have
다시 한번 신혼여행을

Give (up) (the mill)?
  동사 (연결마디) 2개 : 동사 + (부사 : 관용 동사구) + (명사)
공장을요?

But why? It's making (more money) (than ever).
  동사 (연결마디) 2개 : 동사 + (명사구) + (부사구)
  동사변화 : be동사 am/are/is + 현재분사 making ; 현재진행
어느 때보다 잘 되는데

Yes, I know, but we don't need (it).
  동사 (연결마디) 1개 : 동사 + (대명사)
  동사변화 : 조동사 do/does + 부사 not + 동사원형 need ; 일반동사 부정문
그건 알지만 우리에겐 필요 없잖소

Sell (it),
  동사 (연결마디) 1개 : 동사 + (대명사)
팔던가,

or better still, give (it) (to Ashley).
  동사 (연결마디) 2개 : 동사 + (대명사) + (명사성분 : 전치사구)
애슐리에게 줘요

Melanie's been (such a friend) (to both of us).
  동사 (연결마디) 2개 : 동사 + (명사구) + (형용사성분 : 전치사구)
  동사변화 : have/has + 과거분사 been ; be동사 현재완료
멜라니는 좋은 친구니까

Always Melanie! If you'd only think (a little more) (about me)....
  접속사 : if (if조건절)
  동사 (연결마디) 2개 : 동사 + (형용사구) + (부사성분 : 전치사구)
  동사변화 : 조동사 should(~해야 한다, ~할 것이다) + 동사원형 think
멜라니, 멜라니...조금이라도 내 생각을 해봐요

YouTube  해설 동영상

I am thinking (of you)...
   동사 (연결마디) 1개 : 동사 + (명사성분 : 전치사구)
   동사변화 : be동사 am/are/is + 현재분사 thinking ; 현재진행
생각하고 있소

...and I'm thinking that...
내 생각에

...well, maybe it's (the mill) (that's taken you away from me)...
   수식어구[부사성분] : maybe
   동사 (연결마디) 2개 : 동사 + (명사) + (형용사절)
   (형용사절) that's taken (you) (away from me)
        동사 (연결마디) 2개 : 동사 + (대명사) + (형용사성분 : 전치사구)
        동사변화 : have/has + 과거분사 taken ; 일반동사 현재완료
공장일 때문에 나에게서 멀어진 것 같아

...and from Bonnie.
보니도

I know (what you're thinking).
   동사 (연결마디) 1개 : 동사 + (what-절)
   (what-절) what you're thinking
       접속사 : what
       동사변화 : be동사 am/are/is + 현재분사 thinking ; 현재진행
당신 속셈은 아니까

Don't try (to bring Bonnie into this).
   동사 (연결마디) 1개 : 동사 + (to부정사구 : 명사적용법)
   동사변화 : 조동사 Do + 부사 not + 동사원형 try ; ~하지마라(명령문)
   (to부정사구) to bring (Bonnie) (into this)
         동사 (연결마디) 2개 : 동사 + (고유명사) + (형용사성분 : 전치사구)
보니 핑계 대지 말아요

You're (the one) (taking her away from me).
   동사 (연결마디) 2개 : 동사 + (명사) + (-ing구 : 형용사적 용법)
   (-ing구) taking (her) (away from me)
         동사 (연결마디) 2개 : 동사 + (대명사) + (형용사성분 : 전치사구)
당신 때문에 보니와 멀어졌어

YouTube  해설 동영상

But she loves (you).
   동사 (연결마디) 1개 : 동사 + (대명사)
   동사변화 : love 3인칭단수현재 loves
보니는 당신을 사랑해

You've done (everything possible) (to make her love you and not me).
   동사 (연결마디) 2개 : 동사 + (명사구) + (to부정사구 : 형용사적 용법)
   동사변화 : have/has + 과거분사 done ; 일반동사 현재완료
  (to부정사구) to make (her) (love you and not me)
             동사 (연결마디) 2개 : 동사 + (대명사) + (원형부정사구 : 형용사적용법)
          (원형부정사구) love (you) (not me)
                   동사 (연결마디) 2개 : 동사 + (대명사) + (부사구)
내게서 멀어지게 하고

Why, she's so spoiled now that—
   동사변화 : be동사 am/are/is + 과거분사 spoiled ; 수동태
이젠 버릇까지 없어져서...

Mommy! Daddy!
엄마, 아빠!

Watch (me)!
   동사 (연결마디) 1개 : 동사 + (대명사)
나 좀 봐봐

We're watching, darling.
   동사변화 : be동사 am/are/is + 현재분사 thinking ; 현재진행
그래, 보고 있다

YouTube  해설 동영상

You're (mighty pretty, precious).
　동사 (연결마디) 1개 : 동사 + (형용사구)
우리 딸, 참 예쁘구나

So are you.
엄마도 예뻐

I'm going (to jump).
　동사 (연결마디) 1개 : 동사 + (to부정사구 : 명사적용법)
　동사변화 : be동사 am/are/is + 현재분사 going ; 현재진행
　(to부정사구) to jump
나 장애물 넘을래

Watch (me), Daddy.
　동사 (연결마디) 1개 : 동사 + (대명사)
아빠, 나 잘 봐!

I don't think (you ought to do much jumping yet), Bonnie.
　동사 (연결마디) 1개 : 동사 + (명사절)
　동사변화 : 조동사 do/does + 부사 not + 동사원형 think ; 일반동사 부정문
　(명사절) you ought (to do much jumping yet)
　　　　동사 (연결마디) 1개 : 동사 + (to부정사구 : 명사적용법)
　　　　(to부정사구) to do (much jumping) yet
　　　　　　동사 (연결마디) 1개 : 동사 + (명사구)
　　　　　　수식어구[부사성분] : yet
장애물은 아직 이르다, 보니

Remember, (you've just learned to ride side saddle).
　동사 (연결마디) 1개 : 동사 + (명사절)
　(명사절) you've just learned (to ride side saddle)
　　　　동사 (연결마디) 1개 : 동사 + (to부정사구 : 명사적용법)
　　　　동사변화 : have/has + 과거분사 learned ; 일반동사 현재완료
　　　　(to부정사구) to ride (side saddle)
　　　　　　동사 (연결마디) 1개 : 동사 + (형용사구)
배운지 얼마 되지 않았어

I will so jump!
　동사변화 : 조동사 will(의지, 습성, 요청) + 동사원형 jump
넘을 수 있어

YouTube  해설 동영상

I can jump (better) (than ever)
    동사 (연결마디) 2개 : 동사 + (형용사) + (부사성분 : 전치사구)
    동사변화 : 조동사 can(능력, 추측, 허가) + 동사원형 jump
넘을 수 있어

because I've grown...
    접속사 : because
    동사변화 : have/has + 과거분사 grown ; 일반동사 현재완료
이제 컸으니까

...and I've moved (the bar) (higher).
    동사 (연결마디) 2개 : 동사 + (명사) + (형용사)
    동사변화 : have/has + 과거분사 moved ; 일반동사 현재완료
장애물도 더 높였고

Don't let (her) (do it), Rhett.
    동사 (연결마디) 2개 : 동사 + (대명사) + (원형부정사구 : 형용사적용법)
    동사변화 : 조동사 Do + 부사 not + 동사원형 let ; ~하지마라(명령문)
    (원형부정사구) do (it)
              동사 (연결마디) 1개 : 동사 + (대명사)
못하게 하세요

No, Bonnie, you can't.
안 된다, 보니

Well, if you fall (off),
    접속사 : if (if조건절)
    동사 (연결마디) 1개 : 동사 + (부사 : 관용 동사구)
떨어져서

don't cry and
    동사변화 : 조동사 Do + 부사 not + 동사원형 cry ; ~하지마라(명령문)
울고

blame (me).
원망 말아라

Rhett, stop (her)!
    동사 (연결마디) 1개 : 동사 + (대명사)
레트, 말려요

Bonnie!
보니!

YouTube  해설 동영상

Bonnie!
보니!

Just like Pa.
아빠와 똑같아

Just like Pa!
아빠와 똑같아...

Bonnie!
보니! 보니!

Bonnie!
보니!

YouTube  해설 동영상

Lordsy, Miss Melly. I sure am (glad) (you have come).
　동사 (연결마디) 2개 : 동사 + (형용사) + (부사절)
　(부사절) you have come
　　　　동사변화 : have/has + 과거분사 come ; 일반동사 현재완료
와주셨군요, 고맙습니다

This house won't seem (the same) (without Bonnie).
　동사 (연결마디) 2개 : 동사 + (명사) + (형용사성분 : 전치사구)
　동사변화 : 조동사 will(의지, 습성, 요청) + 부사 not + 동사원형 seem ; 부정
보니가 없으니 집이 텅 빈 것 같아

How's Miss Scarlett bearing (up)?
　의문사 How + be동사 의문문
　be동사 의문문(주어, 동사 위치변경) : Miss Scarlett is bearing ... → Is Miss Scarlett bearing...?
　동사 (연결마디) 1개 : 동사 + (부사 : 관용 동사구)
스칼렛은 괜찮아?

Miss Melly, this here have broken (her heart)...
　동사 (연결마디) 1개 : 동사 + (명사구)
　동사변화 : have/has + 과거분사 broken ; 일반동사 현재완료
가슴 아파하시지만

...but I didn't fetch (you) here (on Miss Scarlett's account).
　동사 (연결마디) 2개 : 동사 + (대명사) + (형용사성분 : 전치사구)
　동사변화 : 조동사과거 did + 부사 not + 동사원형 fetch ; 과거부정
　수식어구[부사성분] : here
그 때문에 오시란 게 아니랍니다

YouTube  해설 동영상

What that child got (to stand),
    동사 (연결마디) 1개 : 동사 + (to부정사구 : 명사적용법)
    동사변화 : get 과거형 got ; 과거지사
    (to부정사구) to stand
아씨는 어떤 일이든

the good Lord give (her) (strength to stand).
    동사 (연결마디) 2개 : 동사 + (대명사) + (명사구)
    (명사구) 명사 strength + (to부정사구 : 형용사적 용법)
        (to부정사구) to stand
버틸 힘이 있으니까요

It's (Mr. Rhett) (I'm worried about).
    동사 (연결마디) 2개 : 동사 + (명사구) + (형용사절)
    (형용사절) I'm (worried) (about)
        동사 (연결마디) 2개 : 동사 + (형용사) + (부사성분 : 전치사구)
버틀러 씨가 걱정이에요

He has lost (his mind) (these last couple of days).
    동사 (연결마디) 2개 : 동사 + (명사구) + (부사구)
    동사변화 : have/has + 과거분사 lost ; 일반동사 현재완료
며칠 동안 정신 나간 사람 같아요

No, Mammy, no.
유모, 진정해

I ain't never seen (no man, black or white), (set such store on any child).
    동사 (연결마디) 2개 : 동사 + (명사구) + (원형부정사구 : 형용사적용법)
    동사변화 : am/are/is + 부사 not + 과거분사 seen ; 수동태부정
    수식어구[부사성분] : never
    (원형부정사구) set (such store) (on any child)
        동사 (연결마디) 2개 : 동사 + (명사구) + (형용사성분 : 전치사구)
그토록 애한테 정성인 분도 없을 거예요

When Dr. Meade says (her neck broke)...
    접속사 : when
    동사 (연결마디) 1개 : 동사 + (명사절)
    동사변화 : say 3인칭단수현재 says
    (명사절) her neck broke
        동사변화 : break 과거형 broke ; 과거지사
목이 부러졌다고 의사가 말하자

YouTube  해설 동영상

…Mr. Rhett **grab** (his gun)
    동사 (연결마디) 1개 : 동사 + (명사구)
나리는 총을 쥐고

and run (out) there
    동사 (연결마디) 1개 : 동사 + (부사 : 관용 동사구)
달려 나가

and shoot (that poor pony)…
    동사 (연결마디) 1개 : 동사 + (명사구)
말을 쏴 죽였어요

…and for a minute I think (he going to shoot himself).
    수식어구[부사성분] : for a minute
    동사 (연결마디) 1개 : 동사 + (명사절)
    (명사절) he going (to shoot himself)
        동사 (연결마디) 1개 : 동사 + (to부정사구 : 명사적용법)
        (to부정사구) to shoot (himself)
            동사 (연결마디) 1개 : 동사 + (재귀대명사)
저는 자신도 쏠까 봐 걱정했죠

Oh, poor Captain Butler.
가엾어라…

Yes, ma'am. Miss Scarlett, she calls (him) (a murderer for teaching that child to jump).
    동사 (연결마디) 2개 : 동사 + (대명사) + (명사구)
    (명사구) 명사 a murderer + (형용사성분 : 전치사구)
        (전치사구) for + (-ing구 : 명사적용법)
            (-ing구) teaching (that child) (to jump)
                동사 (연결마디) 2개 : 동사 + (명사구) + (to부정사구 : 형용사적 용법)
                (to부정사구) to jump
아씨는 애한테 장애물을 가르친 살인자라고 소리쳤어요

She says, "(You give me my baby what you kill)."
    동사 (연결마디) 1개 : 동사 + (명사절)
    동사변화 : say 3인칭단수현재 says
    (명사절) you give (me) (my baby what you kill)
        동사 (연결마디) 2개 : 동사 + (대명사) + (명사구)
        (명사구) 명사구 my baby + (형용사성분 : what-절)
            (what-절) what you kill
'죽인 애기를 살려내 놔' 라고 하자

And then he says (Miss Scarlett ain't never cared nothing about Miss Bonnie).
    동사 (연결마디) 1개 : 동사 + (명사절)
    동사변화 : say 3인칭단수현재 says
    (명사절) Miss Scarlett ain't never cared (mothing) (about Miss Bonnie)
        동사 (연결마디) 2개 : 동사 + (명사) + (형용사성분 : 전치사구)
        동사변화 : am/are/is + 부사 not + 과거분사 cared ; 수동태부정
나리도 보니 한테 해준 게 없는 어미라고…

YouTube  해설 동영상

It like (to turn my blood cold),
  동사 (연결마디) 1개 : 동사 + (to부정사구 : 명사적용법)
  (to부정사구) to turn (my blood) (cold)
            동사 (연결마디) 2개 : 동사 + (명사구) + (형용사)
피가 얼어붙는 것 같았어요

the things (they say to one another).
  명사구 the things + (형용사절)
  (형용사절) they say (to one another)
            동사 (연결마디) 1개 : 동사 + (명사성분 : 전치사구)
그 말을 듣는데

Stop, Mammy, don't tell (me) any more.
  동사 (연결마디) 1개 : 동사 + (대명사)
  동사변화 : 조동사 Do + 부사 not + 동사원형 tell ; ~하지마라(명령문)
  수식어구[부사성분] : any more
그만하게

And then that night...
그 날 밤

...Mr. Rhett, he locked (himself) (in the nursery with Miss Bonnie)...
  동사 (연결마디) 2개 : 동사 + (재귀대명사) + (형용사성분 : 전치사구)
  동사변화 : lock 과거형 locked ; 과거지사
나리는 보니 아가씨 방에 들어가서는

...and he wouldn't even open (the door)...
  동사 (연결마디) 1개 : 동사 + (명사)
  동사변화 : 조동사 would(과거시점미래, 습관, 의지) + not + 동사원형 open ; 부정
  수식어구[부사성분] : even
문을 안 열어요

...when Miss Scarlett beat (on) (it)
  접속사 : when
  동사 (연결마디) 2개 : 동사 + (부사 : 관용 동사구) + (대명사)
스칼렛 아씨가 아무리 두드리고

and hollered (to him).
소리 쳐도

YouTube  해설 동영상

And that's (the way) (it's been for two whole days).
   동사 (연결마디) 2개 : 동사 + (명사) + (형용사절)
  (형용사절) It's been (for two whole days)
        동사 (연결마디) 1개 : 동사 + (명사성분 : 전치사구)
        동사변화 : have/has + 과거분사 been ; 일반동사 현재완료
그게 벌써 이틀 째예요

Oh, Mammy.
저런...

And then this evening, Miss Scarlett, she shout (through the door)...
   동사 (연결마디) 1개 : 동사 + (형용사성분 : 전치사구)
아씨가 문밖에서 소리쳤죠

...and she says (the funeral set for tomorrow morning)...
   동사 (연결마디) 1개 : 동사 + (명사절)
   동사변화 : say 3인칭단수현재 says
  (명사절) the funeral set (for tomorrow morning)
        동사 (연결마디) 1개 : 동사 + (명사성분 : 전치사구)
내일이 장례식이라고

...and he says "(You try that and I kill you tomorrow).
   동사 (연결마디) 1개 : 동사 + (명사절)
   동사변화 : say 3인칭단수현재 says
  (명사절) you try (that)
        동사 (연결마디) 1개 : 동사 + (대명사)
        and I kill (you)
        동사 (연결마디) 1개 : 동사 + (대명사)
나리는 '그렇게 하면 너를 쏴 죽인다'고 했어요

"Do you think (I'm going to put my child away in the)...
   일반동사 의문문(조동사 Do/Does 사용) : You think → Do you think
   동사 (연결마디) 1개 : 동사 + (명사절)
  (명사절) I'm going (to put my child away in the)
        동사 (연결마디) 1개 : 동사 + (to부정사구 : 명사적용법)
        동사변화 : be동사 am/are/is + 현재분사 going ; 현재진행
        (to부정사구) to put (my child) (in the
                동사 (연결마디) 2개 : 동사 + (명사구) + (형용사성분 : 전치사구)
땅에 묻을 수는 없다면서요

YouTube  해설 동영상

"...in the dark (when she's so scared of it)?"
   명사 the dark + (형용사성분 : when-절)
       (when-절) when she's so (scared) (of it)
              동사 (연결마디) 2개 : 동사 + (형용사) + (부사성분 : 전치사구)
애가 어두운 걸 싫어하는데

Oh, Mammy, he has lost (his mind).
   동사 (연결마디) 1개 : 동사 + (명사구)
   동사변화 : have/has + 과거분사 lost ; 일반동사 현재완료
유모, 그분은 제정신이 아니셔

Yes, ma'am, that's the God's truth. He ain't going (to let us bury that child).
   동사 (연결마디) 1개 : 동사 + (to부정사구 : 명사적용법)
   동사변화 : am/are/is + 부사 not + 현재분사 going ; 현재진행부정
   (to부정사구) to let (us) (bury that child)
            동사 (연결마디) 2개 : 동사 + (대명사) + (원형부정사구 : 형용사적용법)
            (원형부정사구) bury (that child)
                  동사 (연결마디) 1개 : 동사 + (명사구)
네, 장례식도 못 치르게 하시니

You going (to help us), Miss Melly.
   동사 (연결마디) 1개 : 동사 + (to부정사구 : 명사적용법)
   동사변화 : go 현재분사 going ; 진행
   (to부정사구) to help (us)
            동사 (연결마디) 1개 : 동사 + (대명사)
좀 도와주세요

Oh, but I can't intrude.
   동사변화 : 조동사 can(능력, 추측, 허가) + 부사 not + 동사원형 intrude ; 부정문
내가 어떻게...

If you can't help (us),
   접속사 : if (if조건절)
   동사변화 : 조동사 can(능력, 추측, 허가) + 부사 not + 동사원형 help ; 부정문
아씨가 아니면

who can?
누가 해요?

YouTube 해설 동영상

Mr. Rhett always **set** (great store) (by your opinion).
   동사 (연결마디) 2개 : <u>동사</u> + (명사구) + (형용사성분 : 전치사구)
나리는 아씨 말씀을 잘 들으시잖아요

Please, Miss Melly.
제발 부탁드려요

I'**ll do** (what I can), Mammy.
   동사 (연결마디) 1개 : <u>동사</u> + (what-절)
   동사변화 : 조동사 will(의지, 습성, 요청) + 동사원형 do
   (what-절) what I <u>can</u>
         접속사 : what
         동사 (연결마디) 없음 : <u>동사</u> 단독
해볼게

Get (away) (from that door),
   동사 (연결마디) 2개 : <u>동사</u> + (부사 : 관용 동사구) + (명사성분 : 전치사구)
모두 저리가!

and **leave** (us) (alone).
   동사 (연결마디) 2개 : <u>동사</u> + (대명사) + (부사)
혼자 놔둬!

It'**s** (Mrs. Wilkes), Captain Butler.
멜라니 윌크스예요

Please **let** (me) (in).
   동사 (연결마디) 2개 : <u>동사</u> + (대명사) + (형용사)
들어가게 해주세요

YouTube  해설 동영상

I've come (to see Bonnie).
   동사 (연결마디) 1개 : 동사 + (to부정사구 : 명사적용법)
   동사변화 : have/has + 과거분사 come ; 일반동사 현재완료
  (to부정사구) to see (Bonnie)
            동사 (연결마디) 1개 : 동사 + (고유명사)
보니를 보러 왔어요

Oh, Lord...
주여,

...please help (Mr. Rhett) (in this hour of his grief).
   동사 (연결마디) 2개 : 동사 + (명사구) + (형용사성분 : 전치사구)
레트 나리를 도와 주소서

I want (you) (to go and make a good deal of strong coffee)...
   동사 (연결마디) 2개 : 동사 + (대명사) + (to부정사구 : 형용사적 용법)
  (to부정사구) to go and make (a good deal of strong coffee)
            동사 (연결마디) 1개 : 동사 + (명사구)
유모, 커피를 진하게 타서

...and bring (it) (up to Captain Butler).
   동사 (연결마디) 2개 : 동사 + (대명사) + (형용사성분 : 전치사구)
버틀러씨께 갖다 드려,

I'll go and see (Miss Scarlett).
   동사 (연결마디) 1개 : 동사 + (명사구)
   동사변화 : 조동사 will(의지, 습성, 요청) + 동사원형 go and see
난 스칼렛에게 가 볼게

YouTube  해설 동영상

But....
그런데

Captain Butler is quite (willing) (for the funeral to take place)...
　　동사 (연결마디) 2개 : 동사 + (형용사) + (부사성분 : 전치사구)
　　(전치사구) for + 명사 the funeral + (to부정사구 : 형용사적 용법)
　　　　　(to부정사구) to take (place)
　　　　　　　　　동사 (연결마디) 1개 : 동사 + (명사)
장례식을 허락하셨어

...tomorrow morning.
내일 아침

Hallelujah. I suspect (the angels flights on your side), Miss Melly. Hallelujah.
　　동사 (연결마디) 1개 : 동사 + (명사절)
　　(명사절) the angels flights (on your side)
　　　　　동사 (연결마디) 1개 : 동사 + (명사성분 : 전치사구)
　　　　　동사변화 : flight 3인칭단수현재 flights
할렐루야! 천사님들이 마님과 함께 하시나 봐요

Miss Melly! Miss Melly!
멜라니 아씨! 아씨!

Miss Melly!
멜라니 아씨!

YouTube  해설 동영상

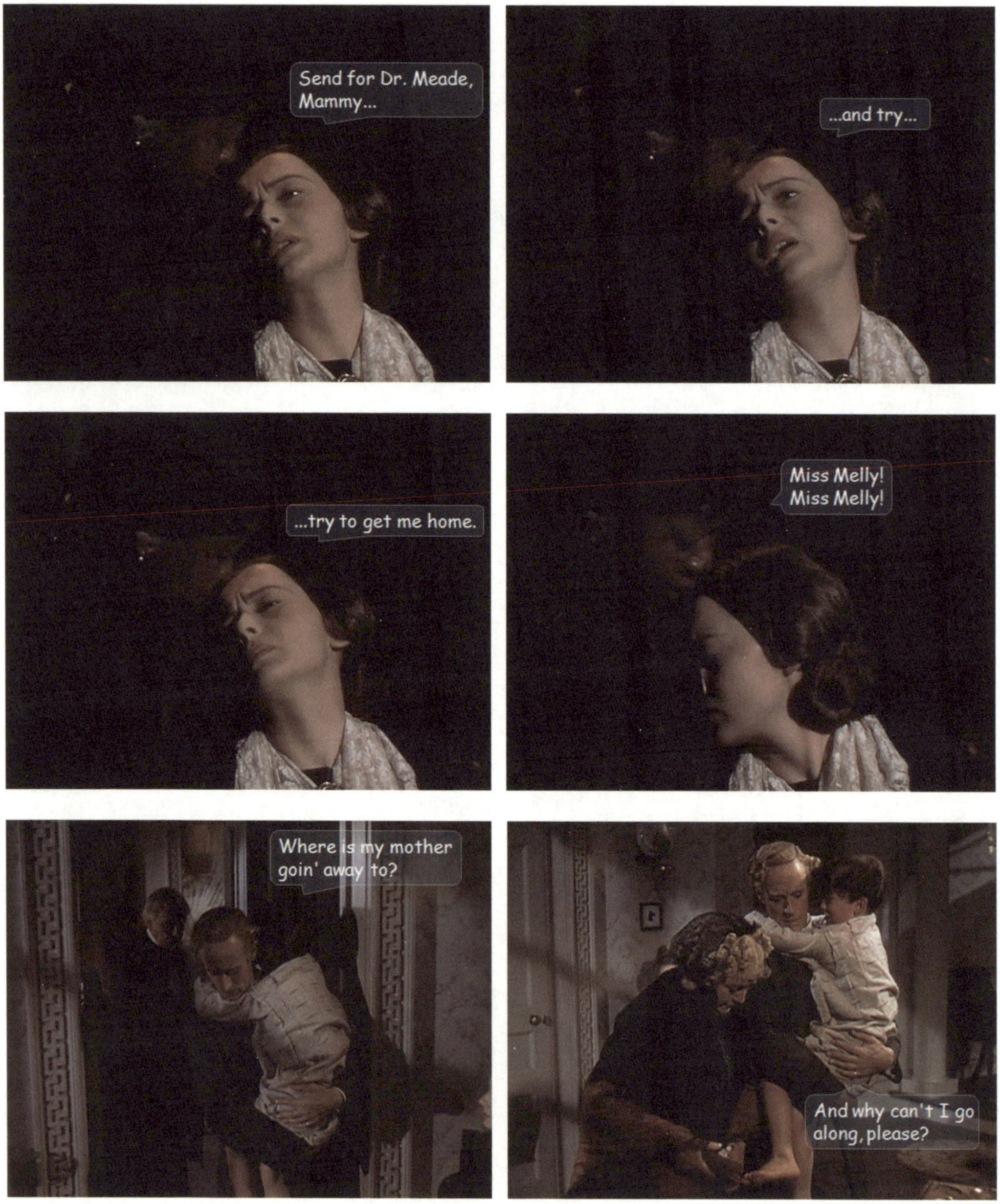

Send (for Dr. Meade), Mammy...
    동사 (연결마디) 1개 : 동사 + (명사성분 : 전치사구)
미드 박사님께 연락하고

...and try...
그리고

...try (to get me home).
    동사 (연결마디) 1개 : 동사 + (to부정사구 : 명사적용법)
  (to부정사구) to get (me) (home)
            동사 (연결마디) 2개 : 동사 + (대명사) + (부사)
날 집에 데려다 줘

Miss Melly! Miss Melly!
멜라니 아씨!

Where is my mother going (away) (to)?
    의문사 Where + be동사 의문문
    be동사 의문문(주어, 동사 위치변경) : my mother is... → Is my mother...?
    동사 (연결마디) 2개 : 동사 + (부사 : 관용 동사구) + (명사성분 : 전치사구)
나도 엄마 가는데

And why can't I go (along), please?
    의문사 Why + 조동사 부정의문문
    조동사 부정의문문(주어, 조동사 위치변경) : I can't go → Can't I go...
    동사 (연결마디) 1개 : 동사 + (부사 : 관용 동사구)
따라가면 안 돼요?

YouTube  해설 동영상

We can't always go (along),
　　동사 (연결마디) 1개 : 동사 + (부사 : 관용 동사구)
　　동사변화 : 조동사 can(능력, 추측, 허가) + 부사 not + 동사원형 go ; 부정문
　　수식어구[부사성분] : always
안 된다

Beau, much as we may want (to).
　　동사 (연결마디) 1개 : 동사 + (to부정사구 : 명사적용법)
　　동사변화 : 조동사 may(능력, 추측, 허가) + 동사원형 want
갈 수 없는 곳 이란다

You're going (back) (to bed) now.
　　동사 (연결마디) 2개 : 동사 + (부사 : 관용 동사구) + (명사성분 : 전치사구)
　　동사변화 : be동사 am/are/is + 현재분사 going ; 현재진행
그만 자러 가자

Oh, Rhett, she can't be dying,
　　동사변화 : 조동사 can(능력, 추측, 허가) + not + be + 현재분사 dying ; 진행예정(부정)
죽을 리 없어요

she can't be!
　　동사변화 : 조동사 can(능력, 추측, 허가) + 부사 not + be ; 예정부정
그래선 안 돼요

She hasn't (your strength).
　　동사 (연결마디) 1개 : 동사 + (명사구)
　　동사변화 : have/has + 부사 not ; have동사 부정문
멜라니는 당신과 달라

She's never had (any strength).
　　동사 (연결마디) 1개 : 동사 + (명사구)
　　동사변화 : have/has + 과거분사 had ; 일반동사 현재완료
멜라니는 체력이 약해.

She's never had (anything) (but heart).
　　동사 (연결마디) 2개 : 동사 + (명사) + (형용사성분 : 전치사구)
　　동사변화 : have/has + 과거분사 had ; 일반동사 현재완료
정신력으로 버텨온 사람이야

You knew (that), too.
　　동사 (연결마디) 1개 : 동사 + (대명사)
　　동사변화 : know 과거형 knew ; 과거지사
당신도 알고 계셨군요?

YouTube  해설 동영상

Why do I have (to go back to bed)?
　의문사 Why + 일반동사 의문문
　일반동사 의문문(조동사 Do/Does 사용) : I have → Do I have
　동사 (연결마디) 1개 : 동사 + (to부정사구 : 명사적용법)
　(to부정사구) to go (back) (to bed)
　　　　　　　동사 (연결마디) 2개 : 동사 + (부사 : 관용 동사구) + (명사성분 : 전치사구)
왜 자라고하는 거예요?

It's (morning).
아침인데

It isn't really (morning) yet.
　동사 (연결마디) 1개 : 동사 + (명사)
　동사변화 : be동사 am/are/is + 부사 not ; be동사 부정문
　수식어구[부사성분] : really, yet
아직 아침이 아냐

You may come (in) now, Scarlett.
　동사 (연결마디) 1개 : 동사 + (부사 : 관용 동사구)
　동사변화 : 조동사 may(능력, 추측, 허가) + 동사원형 come
　수식어구[부사성분] : now
들어가 봐요, 스칼렛

Dr. Meade, please let (me) (see her)!
　동사 (연결마디) 2개 : 동사 + (대명사) + (원형부정사구 : 형용사적용법)
　(원형부정사구) see (her)
　　　　　　　동사 (연결마디) 1개 : 동사 + (대명사)
저도 만나고 싶어요

I've been waiting here (two whole days)
　동사 (연결마디) 1개 : 동사 + (부사구)
　동사변화 : have(has) + been + 현재분사 waiting ; (be동사 현재완료) 진행
이틀이나 기다렸는데

and I've got (to tell her)...
　동사 (연결마디) 1개 : 동사 + (to부정사구 : 명사적용법)
　동사변화 : have/has + 과거분사 got ; 일반동사 현재완료
　(to부정사구) to tell (her)
　　　　　　　동사 (연결마디) 1개 : 동사 + (대명사)
할 말이

...that I was (wrong) (about something).
　동사 (연결마디) 2개 : 동사 + (형용사) + (부사성분 : 전치사구)
잘못을 빌어야 해요

YouTube  해설 동영상

She knows (you were wrong).
   동사 (연결마디) 1개 : 동사 + (명사절)
   동사변화 : know 3인칭단수현재 knows
   (명사절) you were (wrong)
         동사 (연결마디) 1개 : 동사 + (형용사)
         동사변화 : be동사 are 과거형 were ; 과거지사
당신 잘못은 알고 있소

She wants (to see Scarlett).
   동사 (연결마디) 1개 : 동사 + (to부정사구 : 명사적용법)
   동사변화 : want 3인칭단수현재 wants
   (to부정사구) to see (Scarlett)
         동사 (연결마디) 1개 : 동사 + (고유명사)
스칼렛을 찾아요

Miss Melly's going (to die in peace).
   동사 (연결마디) 1개 : 동사 + (to부정사구 : 명사적용법)
   동사변화 : be동사 am/are/is + 현재분사 going ; 현재진행
   (to부정사구) to die (in peace)
         동사 (연결마디) 1개 : 동사 + (형용사성분 : 전치사구)
평화롭게 가게 해요

I won't have (you easing your conscience telling her things)...
   동사 (연결마디) 1개 : 동사 + (명사절)
   동사변화 : 조동사 will(의지, 습성, 요청) + 부사 not + 동사원형 have ; 부정
   (명사절) you easing (your conscience) (telling her things)
         동사 (연결마디) 2개 : 동사 + (명사구) + (-ing구 : 형용사적 용법)
         (-ing구) telling (her things)
               동사 (연결마디) 1개 : 동사 + (명사구)
마음 편하자고 아무 말 막하지 말길

...that make (no difference) now. You understand?
   동사 (연결마디) 1개 : 동사 + (명사구)
지금 달라질 게 없단 말이오

It's (me), Melly.
   동사 (연결마디) 1개 : 동사 + (대명사)
나예요, 멜라니

Promise (me)?
   동사 (연결마디) 1개 : 동사 + (대명사)
약속해줘요

YouTube  해설 동영상

Anything.
말해요

Look (after) (my little son).
   동사 (연결마디) 2개 : 동사 + (부사 : 관용 동사구) + (명사구)
내 아들을 돌봐줘요

I **gave** (him) (to you) once before.
   동사 (연결마디) 2개 : 동사 + (대명사) + (형용사성분 : 전치사구)
   동사변화 : give 과거형 gave ; 과거지사
전에 그 애를 당신에게 부탁했죠

Remember?
기억나요?

The day (he was born).
   명사 The day + (형용사절)
   (형용사절) he was born
         동사변화 : be동사과거 was/were + 과거분사 born ; 과거수동태
그 애가 태어나던 날...

Please, Melly, **don't talk** (this way).
   동사 (연결마디) 1개 : 동사 + (명사구)
   동사변화 : 조동사 Do + 부사 not + 동사원형 talk ; ~하지마라(명령문)
그런 말 말아요

I **know** (you'll get well).
   동사 (연결마디) 1개 : 동사 + (명사절)
   (명사절) you'll get (well)
       동사 (연결마디) 1개 : 동사 + (형용사)
       동사변화 : 조동사 will(의지, 습성, 요청) + 동사원형 get
곧 나을 거예요

YouTube  해설 동영상

Promise (me)...
   동사 (연결마디) 1개 : 동사 + (대명사)
약속해줘요

...college....
대학까지...

Yes, yes, and Europe, and a pony, whatever he wants. But...
   접속사 : whatever
   동사변화 : want 3인칭단수현재 wants
유럽이든 어디든 보낼 게요

...Melly, do try....
원하는 대로

Ashley....
애슐리와...

Ashley and you.
애슐리와... 당신...

YouTube  해설 동영상

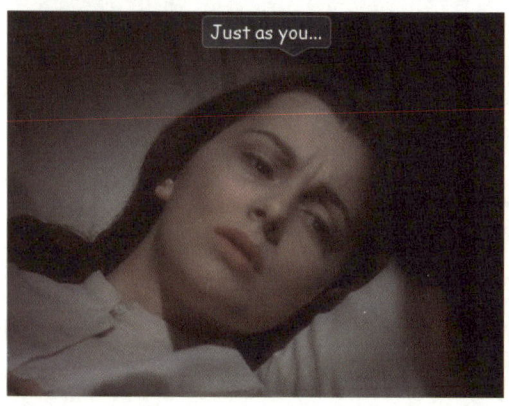
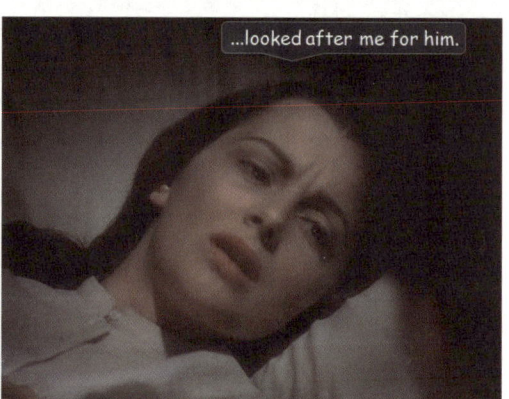

What about Ashley, Melly?
애슐리를... 뭐라고요?

Look (after) (him) for me.
    동사 (연결마디) 2개 : 동사 + (부사 : 관용 동사구) + (대명사)
    수식어구[부사성분] : for me
나를 위해 돌봐줘요

Just as you...
전에

...looked (after) (me) for him.
    동사 (연결마디) 2개 : 동사 + (부사 : 관용 동사구) + (대명사)
    동사변화 : look 과거형 looked ; 과거지사
    수식어구[부사성분] : for him
그를 위해 날 돌봐 줬듯이...

I will, Melly.
그럴게요

Look (after) (him).
    동사 (연결마디) 2개 : 동사 + (부사 : 관용 동사구) + (대명사)
도와줘요

YouTube  해설 동영상

...but never let (him) (know).
　동사 (연결마디) 2개 : 동사 + (대명사) + (원형부정사구 : 형용사적용법)
그이가 깨닫지 못하게...

Good night.
잘 자요

Promise?
약속하죠?

What else, Melly?
또 뭐죠, 멜라니?

Captain Butler...
버틀러 씨에게

...be (kind) (to him).
　동사 (연결마디) 2개 : 동사 + (형용사) + (부사성분 : 전치사구)
잘해줘요

YouTube  해설 동영상

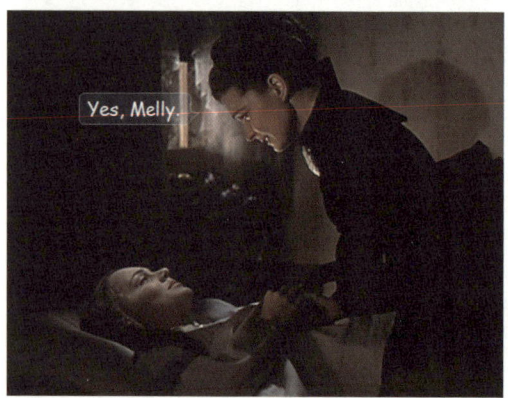
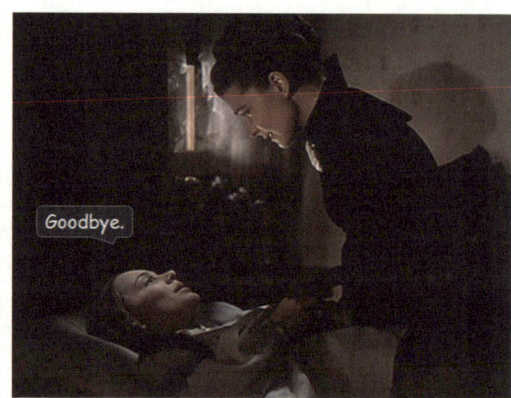

Rhett?
레트요?

He loves (you) so.
    동사 (연결마디) 1개 : 동사 + (대명사)
    동사변화 : love 3인칭단수현재 loves
당신을 사랑하고 있어요

Yes, Melly.
알았어요

Goodbye.
잘 있어요

Goodbye.
잘 가요

You ladies may come (in) now.
    동사 (연결마디) 1개 : 동사 + (부사 : 관용 동사구)
    동사변화 : 조동사 may(능력, 추측, 허가) + 동사원형 come
    수식어구[부사성분] : now
부인들, 들어오세요

YouTube  해설 동영상

Ashley.
애슐리...

I don't know (where the mate to this is).
   동사 (연결마디) 1개 : 동사 + (where-절)
   동사변화 : 조동사 do/does + 부사 not + 동사원형 know ; 일반동사 부정문
   (where-절) where the mate to this is
          접속사 : where
          동사 (연결마디) 없음 : 동사 단독
한 짝은 어디 있을까?

She must have (put it away).
   동사 (연결마디) 1개 : 동사 + (원형부정사구 : 명사적용법)
   동사변화 : 조동사 must(의무, 강한 추측) + 동사원형 have
   (원형부정사구) put (it) (away)
             동사 (연결마디) 2개 : 동사 + (대명사) + (부사 : 관용 동사구)
어딘가에 치웠나보네

Oh, stop (it).
   동사 (연결마디) 1개 : 동사 + (대명사)
그만

I'm so (frightened).
   동사 (연결마디) 1개 : 동사 + (형용사)
   수식어구[부사성분] : so
무서워요

I'm so (frightened).
   동사 (연결마디) 1개 : 동사 + (형용사)
   수식어구[부사성분] : so
무서워요

YouTube  해설 동영상

Oh, Scarlett, what can I do?
  의문사 What + 조동사 의문문
  조동사 의문문(주어, 조동사 위치변경) : I can do → Can I do
어쩌면 좋지

I can't live (without her), I can't.
  동사 (연결마디) 1개 : 동사 + (형용사성분 : 전치사구)
  동사변화 : 조동사 can(능력, 추측, 허가) + 부사 not + 동사원형 live ; 부정문
난 멜라니 없이는 살 수 없소

Everything I ever had is...
  [동사 앞 주어] Everything (I ever had)
          명사 Everything + (형용사절)
          (형용사절) I ever had
              동사 (연결마디) 없음 : 동사 단독
              동사변화 : have/has 과거형 had ; 과거지사
내 모든 건

...is going (with her).
  동사 (연결마디) 1개 : 동사 + (명사성분 : 전치사구)
  동사변화 : be동사 am/are/is + 현재분사 going ; 현재진행
아내와 함께 있소

Oh, Ashley.
애슐리...

You really love (her), don't you?
  동사 (연결마디) 1개 : 동사 + (대명사)
  don't you? : 부가의문문
진심으로 멜라니를 사랑했군요

She's (the only dream) (I ever had that didn't die in the face of reality).
  동사 (연결마디) 2개 : 동사 + (명사구) + (형용사절)
  (형용사절) I ever had (that didn't die in the face of reality)
          동사 (연결마디) 1개 : 동사 + (that-절)
          (that-절) that didn't die (in the face of reality)
              동사 (연결마디) 1개 : 동사 + (명사성분 : 전치사구)
              동사변화 : 조동사과거 did + 부사 not + 동사원형 die ; 과거부정
멜라니는 현실 앞에서 죽지 않는 내 하나뿐인 꿈이었소

YouTube  해설 동영상

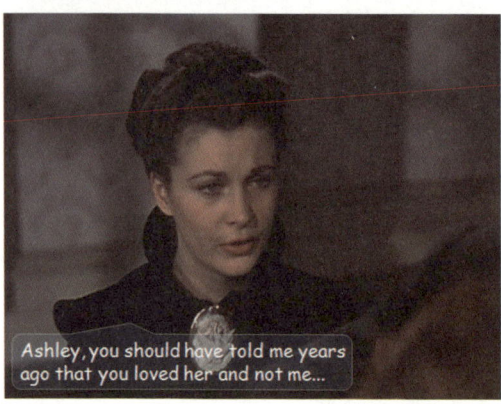

Dreams! Always dreams (with you), never common sense.
   명사 dreams + (형용사성분 : 전치사구)
당신은 항상 꿈 얘기군요 현실은 없어요

Oh, Scarlett! If you knew (what I've gone through)!
   접속사 : if (if조건절)
   동사 (연결마디) 1개 : 동사 + (what-절)
   동사변화 : know 과거형 knew ; 과거지사
   (what-절) what I've gone (through)
         접속사 : what
         동사 (연결마디) 1개 : 동사 + (부사 : 관용 동사구)
         동사변화 : have/has + 과거분사 gone ; 일반동사 현재완료
내가 한 짓을 생각하면...

Ashley, you should have told (me) years ago (that you loved her and not me)...
   동사 (연결마디) 2개 : 동사 + (대명사) + (that-절)
   동사변화 : 조동사 should(~해야 한다, ~할 것이다) + have + 과거분사 told ; 현재완료
   (that-절) that you loved (her) (and not me)
         접속사 : that
         동사 (연결마디) 2개 : 동사 + (대명사) + (부사구)
그럼 진작에 멜라니를 사랑한다고 말했어야죠

...and not left (me) (dangling with your talk of honor).
   동사 (연결마디) 2개 : 동사 + (대명사) + (-ing구 : 형용사적 용법)
   (-ing구) dangling (with your talk) (of honor)
         동사 (연결마디) 2개 : 동사 + (명사성분 : 전치사구) + (형용사성분 : 전치사구)
명예 따위의 말로 날 묶어 놓다니

But you had (to wait till now),
   동사 (연결마디) 1개 : 동사 + (to부정사구 : 명사적용법)
   (to부정사구) to wait (till now)
         동사 (연결마디) 1개 : 동사 + (부사구)
여지껏 붙잡아 놓고

now when Melly's dying...
   접속사 : when
   동사변화 : be동사 am/are/is + 현재분사 dying ; 현재진행
멜라니가 죽는 순간에서야

...to show (me) (that I could never mean any more to you than)...
   (to부정사구) 동사 (연결마디) 2개 : 동사 + (대명사) + (that-절)
         (that-절) that I could never mean (any more) (to you) than
               동사 (연결마디) 2개 : 동사 + (형용사구) + (부사성분 : 전치사구)
               동사변화 : 조동사 could(능력, 추측, 허가) + 동사원형 mean
내가 아무 것도 아닌 걸 깨닫다니

YouTube  해설 동영상

...than this Watling woman **does** (to Rhett).
　　동사 (연결마디) 1개 : 동사 + (명사성분 : 전치사구)
레트에게 와틀링이 그렇듯...

And I**'ve loved** (something) (that...**doesn't** really **exist**).
　　동사 (연결마디) 2개 : 동사 + (명사) + (형용사성분 : that-절)
　　동사변화 : have/has + 과거분사 loved ; 일반동사 현재완료
　　(that-절) that doesn't really exist
　　　　　　동사변화 : 조동사 do/does + 부사 not + 동사원형 exist ; 일반동사 부정문
　　　　　　수식어구[부사성분] : really
난 존재하지도 않는 것을 사랑했군요

Somehow...
하지만

...I **don't care**.
　　동사변화 : 조동사 do/does + 부사 not + 동사원형 care ; 일반동사 부정문
괜찮아요

Somehow it **doesn't matter**.
　　동사변화 : 조동사 do/does + 부사 not + 동사원형 matter ; 일반동사 부정문
상관없어요

It **doesn't matter** (one bit).
　　동사 (연결마디) 1개 : 동사 + (부사구)
　　동사변화 : 조동사 do/does + 부사 not + 동사원형 matter ; 일반동사 부정문
아무 상관없어요

YouTube  해설 동영상

Ashley,
애슐리,

Ashley, <u>forgive</u> (me).
  동사 (연결마디) 1개 : 동사 + (대명사)
날 용서해줘요

<u>Don't cry</u>.
  동사변화 : 조동사 Do + 부사 not + 동사원형 cry ; ~하지마라(명령문)
울지 말아요.

She <u>mustn't see</u> (you've been crying).
  동사 (연결마디) 1개 : 동사 + (명사절)
  동사변화 : 조동사 must(의무, 강한 추측) + not + 동사원형 see ; 부정
  (명사절) you<u>'ve been crying</u>
        동사변화 : have(has) + been + 현재분사 crying ; (be동사 현재완료) 진행
멜라니가 싫어할 거예요

Ashley!
애슐리!

Melly!
멜라니!

Melly!
멜라니!

YouTube  해설 동영상

Rhett, Rhett!
레트!

Rhett, Rhett!
레트!

Rhett, where are you?
   의문사 Where + be동사 의문문
   be동사 의문문(주어, 동사 위치변경) : You are... → Are you...?
레트, 어디 있어요?

Rhett, wait (for me).
   동사 (연결마디) 1개 : 동사 + (명사성분 : 전치사구)
레트, 기다려요

Rhett, wait (for me).
   동사 (연결마디) 1개 : 동사 + (명사성분 : 전치사구)
레트, 기다려요

Rhett.
레트!

YouTube  해설 동영상

Come (in).
   동사 (연결마디) 1개 : 동사 + (부사 : 관용 동사구)
들어오시오

Rhett....
레트...

Melanie?
멜라니는...

she's....
멜라니는...

Well, God rest (her).
   동사 (연결마디) 1개 : 동사 + (대명사)
편히 쉬길...

She was (the only completely kind person) (I ever knew).
   동사 (연결마디) 2개 : 동사 + (명사구) + (형용사절)
   동사변화 : be동사 am/is 과거형 was ; 과거지사
   (형용사절) I ever knew
         동사변화 : know 과거형 knew ; 과거지사
         수식어구[부사성분] : ever
내가 본 가장 완벽한 인간이었소

YouTube  해설 동영상

A great lady.
훌륭한 부인이었지

A very great lady.
참으로 훌륭한 부인이었지

So she's (dead).
   동사 (연결마디) 1개 : 동사 + (형용사)
멜라니가 죽었으니

That makes (it) (nice for you), doesn't it?
   동사 (연결마디) 2개 : 동사 + (대명사) + (형용사구)
   동사변화 : make 3인칭단수현재 makes
   doesn't it? : 부가의문문
멜라니가 죽었으니 당신에겐 잘된 일이로군

Oh, how can you say (such a thing)?
   의문사 how + 조동사 의문문
   조동사 의문문(주어, 조동사 위치변경) : You can say → Can you say
어떻게 그런 말을!

You know (how I loved her), really!
   동사 (연결마디) 1개 : 동사 + (명사절)
   (명사절) how I loved (her)
         의문사 how + 평서문
         동사변화 : love 과거형 loved ; 과거지사
난 멜라니를 사랑했어요

No, I don't know (that I do).
   동사 (연결마디) 1개 : 동사 + (that-절)
   동사변화 : 조동사 do/does + 부사 not + 동사원형 know ; 일반동사 부정문
   (that-절) that I do
난 그런 줄 몰랐소

But at least it's (to your credit) (that you could appreciate her at the end).
   수식어구[부사성분] : at least
   동사 (연결마디) 2개 : 동사 + (명사구) + (형용사성분 : that-절)
   (that-절) that you could appreciate (her) (at the end)
        접속사 : that
        동사 (연결마디) 2개 : 동사 + (대명사) + (형용사성분 : 전치사구)
        동사변화 : 조동사 could(능력, 추측, 허가) + 동사원형 appreciate
마지막에라도 느낀다니 다행이오

YouTube  해설 동영상

Of course I appreciated (her).
　수식어구[부사성분] : of course
　동사 (연결마디) 1개 : 동사 + (대명사)
　동사변화 : appreciate 과거형 appreciated ; 과거지사
항상 고마움을 느꼈어요

She thought (of everybody) (except herself).
　동사 (연결마디) 2개 : 동사 + (명사성분 : 전치사구) + (형용사성분 : 전치사구)
　동사변화 : think 과거형 thought ; 과거지사
남 생각을 많이 한 사람이죠

Why her last words were (about you).
　동사 (연결마디) 1개 : 동사 + (명사성분 : 전치사구)
　동사변화 : be동사 are 과거형 were ; 과거지사
마지막 말도 당신에 대한 말을 했어요

What did she say?
　의문사 What + 일반동사 과거의문문
　일반동사 과거의문문(조동사 Do/Does과거 Did 사용) : she said → Did she say
뭐라고 했소?

She said:
그녀는

"Be (kind) (to Captain Butler).
　동사 (연결마디) 2개 : 동사 + (형용사) + (부사성분 : 전치사구)
잘해드리라고요.

He loves (you) so."
　동사 (연결마디) 1개 : 동사 + (대명사)
　동사변화 : love 3인칭단수현재 loves
날 사랑하신다면서...

Did she say (anything else)?
　일반동사 과거의문문(조동사 Do/Does과거 Did 사용) : she said → Did she say
　동사 (연결마디) 1개 : 동사 + (명사구)
다른 말은 없었소?

YouTube  해설 동영상

She said...
그녀가

...she asked (me) (to look after Ashley), too.
    동사 (연결마디) 2개 : 동사 + (대명사) + (to부정사구 : 형용사적 용법)
    동사변화 : ask 과거형 asked ; 과거지사
    (to부정사구) to look (after) (Ashley)
               동사 (연결마디) 2개 : 동사 + (부사 : 관용 동사구) + (고유명사)
애슐리를 부탁한다고 했어요

It's (convenient) (to have the first wife's permission), isn't it?
    동사 (연결마디) 2개 : 동사 + (형용사) + (to부정사구 : 부사적용법)
    (to부정사구) to have (the first wife's permission)
               동사 (연결마디) 1개 : 동사 + (명사구)
    isn't it? : 부가의문문
전처의 허락도 얻었으니 잘 됐군

What do you mean?
    의문사 What + 일반동사 의문문
    일반동사 의문문(조동사 Do/Does 사용) : you mean → Do you mean
무슨 뜻이에요?

What are you doing?
    의문사 What + 비동사 의문문
    be동사 의문문(주어, 동사 위치변경) : You are doing ... → Are you doing...?
뭐하는 거예요?

I'm leaving (you), my dear.
    동사 (연결마디) 1개 : 동사 + (대명사)
    동사변화 : be동사 am/are/is + 현재분사 leaving ; 현재진행
떠나는 거요

YouTube  해설 동영상

All you need now is (a divorce),
　[동사 앞 주어] All (you need now)
　　　　　명사 All + (형용사절)
　　　　　(형용사절) you need now
　동사 (연결마디) 1개 : 동사 + (명사)
이혼이 필요하겠군

and your dreams of Ashley can come (true).
　동사 (연결마디) 1개 : 동사 + (형용사)
　동사변화 : 조동사 can(능력, 추측, 허가) + 동사원형 come
애슐리에 대한 당신의 꿈이 이루어졌으니

Oh, no!
아녜요

No, you're (wrong)! Terribly wrong!
　동사 (연결마디) 1개 : 동사 + (형용사)
아녜요, 그렇지 않아요

I don't want (a divorce).
　동사 (연결마디) 1개 : 동사 + (명사)
　동사변화 : 조동사 do/does + 부사 not + 동사원형 want ; 일반동사 부정문
이혼을 바라지 않아요.

Oh, Rhett, when I knew (tonight)...
　접속사 : when
　동사 (연결마디) 1개 : 동사 + (부사)
　동사변화 : know 과거형 knew ; 과거지사
오늘밤에 깨달았어요

...when I knew (I loved you),
접속사 : when
　동사 (연결마디) 1개 : 동사 + (명사절)
　(명사절) I loved (you)
당신을 사랑하는 걸 깨닫고

I ran home (to tell you).
　동사 (연결마디) 1개 : 동사 + (to부정사구 : 형용사적 용법)
　(to부정사구) to tell (you)
집까지 달려 온 거예요

Oh, darling, darling....
오

YouTube  해설 동영상

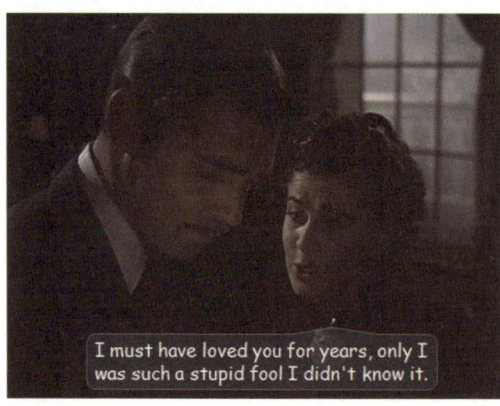

Please don't go (on with this).
  동사 (연결마디) 1개 : 동사 + (형용사성분 : 전치사구)
  동사변화 : 조동사 do/does + 부사 not + 동사원형 go ; 일반동사 부정문
이렇게 가지 말라고

Leave (us) (some dignity to remember out of our marriage).
  동사 (연결마디) 2개 : 동사 + (대명사) + (명사구)
  (명사구) 명사구 some dignity + (to부정사구 : 형용사적 용법)
        (to부정사구) to remember (out of our marriage)
결혼에 대한 추억이라도 남게

Spare (us) (this last).
  동사 (연결마디) 2개 : 동사 + (대명사) + (명사구)
마지막만은 깔끔하게

This last?
마지막이요?

Oh, Rhett, do listen (to me).
  동사 (연결마디) 1개 : 동사 + (명사성분 : 전치사구)
  동사변화 : 조동사 do/does/did + 일반동사 listen ; 강조
내 말 좀 들어요

I must have loved (you) (for years),
  동사 (연결마디) 2개 : 동사 + (대명사) + (형용사성분 : 전치사구)
  동사변화 : 조동사 must(의무, 강한 추측) + have + 과거분사 loved ; 현재완료
당신을 사랑했어요.

only I was (such a stupid fool)
  수식어구[부사성분] : only
  동사 (연결마디) 1개 : 동사 + (명사구)
바보였기 때문에

I didn't know (it).
  동사 (연결마디) 1개 : 동사 + (대명사)
  동사변화 : 조동사과거 did + 부사 not + 동사원형 know ; 과거부정
깨닫지 못한 것 뿐예요,

Please believe (me).
믿어줘요.

You must care.
날 사랑하시죠?

YouTube  해설 동영상

Melly said (you did).
    동사 (연결마디) 1개 : 동사 + (명사절)
    (명사절) you did
        동사 (연결마디) 없음 : 동사 단독
멜라니가 그랬어요

I believe (you).
    동사 (연결마디) 1개 : 동사 + (대명사)
당신 말을 믿지.

What about Ashley Wilkes?
애슐리는 어떻게 된 거요?

I never really loved (Ashley).
    동사 (연결마디) 1개 : 동사 + (고유명사)
    동사변화 : love 과거형 loved ; 과거지사
    수식어구[부사성분] : never, really
애슐리를 사랑한 적 없어요

You certainly gave (a good imitation) (of it),
    동사 (연결마디) 2개 : 동사 + (명사구) + (형용사성분 : 전치사구)
    동사변화 : give 과거형 gave ; 과거지사
    수식어구[부사성분] : certainly
사랑하지 않았소?

up till this morning.
오늘 아침까지만 해도

No, Scarlett. I tried (everything).
    동사 (연결마디) 1개 : 동사 + (명사)
    동사변화 : try 과거형 tried ; 과거지사
난 할 만큼 했소

If you'd only met (me) (half way),
    접속사 : if (if조건절)
    동사 (연결마디) 2개 : 동사 + (대명사) + (형용사구)
    동사변화 : had + 과거분사 met ; 일반동사 과거완료
당신은 반기지 않았지

even when I came (back) (from London).
    접속사 : when
    동사 (연결마디) 2개 : 동사 + (부사 : 관용 동사구) + (명사성분 : 전치사구)
런던에서 왔을 때도

YouTube  해설 동영상

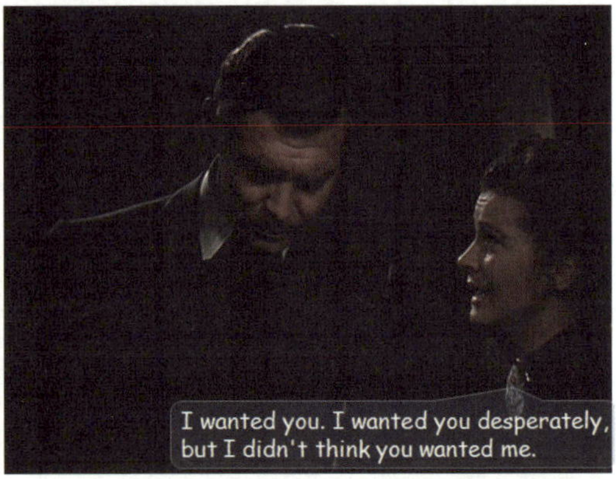

I **was** so **(glad) (to see you)**. I was, Rhett,
   동사 (연결마디) 2개 : 동사 + (형용사) + (to부정사구 : 부사적용법)
     (to부정사구) to **see (you)**
          동사 (연결마디) 1개 : 동사 + (대명사)
반가웠어요

but you **were** so **(nasty)**.
   동사 (연결마디) 1개 : 동사 + (형용사)
하지만 비꼬길래…

And then, when you **were (sick)**
   동사 (연결마디) 1개 : 동사 + (형용사)
유산했을 때도

and it **was (all my fault)**…
   동사 (연결마디) 1개 : 동사 + (명사구)
내 잘못으로

…I **hoped (against hope that you'd call for me)**, but you didn't.
   동사 (연결마디) 1개 : 동사 + (명사성분 : 전치사구)
     (전치사구) against + 명사 hope + (형용사성분: that-절)
        (that-절) that you**'d call** (for me)
            동사 (연결마디) 1개 : 동사 + (명사성분 : 전치사구)
            동사변화 : 조동사 would(과거시점미래, 습관, 의지) + 동사원형 call
날 불러 주길 바랬지만, 당신은 그러지 않았소

I wanted you. I **wanted (you)** desperately,
   동사 (연결마디) 1개 : 동사 + (대명사)
당신을 원했어요.

but I **didn't think (you wanted me)**.
   동사 (연결마디) 1개 : 동사 + (명사절)
   동사변화 : 조동사과거 did + 부사 not + 동사원형 think ; 과거부정
   (명사절) you **wanted** (me)
하지만 당신이 날 원하지 않는 줄 알았어요

It **seems (we've been at cross purposes)**, **doesn't** it? But it's no use now.
   동사 (연결마디) 1개 : 동사 + (명사절)
   (명사절) we**'ve been** (at cross purposes)
        동사 (연결마디) 1개 : 동사 + (명사성분 : 전치사구)
        동사변화 : have/has + 과거분사 been ; be동사 현재완료
우린 항상 엇갈리기만 했군. 이젠 끝났소

As long as there **was (Bonnie)**,
   접속사구 : as long as
그래도 보니가 있을 때는

there **was (a chance) (we might be happy)**.
   동사 (연결마디) 2개 : 동사 + (명사) + (형용사절)
   (형용사절) we **might be** (happy)
        동사변화 : 조동사 might(능력, 추측, 허가) + be ; 예정
희망이 있었지

YouTube  해설 동영상

I liked (to think that Bonnie was you).
   동사 (연결마디) 1개 : 동사 + (to부정사구 : 명사적용법)
   동사변화 : like 과거형 liked ; 과거지사
   (to부정사구) to think (that Bonnie was you)
           동사 (연결마디) 1개 : 동사 + (that-절)
           (that-절) that Bonnie was (you)
                접속사 : that
                동사 (연결마디) 1개 : 동사 + (대명사)
보니를 당신으로 생각했소

A little girl again, before the war, and poverty had done (things) (to you).
   동사 (연결마디) 2개 : 동사 + (명사) + (형용사성분 : 전치사구)
   동사변화 : had + 과거분사 done ; 일반동사 과거완료
전쟁이 있기 전의 당신 말이오

She was so (like you),
   동사 (연결마디) 1개 : 동사 + (명사성분 : 전치사구)
   동사변화 : be동사 am/is 과거형 was ; 과거지사
그 앤 당신을 꼭 닮았었지,

and I could pet (her),
   동사 (연결마디) 1개 : 동사 + (대명사)
   동사변화 : 조동사 could(능력, 추측, 허가) + 동사원형 pet
사랑해주고

and spoil her, as I wanted (to spoil you).
   동사 (연결마디) 1개 : 동사 + (to부정사구 : 명사적용법)
   동사변화 : want 과거형 wanted ; 과거지사
   (to부정사구) to spoil (you)
   동사 (연결마디) 1개 : 동사 + (대명사)
맘껏 응석부리게 하고 싶었어

But when she went,
   접속사 : when
   동사변화 : go 과거형 went ; 과거지사
그런데 그 애는 가버렸소

she took (everything).
   동사 (연결마디) 1개 : 동사 + (명사)
   동사변화 : take 과거형 took ; 과거지사
모든 걸 가지고

Oh, Rhett!
레트,

Rhett, please don't say (that).
   동사 (연결마디) 1개 : 동사 + (대명사)
   동사변화 : 조동사 Do + 부사 not + 동사원형 say ; ~하지마라(명령문)
제발 그러지 마세요

YouTube  해설 동영상

I'm so (sorry),
    동사 (연결마디) 1개 : 동사 + (형용사)
정말 미안해요,

I'm so (sorry) (for everything).
    동사 (연결마디) 2개 : 동사 + (형용사) + (부사성분 : 전치사구)
내가 다 잘 못했어요

My darling, you're (such a child).
    동사 (연결마디) 1개 : 동사 + (명사구)
당신은 아직도 어린애 같군

You think (that by saying, "I'm sorry," all the past can be corrected).
    동사 (연결마디) 1개 : 동사 + (that-절)
    (that-절) that by saying "(I'm sorry)"
            동사 (연결마디) 1개 : 동사 + (명사절)
            all the past can be corrected
                동사변화 : 조동사 can(능력, 추측, 허가) + be + 과거분사 corrected ; 수동태예정
미안하다는 말로 과거가 모두 지워질 것 같소?

Here, take (my handkerchief).
    동사 (연결마디) 1개 : 동사 + (명사구)
눈물 닦아요

Never, at any crisis of your life, have I known (you) (to have a handkerchief).
    현재완료 의문문(have동사 위치변경) : I have known... → Have I known...?
    동사 (연결마디) 2개 : 동사 + (대명사) + (to부정사구 : 형용사적 용법)
    (to부정사구) to have (a handkerchief)
            동사 (연결마디) 1개 : 동사 + (명사)
아무리 위급할 때에도 손수건을 갖고 다닌 일이 없는 사람...

Rhett, where are you going?
    의문사 Where + be동사 의문문
    be동사 의문문(주어, 동사 위치변경) : You are going ... → Are you going...?
레트, 어디로 가는 거예요?

YouTube  해설 동영상

I'm going (to Charleston).
   동사 (연결마디) 1개 : 동사 + (명사성분 : 전치사구)
   동사변화 : be동사 am/are/is + 현재분사 going ; 현재진행
찰스턴으로 가겠소

Back (where I belong).
   명사 Back + (형용사절)
   (형용사절) where I belong
       접속사 : where
       동사 (연결마디) 없음 : 동사 단독
내 고향,

Please. Please take (me) (with you).
   동사 (연결마디) 2개 : 동사 + (대명사) + (형용사성분 : 전치사구)
나도 데려가요

No. I'm (through) (with everything here).
   동사 (연결마디) 2개 : 동사 + (형용사) + (부사성분 : 전치사구)
아니, 이곳의 모든 것과는 끝이오

I want (peace).
   동사 (연결마디) 1개 : 동사 + (명사)
난 평화를 원하오

I want (to see if somewhere there isn't something left in life of charm and grace).
   동사 (연결마디) 1개 : 동사 + (to부정사구 : 명사적용법)
   (to부정사구) to see (if somewhere there isn't something left in life of charm and grace)
       동사 (연결마디) 1개 : 동사 + (명사절)
       (명사절) if somewhere there isn't (something) (left in life of charm and grace)
          접속사 : if (if조건절)
          동사 (연결마디) 2개 : 동사 + (명사) + (과거분사구 : 형용사적 용법)
          (과거분사구) left (in the life of charm and grace)
             동사 (연결마디) 1개 : 동사 + (명사성분 : 전치사구)
세상에 품위가 남아있는 곳이 아직도 있는지 찾고 싶소

Do you know (what I'm talking about)?
   일반동사 의문문(조동사 Do/Does 사용) : You know → Do you know
   동사 (연결마디) 1개 : 동사 + (what-절)
   (what-절) what I'm talking (about)
       동사 (연결마디) 1개 : 동사 + (명사성분 : 전치사구)
       동사변화 : be동사 am/are/is + 현재분사 talking ; 현재진행
내 말을 알아 듣겠소?

YouTube  해설 동영상

No. I only know (that I love you).
    동사 (연결마디) 1개 : 동사 + (that-절)
    (that-절) that I love (you)
          접속사 : that
          동사 (연결마디) 1개 : 동사 + (대명사)
아뇨. 당신을 사랑한다는 것 밖엔 몰라요

That's (your misfortune).
    동사 (연결마디) 1개 : 동사 + (명사구)
그게 당신 불행이오

Oh, Rhett.
레트...

Rhett!
레트!

If you go, where shall I go?
    의문사 Where + 조동사 의문문
    조동사 의문문(주어, 조동사 위치변경) : I shall go → Shall I go
당신이 가면 난 어디로

What shall I do?
    의문사 What + 조동사 의문문
    조동사 의문문(주어, 조동사 위치변경) : I shall do → Shall I do
어떻게 하죠?

Frankly, my dear, I don't give (a damn).
    동사 (연결마디) 1개 : 동사 + (명사)
    동사변화 : 조동사 do/does + 부사 not + 동사원형 give ; 일반동사 부정문
솔직히 내 알 바 아니오

YouTube  해설 동영상

Oh, I can't let (him) (go)! I can't!
   동사 (연결마디) 2개 : 동사 + (대명사) + (원형부정사구 : 형용사적용법)
   동사변화 : 조동사 can(능력, 추측, 허가) + 부사 not + 동사원형 let ; 부정문
   (원형부정사구) go
보낼 수 없어, 절대로

There must be (some way) (to bring him back).
   동사 (연결마디) 2개 : 동사 + (명사구) + (to부정사구 : 형용사적 용법)
   동사변화 : 조동사 must(의무, 강한 추측) + be ; 예정
   (to부정사구) to bring (him) (back)
             동사 (연결마디) 2개 : 동사 + (대명사) + (부사 : 관용 동사구)
다시 오게 할 방법이 있을 거야

I can't think (about it) now.
   동사 (연결마디) 1개 : 동사 + (명사성분 : 전치사구)
   동사변화 : 조동사 can(능력, 추측, 허가) + 부사 not + 동사원형 think ; 부정문
   수식어구[부사성분] : now
지금은 생각할 수가 없어

I'll go (crazy) (if I do)!
   동사 (연결마디) 2개 : 동사 + (형용사) + (부사절)
   동사변화 : 조동사 will(의지, 습성, 요청) + 동사원형 go
   (부사절) if I do
미칠 것 같아

I'll think (about it) tomorrow.
   동사 (연결마디) 1개 : 동사 + (명사성분 : 전치사구)
   동사변화 : 조동사 will(의지, 습성, 요청) + 동사원형 think
   수식어구[부사성분] : tomorrow
내일 생각해야지

But I must think (about it).
   동사 (연결마디) 1개 : 동사 + (명사성분 : 전치사구)
   동사변화 : 조동사 must(의무, 강한 추측) + 동사원형 think
하지만 생각해야 해

YouTube  해설 동영상

I must think about it.

What is there to do?

What is there that matters?

Do you mean to tell me, Katie Scarlett O'Hara, that Tara doesn't mean anything to you?

Why, land's the only thing that matters.

It's the only thing that lasts.

I must think (about it).
  동사 (연결마디) 1개 : 동사 + (명사성분 : 전치사구)
  동사변화 : 조동사 must(의무, 강한 추측) + 동사원형 think
생각해야 해

What is there (to do)?
  의문사 What + be동사 의문문
  be동사 의문문(주어, 동사 위치변경) : There is... → Is there...?
  동사 (연결마디) 1개 : 동사 + (to부정사구 : 명사적용법)
  (to부정사구) to do
어떻게 해야 하지?

What is there (that matters)?
  의문사 What + be동사 의문문
  be동사 의문문(주어, 동사 위치변경) : There is... → Is there...?
  동사 (연결마디) 1개 : 동사 + (명사절)
  (명사절) that matters
뭘 해야 하지?

Do you mean (to tell me), Katie Scarlett O'Hara,
  일반동사 의문문(조동사 Do/Does 사용) : You mean → Do you mean
  동사 (연결마디) 1개 : 동사 + (to부정사구 : 명사적용법)
  (to부정사구) to tell (me)
            동사 (연결마디) 1개 : 동사 + (대명사)
케이티 스칼렛 오하라, 지금 나한테 말하려는 거냐?

that Tara doesn't mean (anything) (to you)?
  동사 (연결마디) 2개 : 동사 + (명사) + (형용사성분 : 전치사구)
  동사변화 : 조동사 do(does) + 부사 not + 동사원형 mean ; 일반동사 부정문
저 땅이 너 한테 아무 것도 아니라고

Why, land's (the only thing) (that matters).
  동사 (연결마디) 2개 : 동사 + (명사구) + (형용사절)
  (형용사절) that matters
세상에 제일은 땅 뿐이야

It's (the only thing) (that lasts).
  동사 (연결마디) 2개 : 동사 + (명사구) + (형용사절)
  (형용사절) that lasts
끝까지 남는 건 땅 뿐이야

YouTube  해설 동영상

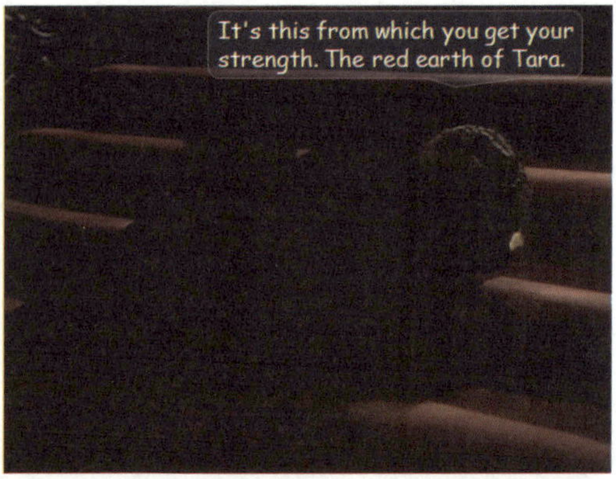

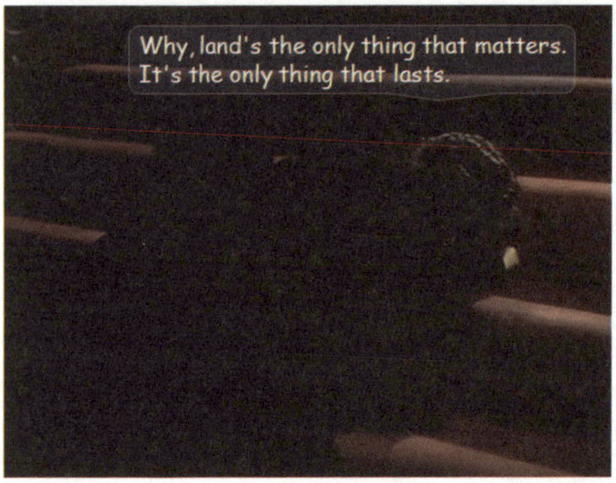

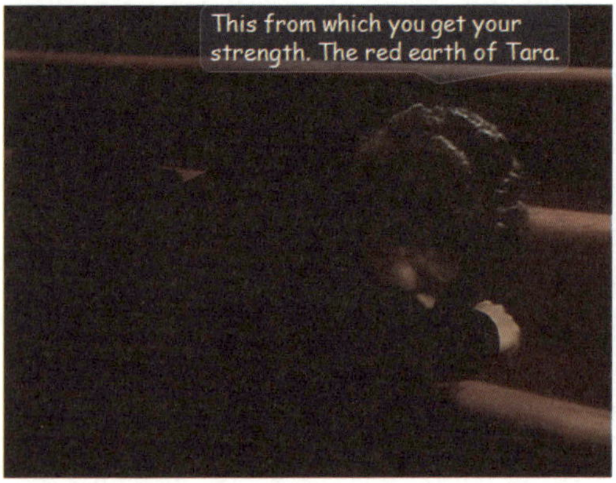

Something you love better than me, though you may not know it. Tara.	It's this from which you get your strength. The red earth of Tara.
Why, land's the only thing that matters. It's the only thing that lasts.	Something you love better than me, though you may not know it. Tara.
This from which you get your strength. The red earth of Tara.	Why, land's the only thing that matters.

Something (you love better than me),
   명사 something + (형용사절)
   (형용사절) you love (better) (than me)
         동사 (연결마디) 2개 : 동사 + (형용사) + (부사성분 : 전치사구)
나보다 더 사랑하는 게 있소

though you may not know (it). Tara.
   접속사 : though
   동사 (연결마디) 1개 : 동사 + (대명사)
   동사변화 : 조동사 may(능력, 추측, 허가) + not + 동사원형 know ; 부정
당신은 모르겠지만, 타라요

It's (this) (from which you get your strength). The red earth of Tara.
   동사 (연결마디) 2개 : 동사 + (대명사) + (형용사성분 : 전치사구)
   (전치사구) from + (which-절)
         (which-절) which you get (your strength)
            접속사 : which
            동사 (연결마디) 1개 : 동사 + (명사구)
당신은 타라의 붉은 땅에서 힘을 얻어

Why, land's (the only thing) (that matters).
   동사 (연결마디) 2개 : 동사 + (명사구) + (형용사절)
   (형용사절) that matters
세상에 제일은 땅 뿐이야

It's (the only thing) (that lasts).
   동사 (연결마디) 2개 : 동사 + (명사구) + (형용사절)
   (형용사절) that lasts
끝까지 남는 건 땅 뿐이야

Something (you love better than me),
   명사 something + (형용사절)
   (형용사절) you love (better) (than me)
         동사 (연결마디) 2개 : 동사 + (형용사) + (부사성분 : 전치사구)
나보다 더 사랑하는 게 있소

though you may not know (it). Tara.
   접속사 : though
   동사 (연결마디) 1개 : 동사 + (대명사)
   동사변화 : 조동사 may(능력, 추측, 허가) + not + 동사원형 know ; 부정
당신은 모르겠지만, 타라요

This (from which you get your strength). The red earth of Tara.
   대명사 this + (형용사성분 : 전치사구)
   (전치사구) from + (which-절)
         (which-절) which you get (your strength)
            동사 (연결마디) 1개 : 동사 + (명사구)
당신은 타라의 붉은 땅에서 힘을 얻어

Why, land's (the only thing) (that matters).
   동사 (연결마디) 2개 : 동사 + (명사구) + (형용사절)
   (형용사절) that matters
중요한 것은 땅 뿐이다

YouTube  해설 동영상

Something (you love better than me),
    명사 something + (형용사절)
  (형용사절) you love (better) (than me)
             동사 (연결마디) 2개 : 동사 + (형용사) + (부사성분 : 전치사구)
나보다 더 사랑하는 것

The red earth of Tara.
타라의 붉은 흙…– 타라!

Tara!-Tara!
타라– 타라

Tara!
타라…

Home!
고향!

I'll go (home)!
    동사 (연결마디) 1개 : 동사 + (명사)
    동사변화 : 조동사 will(의지, 습성, 요청) + 동사원형 go
돌아갈 테야

YouTube  해설 동영상

And I'll think (of some way) (to get him back).
  접속사 : and
  동사 (연결마디) 2개 : 동사 + (명사성분 : 전치사구) + (to부정사구 : 형용사적 용법)
  동사변화 : 조동사 will(의지, 습성, 요청) + 동사원형 think
  (to부정사구) to get (him) (back)
              동사 (연결마디) 2개 : 동사 + (대명사) + (부사 : 관용 동사구)
그리고 그이를 되찾을 방법을 생각해야지

After all...
결국

...tomorrow is (another day).
  동사 (연결마디) 1개 : 동사 + (명사구)
내일은... 새로운 태양이 떠오를 테니까